金融智能投顾（初级）

耿国靖　潘　彦　沈立君　主编

清华大学出版社
北京

内 容 简 介

本书是"金融智能投顾（初级）职业技能等级证书"认证考核专用教材，涵盖金融从业者需掌握的理财、保险、投资规划、AI投顾等基本知识，也包括投资逻辑、资产配置、相应金融科技软件场景使用等岗位知识和技能，是针对高校金融岗位技术能力教育开发的实践性教材。

本书既可以作为"金融智能投顾（初级）职业技能等级证书"的配套培训用书，也可以作为本科院校、高职院校、中职院校等职业技能培养的教学用书。

本书封面贴有清华大学出版社防伪标签，无标签者不得销售。
版权所有，侵权必究。举报: 010-62782989, beiqinquan@tup.tsinghua.edu.cn。

图书在版编目(CIP)数据

金融智能投顾: 初级 / 耿国靖，潘彦，沈立君主编. —北京: 清华大学出版社，2022.3（2025.1重印）
ISBN 978-7-302-60191-3

Ⅰ. ①金… Ⅱ. ①耿… ②潘… ③沈… Ⅲ. ①人工智能－应用－金融投资－教材
Ⅳ. ① F830.59-39

中国版本图书馆 CIP 数据核字 (2022) 第 031332 号

责任编辑: 陈　莉
封面设计: 周晓亮
版式设计: 方加青
责任校对: 马遥遥
责任印制: 沈　露

出版发行: 清华大学出版社
　　　　网　　址: https://www.tup.com.cn, https://www.wqxuetang.com
　　　　地　　址: 北京清华大学学研大厦 A 座　　邮　编: 100084
　　　　社 总 机: 010-83470000　　　　　　　　　邮　购: 010-62786544
　　　　投稿与读者服务: 010-62776969, c-service@tup.tsinghua.edu.cn
　　　　质 量 反 馈: 010-62772015, zhiliang@tup.tsinghua.edu.cn
印 装 者: 三河市君旺印务有限公司
经　　销: 全国新华书店
开　　本: 185mm×260mm　　印　张: 15.5　　字　数: 311 千字
版　　次: 2022 年 5 月第 1 版　　　　　　　　　印　次: 2025 年 1 月第 3 次印刷
定　　价: 68.00 元

产品编号: 095922-01

前言

改革开放以来，我国经济以平均每年 9% 左右的速度实现腾飞。2021 年，中国居民人均 GDP 突破 1.2 万美元，部分区域居民收入达到中等发达国家收入水平；此外，2021 年全国居民人均可支配收入达到 35128 元，家庭财富的快速积累带来了巨大的资产管理和财富管理需求。培养专业的财富管理人才，一方面能满足广大人民迫切的财富管理需求，另一方面也是金融机构提升服务质量的必由之路，财富顾问的培养成为行业面临的重大挑战。

中国社会科学院大学商学院与金智东博（北京）教育科技股份有限公司协同编写了《金融智能投顾（初级）》这本教材，作为教育部 1+X "金融智能投顾（初级）职业技能等级证书"认证的考核专用教材，教材开发以提升高校金融岗位专业教学质量为使命，融数字化技术与岗位技能为一体，深度提炼金融行业岗位实践技能，配合金融科技软件，复原应用场景，体系化地培养金融行业人才需求越来越大、专业挑战越来越高的金融顾问。

本教材涵盖金融顾问所需的理财、基金、保险、商品、外汇以及另类投资等大类资产的基本知识、投资逻辑、资产配置、相应金融科技软件场景使用等知识和技能，以不同级别金融顾问的应用实践为基础，全面阐述对应的工作方法和技术，尤其是根据行业实用的金融科技软件有针对性地进行应用实训，以确保学生快速掌握对应的技能，从而符合岗位要求。

本教材紧扣"统筹建设意识形态属性强的课程教材"的重点建设要求，教材开发的专家成员重点针对相关专业核心课程，以真实岗位场景、典型工作任务、金融科技软件应用技能、实训案例等为载体组织教学单元，遵循职业教育教学规律和人才成长规律，加强社会主义核心价值观教育，促进学生德技并修。

职业教育任重而道远，教材的开发更是关乎未来人才培养的质量基础，本教材将在使用中不断完善，并不断精进。

《金融智能投顾（初级）》教材的主编为深圳信息职业技术学院的耿国靖教授、上海杉达学院的潘彦教授、广西金融职业技术学院的沈立君教授，在编写的过程中还得到以下专家的帮助和协同编写，在此表示感谢：

中国人民大学商学院戴鹏杰博士；

中国社会科学院大学硕士导师、金智东博董事长郭鉴旻；

金智东博高级研究员张江涛博士；

金智东博高级研究员王浩民；

浙江金融职业学院金融学院董瑞丽院长；

上海电子信息职业技术学院经济与管理学院燕峰副院长。

此外，在此对教材编写做出积极贡献的刘佳媛女士、张引弟女士、王宇翔先生和朱忠瑜女士表示感谢！

本教材配备视频课程等教辅资源，读者可通过扫描封底二维码下载。

编者

2022 年 2 月

目录

第一篇　金融产品解析（初级）

第一章　个人或家庭理财概述

- 1.1 下定决心开始自己理财　　004
- 1.2 财务独立　　004
- 1.3 学习投资理财　　005
- 1.4 设定个人财务目标及实行计划　　006
- 1.5 养成良好的理财习惯　　006
- 1.6 定期检视成果　　007
- 1.7 投资理财必须了解的四个知识点　　007
- 1.8 常见的理财与投资渠道　　013

第二章　银行理财产品

- 2.1 银行理财产品概述　　016
- 2.2 银行理财产品的构成要素　　017
- 2.3 银行理财产品的分类　　017
- 2.4 银行理财产品的运作　　019
- 2.5 我国银行理财产品的新特征　　020
- 2.6 购买银行理财产品的风险管理　　027

第三章　股票市场

- 3.1 多层次的金融市场体系　　036
- 3.2 证券市场主体　　039
- 3.3 股票概述　　042
- 3.4 股票发行　　050
- 3.5 证券交易　　055

第四章　债券市场

- 4.1 债券市场概述　　064
- 4.2 债券的发行与承销　　072
- 4.3 债券交易　　074

第五章　证券投资基金

5.1	资产管理与投资基金	084
5.2	证券投资基金概述	087
5.3	证券投资基金的分类与重点基金的介绍	093
5.4	投资基金的监管	124

第六章　保险基础知识

6.1	保险概述	131
6.2	保险合同及主体	140
6.3	常见的保险合同形式	143
6.4	财产保险	147
6.5	人身保险	148

第二篇　科学规划与应用（初级）

第七章　理财与投资规划概述

7.1	理财规划基本理论归纳	167
7.2	理财规划的主要类型及制定步骤	171

第八章　单项规划

8.1	教育规划	176
8.2	房屋规划	185

第三篇　AI 投顾（初级）

第九章　金融科技在金融行业中的应用

9.1	金融科技的定义	209
9.2	金融科技主要分类	209

9.3	金融科技在金融业的主要应用方向	212
9.4	金融科技风险	218

第十章　金融科技在财富管理中的应用

10.1	客户智能服务	223
10.2	资产智能管理	231

参考文献

第一篇
金融产品解析（初级）

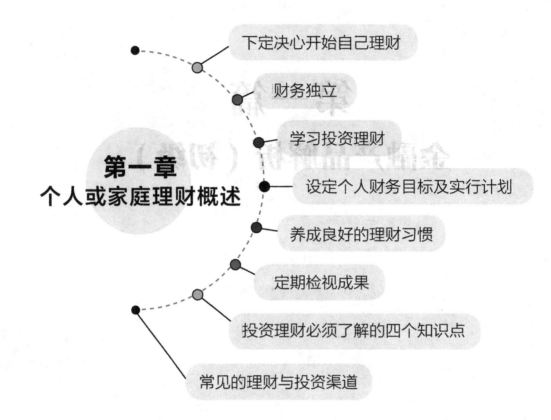

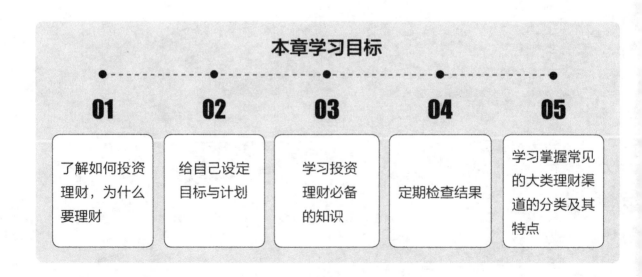

本章简介

本章简单介绍投资理财工具，尤其是银行理财产品的风险及收益，帮助人们正确地认识自身所处的家庭财务生命周期，在不同的周期阶段如何选择合适的投资方式和工具，控制投资风险以达到财富增值的目的。

小李和小赵家庭背景相似，同一所大学毕业，毕业后分配到了同一家公司，工薪收入相当，但是4年之后，小赵已攒够了首付在单位附近买了房子，即将与女朋友一起走进婚姻的殿堂；小李却还是个"月光族"，甚至时不时来一次"啃老"。真正的原因是什么？可能有人会猜小赵是省吃俭用的"抠门"，牺牲了自己的生活质量，但事实并非如此，其原因在于他每月有计划地消费，除了日常开销之外，其将剩余部分进行了投资理财。

"吃不穷，穿不穷，算计不到就受穷。"这句流传于中国老百姓之间的谚语，实际上包含着很深的哲理，这里的"吃"和"穿"指消费，"算计"指家庭收支计划，就是理财。

随着中国家庭收入的不断增长，老百姓越来越关注个人投资理财，但理财知识的普及却未跟上时代的脚步。真正意义上的理财，不单单指投资赚钱，还包括人生规划和风险控制。因此，理财是理一生的财，也就是一生的现金流量与风险管理。

个人/家庭理财规划，是指根据客户所处的家庭生命周期及收支情况，运用科学的方法为当事人制定符合其实际需求的综合性理财规划方案，包括与职业、教育、购房、医疗、养老、财产分配与继承等相关的收支规划、保险规划、税收筹划、投资规划、养老规划等，其目的是使当事人及其家庭不断提高生活品质，最终达到终生的财务安全和自由。通俗来说，就是盘活家庭资产，实现保值增值，让其生活更美好。

总之，个人或家庭理财的目标，是建立一个财务安全健康的生活体系，根据人生各阶段的目标和理想，最终实现财务和生活的自主、自由和自在。

为实现这一目标，上述各种理财规划的目标中应包含三个层次递进的内容。

首先是安排好当前的生活费用，将目前归属你的资产以及产生的现金流(收入和支出)做合理的安排和配置，从而保障自己和家人能够有一个安心健康的生活方式。这方面一个必不可少的内容就是"应急准备规划"。生活中难免会发生一些突发事件，这就意味着，你所有的存款不能全都拿去理财，你需要预留一部分应急资金。比如你现在积攒了一笔钱，起码要预留一部分可以随时存取，以备不时之需，例如与活期存款相似的活期理财、货币基金等，这些都可以随时支取变现，流动性好，还可得到一定收益，至于具体多少合适，要根据你的实际需求而定，如果没有大额支出打算，一般来讲为3～6个月的日常开销。

其次是为未来的人生目标在财务上做好安排，未雨绸缪。比如购房买车、养儿育女、孩子教育基金、个人养老问题等都需要尽早做好安排。还以前文中提到的小赵为例，他的女朋友在银行工作，建议他每月拿出固定的金额做投资理财，小赵在留足了日常生活、学习、谈恋爱等支出之后，将剩余部分做了基金定投，几年下来收益接近投入的本金，不但避免了小李那样的"月光"，还为自己未来的家庭奠定了经济基础。再比如，如果现在你的小孩还在读中小学，那么现在就应该着手准备孩子未来上大学的教育基金，用人寿保险或者定投的方式均可，如果希望孩子将来能出国深造，还需要根据未来所需费用追加定投的金额，或者另拿出一笔资金购买理财产品或基金，从而实现获得比银行存款利率更高的收益，以投资理财的方式，更轻松地攒够孩子出国留学的费用。至于退休养老规划，这个退休不是指自己的父母，而是你自身退休后的养老费用。经测算，社保提供的资金只能使退休后的生活水平达到退休前的50%，那么剩下的50%就需要你从投资产生的收益中来获取。

最后是终生的理财规划。通过储蓄、投资、保险规划等方式，为自己建立一个终生的现金流渠道，以保障自己和家人过上无忧无虑的生活，让你不用再为金钱而操劳，不再为消费支出而担忧，这就是所谓的财务自由的境界。

当然，通向财务自由的道路是崎岖的，并不容易实现。良好的理财习惯将有助于我们实现目标。

1.1 下定决心开始自己理财

俗话说："你不理财，财不理你！"我们接下来根据本教材的学习来理解这句话的真谛。

许多人将理财与节俭画上了等号，认为理财就是控制花钱，进而联想到理财会减少花钱的乐趣与降低生活质量。是不是这样的呢？答案当然是否定的，不仅不会，而且成功理财不但能为你创造更多的财富，而且可以让你的生活更自在。

理财并不是一件困难的事情，困难的是无法下定决心理财。如果你永远不走出第一步，就将会一直面临财务困境。

1.2 财务独立

下定决心自己理财以后，接下来要做的就是将你自身的财务独立起来。这里所说的财务独立，并非与世隔绝，而是"自立"的意思，适当控制生活成本和良性负债，排除恶性负债，理性地投资。

对于个人和家庭而言，良性负债有利于改善生活质量或提前消费，比如贷款买房买车，但是负债一定要合理，负债的比例要根据自己的收入情况而定，否则就会入不敷出，变成"房奴"或"车奴",形成恶性负债,这样不但影响生活质量,甚至会资不抵债,陷入家庭财务危机。

毫无疑问,实现财务独立需要开源和节流。

(1) 开源方面。第一,对于大部分人来说,工资是我们最主要的收入来源。可能你现在的收入还不高,勉勉强强达到平均收入的水平,可是在人生的长跑过程中,保持收入的可持续增长是非常重要的。一方面,收入有一个自然增长的过程,社会薪酬水平在不断提升,收入也在不断增加;另外一方面,提升自己、抓住机遇更加重要,合理地规划、升职加薪都能够带来更多的收入。挣得越多、走向财务自由的速度也越快。第二,从事理性投资。理性投资是在了解各项金融产品的功能、特点、收益和风险特征之后,再根据自己的收入状况、期限、目标、风险承受度等因素,选择适合自己的产品。之所以强调理性投资,是因为如果投资不当会导致严重的后果。只有合理地搭配,科学理财,使我们的资产和财富得到长期、持续的增长,这种投资理财对我们才有实质意义和价值。

(2) 节流方面。第一要控制恶性负债,恶性负债是人为不可控制的负债,例如生病、意外伤害、地震及不可抗拒的其他自然灾难风险等,还有不考虑自己和家庭的实际收入,盲目攀比买豪宅豪车,都有可能形成恶性负债。所以,财务独立的第一步就是买一份适合自己的保险,这样能将意外带来的金钱损失转嫁给保险公司,让你打拼无后顾之忧。第二是控制生活成本和良性负债。生活成本和良性负债就是自己能够控制的生活成本和负债,例如日常生活开支、娱乐费、子女教育费、房屋贷款及汽车贷款等都是可以控制的,对刚进入职场的新人来说,前几年所选择的生活方式有可能影响将来的生活质量,例如选择在外租房、生活花销高的人,每月结余的钱就很有限,还有可能形成不必要的负债;对于选择与家人同住、生活花销低的人,每月结余的钱就相对比较多,而且还可以拿出一部分积蓄从事投资理财。因此,一定要保持良性负债、控制生活成本。

1.3 学习投资理财

理财是交给专家打理还是自己做?有人可能对于这个问题犹豫不决。那么,在做出决定之前,你首先需要考虑以下几个问题:如果交给专家或机构打理,你对他们充分信任吗?你自己能够鉴别出这些机构或专家的真正实力和水平吗?如果自己打理,你具备这方面的专业能力吗?你应该如何选择适合自己的理财工具和产品?即便是确定了产品和方案,你又如何选择合适的投资时机?

因此,不论你的资产交给专家还是自己理财,都应该具备一定的专业知识,必须了解投资收益与风险的关系及变化,这些专业知识能使你避免一些理财方面的陷阱,以免辛辛苦苦存下来的钱化为泡影。

1.4 设定个人财务目标及实行计划

小赵是一个入职两年多的公司职员,生活在某省会城市,每月扣除五险一金之外净收入 8000 元左右,单位提供免房租的职工宿舍,但需要自己缴纳水电费,目前小赵每月必要的生活费支出在 2000 元左右,休闲娱乐支出在 1500 元左右,结余 4500 元左右;小赵打算 5 年内建立家庭,但需要攒够新房的部分首付约 40 万元,另一部分由女友出。小赵如何理财才能实现这一目标?

理财目标应以数字来衡量,并且是你需要做出一定的努力才能达到的,具体来说,就是先检查自己每月可存下多少钱,要选择投资报酬率是多少的理财工具,预计需要花多久时间可以达到目标。因此,建议你第一个目标最好不要定得太难实现,所需达到的时间在 2~3 年最好,当达到第一个目标后,就可定下一个难度高一点、花费时间约为 3~5 年的第二个目标。

以小赵的目标为例,目前每月结余约 4500 元,即便是全部攒下来,5 年合计也只有 27 万元,离 35 万元的目标还有一段距离;如果每月用这 4500 元做基金定投,假如定投的年化收益率为 10%,五年的本利和为 35.14 万元;如果每月拿出 4000 元做定投,5 年达到 35 万元,年化收益率需要达到 15% 才能实现。显然,这个目标还是有一定难度的。因此,小赵可以适当压缩休闲娱乐支出,比如将其控制在 1000 元以内,让自己有更多的结余。当然,随着工作年限和收入的增加,除了定投之外,结余会更多,也可以追加一部分投资;如果遇到市场不错,收益率提高,也可提前达到理财目标。

1.5 养成良好的理财习惯

若不把理财当作一个习惯来养成,那么在开始理财的初期可能会功亏一篑。因此理财最困难的时期,就是在刚开始,通常刚下定决心理财的人,往往凭着满腔的热情,期待理财能马上立竿见影,但却常常忽略了一点:理财是一种中长期计划,就像滚雪球,以时间和复利取胜,但初期是看不出有明显效果的。不少人在一段时间后,对理财失望的情绪就浇灭了当初的热情,并产生认知上的差距,所以原来设定的理财目标就硬生生地被放弃,也放弃了个人成功的机会。

一个人通过复利的方式去投资,最后会得到什么样的结果?以初始资金 10 万元来计算,假如复利 10%,5 年后本息和是 16.11 万元,10 年后为 25.94 万元,20 年后就达到了 67.27 万元;假如复利 15%,5 年后本息和是 20.11 万元,10 年后为 40.46 万元,20 年后就达到了 163.67 万元。复利投资,平均年化收益率越高,最后的收益将呈几何倍数放大;投资的时间越久,收益放大越明显。复利与时间示例见表 1-1。

表 1-1 复利与时间示例

单位：万元

复利	1 年	5 年	10 年	20 年	30 年
5%	10.5	12.76	16.29	26.53	43.22
10%	11	16.11	25.94	67.27	174.49
15%	11.5	20.11	40.46	163.67	662.12
20%	12	24.88	61.92	383.38	2373.76
25%	12.5	30.52	93.13	867.36	8077.94

（注：本例的本金为 10 万元）

1.6 定期检视成果

不论做哪一件事，都要讲究事前、事中和事后的控制。因为经过这些控制，才可以确定事情的发展是不是朝着既定的目标前进；若不是，也可以及早发现，立即做出修正。理财投资是有关钱的事情，切不可疏忽大意。事前控制包括：设定理财目标，拟订达成目标的步骤。事中控制就是要养成记账的习惯，通过记账，掌握日常生活资金运作的情况。事后控制是指把个人理财投资计划执行结果进行分析，总结得失，也为下一个阶段理财投资规划提供可参考的重要资料。

1.7 投资理财必须了解的四个知识点

在正式开始进行个人/家庭理财规划前，有四个知识点是必须了解的。其对我们理财规划的成果影响重大。

1.7.1 了解个人的投资风险偏好和风险承受度

风险偏好就是投资者对不同投资方式和投资工具的偏好，也就是对不同产品的认同度，比如有人喜欢低收益、安全性高的存款和国债，有人偏好收益稳定、低风险的银行理财产品和债券基金，也有人偏好更高收益、波动大的偏股型基金或者股票。而风险承受度是指一个人对某项风险事件的容忍程度，一般分为风险喜好者、风险中性者、风险厌恶者，其所对应的投资者类型为激进型、稳健型、保守型。人的风险承受度与个人的性格、年龄、性别、教育程度、投资经验、财富的多少等因素有关。每个人的风险偏好和风险承受能力并不相同。一般情况下，教育程度越低、年龄越大、投资经历越短、资金量越小，风险承受能力就越低，因此，金融机构在测评投资者风险承受度的时候，都要考虑以上几个因素。当然，有些因素也不是绝对的，比如年龄因素，在现实中，反而是越年轻的投资者，其风险承受度越低，因为他的投资经验少、资金量小，而且还有买房买车、养家糊口的压力。正确地评估自己的风险偏好，不仅是明确投资目标的前提，更是了解自己的风险承受能力所必需的，所以了解自己的风险偏好是非常重要的。

1.7.2 了解个人或家庭的资产财务报表

家庭资产负债，简单来说就是你家有多少资源可用，有多少负债还没有偿还，这是我们理财起码要搞清楚的。我们知道，按照会计原理，有一个恒等公式：资产＝负债＋所有者权益，其中所有者权益就是净资产，因此这个公式可以转换成：所有者权益（净资产）＝资产－负债。这个公式说明，任何一个家庭或者企业，你所拥有的资产包括两部分：一部分是归你自己所有的净资产，另一部分是负债，也就是借款。就个人和家庭而言，你的负债包括银行贷款、信用卡消费、亲戚朋友的借款等。

举个例子：小赵 3 年前按揭买了一套价值 100 万元的房子，其中首付 30 万元，银行贷款 70 万元，其资产负债情况为

$$资产 100 万元 = 负债 70 万元 + 所有者权益 30 万元$$

对于小赵来说，他虽然拥有价值 100 万元的房产，但实际上归其所有的净资产只有 30 万元，另外 70 万元是他的负债，未来是需要归还银行的。

假如 10 年后房子价格上涨到 150 万元，房贷只剩 30 万元，则其资产负债情况为

$$资产 150 万元 = 负债 30 万元 + 所有者权益 120 万元$$

也就是说，此时归属小赵的净资产变成了 120 万元。

资产负债表显示了个人或家庭所管理的经济资源，以及所承担的一切债务。家庭资产和负债的内容包括以下几个方面。

1. 家庭资产

家庭所拥有的全部资产，大体可以分为三类。

(1) 金融资产或生息资产，即能带来利息收入的资产。这些是在个人财务规划中最重要的，因为它们是实现家庭财务目标的基础。

(2) 个人使用或者自用资产，也就是我们每天生活要使用的资产，如房子、车、家具、家电、衣服等。

(3) 奢侈资产，即个人使用但不是家庭必需的。这一类资产取决于这个家庭认为哪些资产是必需的，非必需部分就可以认为是奢侈资产。奢侈资产与个人使用资产的主要区别在于，变卖时奢侈资产的价值高。

对于资产的划分，有的学者按照流动性大小将其划分为流动资产、投资资产、不动

产和个人动产等。个人可以按照自己的实际情况设计个人或家庭的资产表。

2. 家庭负债

家庭负债包括全部家庭成员欠非家庭成员的所有债务。

流动负债：一年内到期的负债，如临时借款、信用卡消费等。

长期负债：一年以后到期或很多年内每月要支付的负债，如房贷、车贷等。

当然其也可以进一步划分为以下几种。

短期负债：一年内需要偿还的负债。

中期负债：一至五年内要偿还的负债。

长期负债：还款期超过五年的负债。

3. 人力资本

从财务意义上讲，人力资本是一个人挣钱的能力，具有很高的价值。这里需要提醒的是，要重视三个与人力资本有关的重要的个人财务决策。

第一个决策是如何获得人力资本。一般来讲，一个人能拥有的物质财富的多少与其所受的教育程度成正比，学历越高、有一技之长的专业人士可供选择的工作机会会更多，也更有可能得到更高的薪水。此外，受教育程度较高的人，会因为事业的成功、较高的社会地位、较好的职位和较好的工作条件而获得非财务方面的满足。

第二个决策是如何保护人力资本。对于一个家庭而言，收入最高且是家庭经济和精神支柱的成员是最重要的人力资本，也是需要重点保护的对象，在做保险规划时，应当考虑家庭成员收入高低、重要程度这一因素，所以越是重要的家庭成员，需要购买更多的人寿保险，以防止万一其发生意外会对家庭造成比较大的伤害。

第三个决策是如何保持人力资本。与其他资产一样，人力资本会随着时间的推移而贬值。如果我们想让自己的技能跟上时代，就必须不断地学习，广义的教育必须贯穿我们的职业生涯，在自我成长方面多花点时间和精力是值得的。因此，持续教育和自我成长是家庭财务必须要考虑的一项支出。从人出生到死亡的一生中，都一直处于有取得收入和进行支出的过程中。我们需要了解收入是从哪里来的，又是如何花出去的。收支表反映出了一个人在一段时间内的财务活动状况，能让你将实际发生的费用和支出与预算的数字进行对比，从而采取必要的调整措施以消除两者之间的差异。

个人或家庭收支表从结构上来看主要包含两部分：一是各收入金额占总收入比例；二是各支出金额占总支出比例。

1.7.3 了解货币时间价值概念

货币时间价值是指一定量的资金经历一定时间的投资和再投资所增加的价值，也称为资金时间价值。

举例：10年前以10万元买了一款银行理财产品，目前本息和为15.2万元，其货币时间价值＝15.2－10＝5.2(万元)。它反映的是由于时间因素的作用而使之前的一笔资金随时间推移所具有的增值能力，因此，货币时间价值的本质就是"钱生钱"。

货币的时间价值这个概念认为，当前拥有的货币比未来收到的同样金额的货币具有更大的价值，因为当前拥有的货币可以进行投资。下面介绍的重点是单利、复利和终值、现值的概念。

S：单利终值

F：复利终值

P：本金

I：利息

i：利率

n：利率获取时间的整数倍

现值又称本金，是指未来某一时点上的一定量现金折合到现在的价值，通常记作 P。终值又称将来值，是现在一定量现金在未来某一时点上的价值，俗称本利和。

单利计息方式下，利息的计算公式为

$$I = P \times i \times n$$

单利计息方式下，终值的计算公式为

$$S = P \times (1 + i \times n)$$

单利现值与单利终值互为逆运算，其计算公式为

$$P = S / (1 + i \times n)$$

复利终值的计算公式为

$$F = P \times (1+i)^n$$

式中：$(1+i)^n$ 简称"复利终值系数"，记作 $(F/P, i, n)$。

复利现值与复利终值互为逆运算，其计算公式为

$$P = F \times (1+i)^{-n}$$

式中：$(1+i)^{-n}$ 简称"复利现值系数"，记作 $(P/F, i, n)$。

1.7.4 了解个体或家庭生命周期

家庭生命周期是一个家庭从形成、发展、成熟到衰退乃至消亡的过程，反映家庭从形成到解体呈循环运动的变化规律。对于个人而言，有婴儿、少年、青年、中年、老年等不同阶段组成的生命周期，一个家庭也有类似的生命周期。不同的家庭生命周期，随着年龄、工作资历、家庭成员的变化，财务状况、获取经济收入的能力、资金需求，以及生活重心的不断变化，其各个阶段选择理财工具的种类、数量和理财目标也要有所区

别，因而针对不同个人或家庭资产需要进行不同的配置。家庭生命周期如图 1-1 所示。

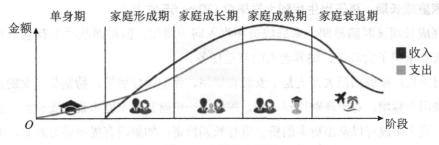

图 1-1　家庭生命周期

从图 1-1 中可以看到，家庭生命周期一共分为五个阶段：单身期、家庭形成期、家庭成长期、家庭成熟期和家庭衰退期。从家庭形成期开始，收入和支出同步增长，在家庭形成期的后半段开始，收入开始高于支出，成熟期达到了顶峰，进入衰退期，收入和支出同步下降，进入这一阶段的后期，支出可能超过收入，特别是 70 岁以后，大多数人都失去了工作能力，但医疗和养老支出可能会大幅增加。下面分别介绍一下各个阶段的特征和理财目标，其中年龄和期限仅是一个大致的参考值。

1. 单身期：参加工作到结婚前 (20～25 岁)

单身未婚，尚未完全脱离父母，但已有独立收入，一般情况下没有太大的家庭负担，精力也比较旺盛，是财务负担相对较轻的时期，但是一不留神就会成为"月光族"。

理财重点：这个时期应该考虑为未来成立的新家庭积累资金。当然，大多数人投资目标应该是买房，有人可能会说买房遥遥无期，我先买股票吧，翻个倍啥的就有首付了，结局有可能是首付没赚到，本金还套住了，反而被迫延迟实现买房计划，欲速则不达。比较好的方法是零存整取或者定投偏债型基金，这样可以在强制自己攒钱的同时还能得到高出普通存款的收益。在攒钱买房的同时，还要考虑购买意外和重疾的消费型保险，一是降低因意外导致的风险，二是避免大笔资金的支出打乱计划。

投资建议：可将积蓄的 60% 选择定期存款或者购买收益比较稳定的银行理财产品；10% 购买保险；10% 存为活期储蓄，以备不时之需。

2. 家庭形成期：结婚到孩子出生 (22～30 岁)

家庭形成期又叫筑巢期，初步建立家庭，并开始生养子女，这一时期生活趋于稳定，收入有所增加，但家庭消费支出开始逐步提高，除了房贷、车贷等大件支出，孩子的抚养和幼儿期间的教育也是一笔不小的开支。

理财重点：理财重点应放在合理安排家庭建设的费用支出上，必须保证衣食住行的必要支出，特别是房贷和幼儿抚养费，随着夫妻收入的增加且有一定的积累后，可以选择一些比较激进的理财工具，如偏股型基金及股票等，以期获得更高的回报。

投资建议：可将积累资金的 40% 投资于股票或成长型基金；40% 投资于债券基金和

银行理财，10%左右购买商业保险；10%存为活期储蓄。

3. 家庭成长期：孩子出生后到大学毕业（30～55岁）

家庭成长期又叫满巢期，家庭成员和收入同步增加，但是面临"上有老下有小"的现实，需要承担子女教育、赡养老人的双重任务。

理财重点：家庭的最大开支是子女教育费用、保健医疗费等，特别是子女的教育费用和生活费用会猛增。对于理财比较成功、积累了一定财富的家庭来说，支付起来就不会感到困难，这个阶段可以拿出更多的资金进行长期投资；如果没有提前做好筹划，或者家庭储蓄结余太低，家庭负担就会比较重，那么，这个阶段仍应该继续把子女教育费用和生活费用作为理财重点。另外值得注意的是，对于到了这个阶段连子女教育费用支付都困难的家庭而言，优先考虑的不是投资理财，而是应把希望寄托在子女身上，确保子女顺利完成学业。随着子女的成长和自立能力的提高，父母可以根据实际情况和经验再尝试一下中高风险的投资，如股票、房产等，保险方面应偏重于自身保障、子女教育基金等。

投资建议：将积蓄资金的30%左右进行储蓄或购买银行开放式理财产品，用于支付子女的教育费用；50%用于投资股票成长型基金，如果结余较多，也可尝试房地产；10%用于购买保险；10%存为活期储蓄。

4. 家庭成熟期：子女工作到自己退休（50～65岁）

家庭成熟期又叫离巢期，这一时期的特征是子女逐渐独立，家庭收入达到最高峰，开始出现拐点。

理财重点：这期间，由于自己的工作能力、工作经验、经济状况都已达到了最佳状态，加上子女开始独立，家庭负担逐渐减轻，因此，最适合积累财富，理财重点应侧重于扩大投资。但由于已进入人生后期，万一风险投资失败，就会葬送一生积累的财富。所以，在选择投资工具时，不宜过多选择高风险的产品。此外，还要存储一笔养老金，并且这笔钱是雷打不动的。保险是比较稳健和安全的投资工具之一，虽然回报偏低，但作为强制性储蓄，有利于累积养老金和资产保全，是比较好的选择。

投资建议：将可投资资本的50%用于股票或同类基金；40%用于定期存款、债券及保险；10%存为活期储蓄。但随着退休年龄逐渐接近，用于风险投资的比例应逐渐减少。在保险需求上，应逐渐偏重于养老、健康、重大疾病险。

5. 家庭衰退期：从退休到终老（60岁以后）

家庭衰退期，收入和支出均大幅减少，子女独立。如果前期已经积累了足够的财富，则可安度晚年。

理财重点：应以安度晚年为目的，投资和花费通常都比较保守，身体和精神健康最重要。在这一时期最好以储蓄和保障为主，适当并逐步减少中高风险的投资；同时要考虑财富传承的问题。

投资建议：可以把 10% 左右的资金投资于股票型基金；50% 用作定期存款或债券类产品（如债券基金、银行理财产品）；20% 配置活期存款或者开放式理财；剩余部分配置可以提供现金流的人寿保险。对于资产比较丰厚的家庭，可提前规划传承问题，尽可能避免身后因为遗产问题引发家庭纠纷，比如以人寿保险或其他方式，既可以合法节税，又能顺顺利利把财产传给下一代。

总体来说，在制定家庭理财策略时，有三点必须考虑：一是家庭的风险属性，它决定了我们可以选择的资产种类及比重；二是家庭理财目标，它决定了我们投资期限的长短；三是适合自己家庭的理财策略，确定了理财目标、风险属性后，一个适合自己家庭的理财策略也就随后产生了。在制定家庭理财策略、配置家庭资产时，一定要充分考虑个人事业发展、家庭的成长等多方面因素，选择适合自己家庭的理财模式。

1.8 常见的理财与投资渠道

个人或家庭理财常见的理财工具和投资渠道多种多样，包括但不限于：银行存款（储蓄）、银行理财产品、保险、债券、信托、股票或股权、基金、期货期权等衍生品、黄金等贵金属、外汇、房地产、古董字画和邮票钱币及珠宝等收藏品、专利权等无形资产等。不过，有些投资品并不属于金融产品的范畴，如房地产、古董字画、专利等。在上述这些产品当中，古董字画具有丰厚的增值内涵，但需要丰富的专业知识和鉴赏能力，非一般人能操作；邮票在家庭收藏中较为普遍，但作为一种投资，见效并不十分明显，更适合作为个人的爱好收藏；外汇，其运作受国际金融形势影响，有很大的不可预测性，风险性较大；专利权等无形资产，投资渠道狭窄，离实际生活较远；数字货币风险特征过于突出；第三方支付平台等互联网金融产品屡受整顿，房地产近年来国家调控严厉，面临的不确定风险也比较大……

因此，最为常见的家庭理财方式还是集中在银行存款、债券、信托、保险、股票等传统的金融产品上。这些理财方式按照投资属性和特点，一般可以分为以下几大类。

(1) 现金类，即可以随时变现存取的，基本上没有风险，但收益较低，包括：银行存款、货币基金、开放式理财等。

(2) 债券类，又称为固定收益类，风险较低，收益稳定，包括：国债、地方政府债、城投债、企业债、公司债等，但上述债券中除了国债之外，普通投资者大多是通过购买银行理财和债券型基金间接投资债券，因此一般意义上的固收类产品是指国债、债券基金、理财产品、债券类信托等。

(3) 权益类，也就是投资股权类的产品，特点是波动幅度大、收益高，包括股票、偏股型公募基金（含混合型、普通股票型、指数型）、阳光私募基金等。

(4) 商品类，即与贵金属及大宗商品相关的，包括：黄金、白银、原油、其他金属等，除了实物贵金属之外，其他商品类的投资大多以期货、期权为主要交易方式，带有多倍的杠杆，其风险极大。

(5) 保障类，主要指各种保险。不过像财产险、意外伤害险、健康险等一般被列为消费的范畴，并不属于投资。但是，家庭理财又离不开保险，这种保险通常是指既有保障功能又有投资功能的人寿保险。

实际上，根据以上内容，我们也可以搭建一个财富的金字塔，如图1-2所示。

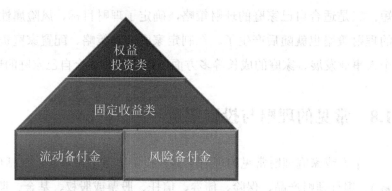

图 1-2　财富的金字塔

财富金字塔的金融产品包括以下几种。

- 流动备付金 (货币类)：随时能拿的钱。
- 固定收益类 (债权类)：固定给你收益的钱。
- 权益投资类 (股权类)：说不好给多少的钱。
- 风险备付金 (保障类)：有事能拿的钱。

再细分一下，财富金字塔的金融产品分类如图1-3所示。

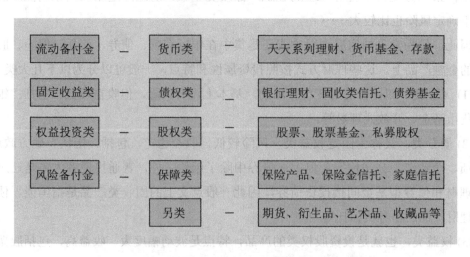

图 1-3　财富金字塔的金融产品分类

第二章 银行理财产品

- 银行理财产品概述
- 银行理财产品的构成要素
- 银行理财产品的分类
- 银行理财产品的运作
- 我国银行理财产品的新特征
- 购买银行理财产品的风险管理

本章学习目标

01 了解银行理财产品的种类与构成要素

02 了解银行理财产品的运作方式及特征

03 认识银行理财产品的风控

04 了解银行理财产品的投前、投中以及投后的相关事务

> **本章简介**

本章主要讲述银行理财的构成要素，这些产品是如何分类的，又是如何运作的，它们之间的联系与特点又是什么？如果投资银行理财产品应该注意哪些问题？如何把握风险？如何管理投资银行理财产品的前期、中期与后期的各个重要环节。

2.1　银行理财产品概述

银行理财产品是指由商业银行和正规金融机构自行设计并发行，将募集到的资金根据产品合同约定投入相关金融市场，获取投资收益后，根据合同约定分配给投资人的金融产品。

根据这个定义，我们来看看银行理财产品架构图。举例：A银行说即将发行一种理财产品，预计年化收益率4%。目前银行一年定期存款利率只有2%左右，你一看觉得很划算，于是拿了10万元，你的钱、我的钱、张三李四的钱交给A银行，总共10亿元，这样理财产品就成立了，银行就拿这10亿元按照合约去投资金融产品或者特定的项目（一般是债券），按照约定返还给你收益和本金。理财产品架构如图2-1所示。

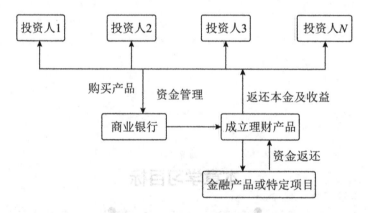

图2-1　理财产品架构

理财产品与存款有什么区别？对客户来说，存款属于储蓄——攒钱，可得到一些利息，一般没有风险，因为存款是属于客户自己的；理财属于投资，可以得到高出存款利率的收益，因此有一定风险。从银行方面来看，客户的存款就是银行的负债，是要无条件还本付息给客户的。理财产品，对于银行来说一般属于中间业务，必须按照产品合约的承诺去投资特定的项目或者产品，将投资收益返还给客户。当然，银行可以通过资产管理获得手续费收入。理财产品与存款的区别，如表2-1所示。

表 2-1 理财产品与存款的区别

对应人	存款	理财产品
对存款人/投资人来讲	储蓄	投资
	无风险	有一定风险
对银行来讲	负债	中间业务
	还本付息	资产管理

2.2 银行理财产品的构成要素

银行理财产品有以下构成要素。

(1) 发行者，也就是理财产品的卖家，一般就是开发理财产品的金融机构。一般来说，实力雄厚的金融机构发行的理财产品更加可靠一些。

(2) 认购者，也就是银行理财产品的投资人。有些理财产品并不是面向所有公众的，而是为有针对性的认购群体推出的。

(3) 期限，任何理财产品发行之时都会规定一个期限。银行发行的理财产品大部分期限都比较短，但是也有外资银行推出了期限为 5～6 年的理财产品。所以投资人应该明确自己资金的充裕程度以及投资期内可能出现的流动性需求，以避免由此引起的不便。

(4) 价格和收益，对理财产品而言，其价格就是相关的认购、管理等费用以及该笔投资的机会成本（可能是利息收益或其他投资收益）。收益率表示的是该产品给投资人带来的收入占投资额的百分比。它是在投资管理期结束之后，按照该产品的原定条款计算所得的收益率。

(5) 风险，在有效的金融市场上，风险和收益永远是对等的，只有承担了相应的风险才有可能获得相应的收益。投资人应该详细了解理财产品的风险结构状况，从而对其做出判断和评估，看其是否与所得的收益相匹配。

(6) 流动性，指的是资产的变现能力，它与收益率往往互相矛盾，在同等条件下，流动性越好，收益率越低，所以投资人需在二者之间做出权衡。

(7) 理财产品中嵌套的其他权利，尤其是一些结构性理财产品中，常常嵌入了期权等金融衍生品。所以，投资人选择理财产品时应该充分发掘其中的信息，并充分利用这方面的权利。

2.3 银行理财产品的分类

银行理财产品可以按照不同的标准，进行分类。

(1) 根据募集方式的不同，理财产品可分为公募理财产品和私募理财产品。

公募理财产品是指商业银行面向不特定社会公众公开发行的理财产品。私募理财产品是指商业银行面向合格投资者非公开发行的理财产品。

合格投资者是指具备相应风险识别能力和风险承受能力，投资于单个理财产品不低于一定金额且符合下列条件的自然人、法人或者依法成立的其他组织。①具有2年以上投资经历，且满足家庭金融净资产不低于300万元人民币，或者家庭金融资产不低于500万元人民币，或者近3年本人年均收入不低于40万元人民币。②最近1年末净资产不低于1000万元人民币的法人或者依法成立的其他组织。③国务院银行业监督管理机构规定的其他情形。

私募理财产品的投资范围由合同约定，可以投资于债权类资产和权益类资产等。权益类资产是指上市交易的股票、未上市企业股权及其受(收)益权。

(2) 根据投资性质的不同，理财产品可分为固定收益类理财产品、权益类理财产品、商品及金融衍生品类理财产品和混合类理财产品。

固定收益类理财产品投资于存款、债券等债权类资产的比例不低于80%；权益类理财产品投资于权益类资产的比例不低于80%；商品及金融衍生品类理财产品投资于商品及金融衍生品的比例不低于80%；混合类理财产品投资于债权类资产、权益类资产、商品及金融衍生品类资产且任一资产的投资比例未达到前三类理财产品标准。

(3) 根据运作方式的不同，理财产品可分为封闭式理财产品和开放式理财产品。

封闭式理财产品是指有确定期限的理财产品，且自产品成立日至终止日期间，投资者不得进行认购或者赎回的理财产品。

开放式理财产品是指没有固定期限，自产品成立日至终止日期间，投资者可以按照规定随时买卖的理财产品。开放式产品可细分为现金管理类，一般在每个工作日均可交易买卖(申购赎回)，一般都是资金当天到账；定期开放类，按周、月或季度，在规定的日期开放，投资者只能在开放日申购赎回。现金管理类理财产品与货币基金类似，具有风险低、流动性高、交易便利等优势。

(4) 根据是否与指定的对象挂钩以及风险大小，理财产品可分为结构性理财产品和非结构性理财产品。

结构性理财产品：一般都和股票、黄金、外汇、信贷、石油等相关，风险级别较高。

非结构性理财产品：资金投向为债券回购、存款、国债、金融债、央行票据等，风险比较低，也就是大家印象中的"稳"。

除了上述分类方法之外，日常生活中人们还有其他的分类方法，比如，按照风险等级分类，按照币种分类，按照投资途径分类。

2.4 银行理财产品的运作

规划理财产品是一个动态打造财富的过程，它从投资者的需求出发，经过产品设计、资金募集、投资管理和赎回结算，一环扣一环，最终生产出最大价值的理财产品。投资者购买的是专业化的投资管理服务。

在资管新规打破刚性兑付后，理财产品变成了净值型新产品，不保本，不再有预期收益，理财业绩表现随市场的波动而波动，并且跟该产品底层资产的投向有很大的关系。这个时候，对于投资者来说，了解理财资金的运作就显得非常重要。

以银行系理财子公司为例。银行理财产品的一端连接着投资者的资金，一端连接着所投资产。理财资金的运作主要分成四个阶段：产品设计阶段、资金募集阶段、投资管理阶段、赎回结算阶段。这个过程分别由不同部门参与其中。享受到什么样的服务，理财产品最终是否赚到钱，都取决于各个部门的密切配合，缺一不可。

1. 产品设计阶段

这一步，相当于产品方案的形成阶段，资管新规出台以前大多由银行资产管理部主导，资管新规出台以后由银行理财子公司主导。比如，理财产品的募集方式是公募还是私募；运作方式是封闭式还是开放式；产品能不能投其他资管产品；底层资产的多少比例可投非标准化债权资产；风险等级是多少；投资类型是固定收益类、权益类还是混合类亦或是衍生品类。固定收益类净值波动相对较小，权益和衍生品类波动大，混合类较小。这些要素在进行产品设计时就要想好。各大要素不同的配置标准，排列组合后会形成不同的产品样式，使得它们在资金募集和投资管理上存在很大差别。

2. 资金的募集阶段

产品设计完成后，只有经过相关监管部门的备案登记，才可以向投资者募集资金，由受过专业培训的理财经理向不同客户介绍跟自己需求相匹配的理财产品，客户需要遵守风险匹配原则。比如经过风险测评，你是平衡型投资者，风险评级对应的是R3，那你只能买R3、R2和R1级的产品。数字越大，表明风险承受能力越强。理财产品的相关销售规定非常详尽，这些都是出于对投资者的保护，防止客户购买了不符合自身风险承受能力的产品，从而遭受损失。

3. 投资管理阶段

对于银行理财而言，真正考验投资经理的时刻到来了。这一环节，投资经理会通过专业的投研分析，按照产品的设计方案，将理财资金投向优质的资产，力争为投资者获取较好的回报和投资体验。银行理财产品主要投向债券、存款、货币工具、公募基金、商品、衍生品和非标准债权资产等。如果投资非标准化债权资产，银行会做好严格的风险控制，比如按照贷款要求，投资前对这些资产进行尽职调查、风险审查，投资后做好风险管理，控制投资规模。

这里不得不提的是，在投资安排上，银行理财会"向下穿透"，识别理财产品的底层资产，投资者的盈亏完全是由理财产品所投资产的收益情况而定。

4. 赎回结算阶段

理财产品投资运作了一段时间，如果投资者中途想要赎回，银行会做好收益核算、赎回对账和资金划转。赎回的资金，会通过原账户路径返回到你的银行账户中，资金安全是有保障的。

除了以上四个主要阶段外，在理财资金的投资运作中，信息披露和集中登记会贯穿始终。

2.5 我国银行理财产品的新特征

理财业务是指商业银行接受投资者委托，按照与投资者事先约定的投资策略、风险承担和收益分配方式，对受托的投资者财产进行投资和管理的金融服务。银行理财产品是指商业银行按照约定条件和实际投资收益情况向投资者支付收益、不保证本金支付和收益水平的非保本理财产品。

2018年4月27日，人民银行、银保监会、证监会、外汇管理局联合发布《关于规范金融机构资产管理业务的指导意见》，即"资管新规"。2018年9月28日，银保监会正式下发《商业银行理财业务监督管理办法》，即"理财新规"。这两大新规对我国资产管理业务有着深刻和巨大的影响。

根据这两个"新规"，目前的银行理财产品具有五个明显的特征。

(1) 取消刚性兑付。

(2) 取消预期收益率，实现产品净值化。

(3) 禁止嵌套。

(4) 严格穿透，向上识别理财产品最终投资者，向下识别理财产品底层资产。

(5) 强调投资者适当性管理。

鉴于后三个特征在规定里有简单明了的要求，我们重点介绍前两个特征。从一定意义上讲，这两个特征相辅相成。

下面我们详细就此介绍。

2.5.1 取消刚性兑付

刚性兑付的本质含义就是不管银行发行的理财产品是赚还是赔，银行都会将客户的本金甚至利息如期归还给客户。刚性兑付主要包含以下三方面的内容。①承诺保本甚至保收益。②通过滚动发行拿后来投资者的钱兑付前面投资者的钱，类同于拿多张信用卡套现还款。③银行对自身发行的理财产品无条件兜底。

谈到保本原则，很多人记住了巴菲特说过的那句话"投资中有两条重要的原则，第一是保证本金安全，第二是牢记第一条原则"。保本保收益的理财绝对是比较受欢迎的理财产品之一。原因很简单，既能保本又能保收益，就说明其风险相当低，而很多人也就看重这一点。从字面意义上来看，保本理财产品更有利于理财者，但实际上却未必。保本理财产品之所以能保本，不是说银行拿自己的信誉来做担保，承担无限连带责任，而是有一种保证本金的措施，比如有类似期权的金融产品做风险对冲，或者有担保公司可以兜底。但是这些保证本金的措施都是有成本的，如期权的费用、担保的费用，这些费用让原本不高的收益率变得更低。这也是保本理财产品的收益率普遍较非保本理财产品的收益率低得多的原因。

资管新规落地以后，在过渡期内(2021年年底前)，商业银行不得新增，但可以用新产品滚动对接，在过渡期结束时消化完所有存量的不合规旧产品。过渡期结束后，银行理财产品不论是名称还是合同中肯定不能有"保本"二字，而有"保本"二字的肯定不可能是理财产品。也就是说银行理财产品打破刚性兑付、银行不再兜底的时代已经来临。刚性兑付严重扭曲资管产品"受人之托、代人理财"的本质，扰乱市场纪律，加剧道德风险，打破刚性兑付是金融业的普遍共识。资管新规落地以后，明确规定银行理财产品不得再出现刚性兑付的情形，如果出现银行理财产品刚性兑付的情形，将对该银行机构实施惩处，而且鼓励用户向中国人民银行投诉举报。

不再刚性兑付，银行理财产品还能不能买呢？答案是当然能买，国家批准的正规投资产品，为什么不能买？但是这并不代表，买了银行理财就不会亏损。

投资理财，本身就是一件有风险的事：就像买股票也可能亏，买基金也可能亏，我们并不能因此得出结论，股票或基金就不能买了。

(1) 银行理财打破刚性兑付，是大势所趋，对投资者来说，也并不是一件坏事。银行理财之前都是混资金池运营，也就是说，同一家银行发行的理财产品，不管多少个，资金都是在一个大账户里混用。如果理财产品 A 到期出现了亏损，银行出于自身声誉和客户维护考量，很可能会用其他产品，比如理财产品 B 的资金对产品 A 按照预期收益先行足额兑付。从短期看，是银行替投资者承担了亏损；从长期看，这种操作不公开也不透明，既不利于监管，也不利于银行的风险释放。一旦出现黑天鹅事件，可能会给投资者带来更大、更难以承受的损失。"理财新规"，要求银行理财必须专款专户，独立托管，单独核算，不得混用。所以，我们看到部分新发行的银行理财产品出现了浮亏，并不是新规之后，银行理财的风险提高了，或是银行资管的水平下降了；相反是因为，银行理财的信息更公开更透明，把我们之前看不见、不知道的风险摆到了台面上来。

(2) 银行理财是一个大的产品范畴，并不是所有的银行理财产品都是中低风险。对应于不同客户的风险偏好和承担能力，银行理财产品通常至少分为 R1 到 R5，由低到高五个风险等级。一般老百姓购买银行理财都是图一个"稳健"，所以银行推荐给大家的理财产品，也大多处于 R1 保守型、R2 稳健型和 R3 平衡型之间。这些中低风险等级的理财产品，底层投资标的本身往往就都是风险程度比较低的投资品，再加上银行资管注重风险防范、操作偏好保守的传统特点，自然出现亏损的概率也不会太高。这一点并不会因为理财新规的实施而变化。而对于资金量比较大，风险承受能力比较强的客户，银行也会给他们推荐更高风险等级的理财产品，比如 R4 进取型、R5 激进型。这些理财产品的预期收益，可能会远高于我们平时购买的中低风险等级的产品；相应地，它们出现亏损的概率也会大大增加。这一点也不会因为理财新规的实施而变化。所以，我们之前一直觉得银行理财安全，是因为我们选择的理财产品本身风险等级就低。如果继续投资于同风险等级的理财产品，亏损的概率也还是一样的，跟理财新规是否推出，和银行是否承诺刚性兑付，都没有关系。

银行对理财产品的风险等级划分主要参考以下几个要点。①理财产品的投资范围、投资资产和投资组合比例。不同的投资资产会产生不同的风险，投资组合比例的不同也会造成风险等级的差异。②理财产品的期限、成本、收益测算。产品的期限越长，需要投资者承担的不确定性越大，投资的风险也就越大；产品的成本越高、收益的测算越高，相应的投资者也会承担较高的机会成本，进而不确定性也就越大。③发行银行开发设计的同类产品的过往业绩。这其实参考了银行实际的投资运作能力，并参考之前的投资波动率来对产品进行风险评级。④理财产品运作过程中存在的各类风险。银行会谨慎地对潜在风险进行评估。

以某股份制商业银行银行为例，该行就从本金保障特性、收益保障特性、信用风险等级和市场风险等级等维度，采用定性和定量相结合的方法，对理财产品的风险进行评估并确定理财产品的风险级别，将理财产品风险由低到高分为 R1(谨慎型)、R2(稳健型)、R3(平衡型)、R4(进取型)、R5(激进型) 五个级别，具体如下。

R1 级(谨慎型)，该级别理财产品不保证本金的偿付，产品收益随投资表现变动，较少受到市场波动和政策法规变化等风险因素的影响。产品主要投资于高信用等级债券、货币市场等低风险金融产品。

R2 级(稳健型)，该级别理财产品不保证本金的偿付，但发生本金亏损的概率相对较低，收益浮动相对可控。在信用风险维度上，产品主要承担高信用等级信用主体的风险，如 AA 级(含)以上评级债券的风险；在市场风险维度上，产品主要投资于债券、同业存放等低波动性金融产品，严格控制股票、商品和外汇等高波动性金融产品的投资比例。此级别产品还包括通过衍生交易、分层结构、外部担保等方式保障本金相对安全的理财产品。

R3 级（平衡型），该级别理财产品不保证本金的偿付，有一定的本金风险，收益浮动且有一定波动。在信用风险维度上，主要承担中等以上信用主体的风险，如 A 级（含）以上评级债券的风险；在市场风险维度上，产品除可投资于债券、同业存放等低波动性金融产品外，投资于股票、商品、外汇等高波动性金融产品的比例原则上不超过30%，结构性产品的本金保障比例在 90% 以上。

R4 级（进取型），该级别理财产品不保证本金的偿付，本金出现亏损的概率较高，收益浮动且波动较大，投资较易受到市场波动和政策法规变化等风险因素影响。在信用风险维度上，产品可承担较低等级信用主体的风险，包括 BBB 级及以下债券的风险；在市场风险维度上，投资于股票、商品、外汇等高波动性金融产品的比例可超过 30%。

R5 级（激进型），该级别理财产品不保证本金的偿付，本金出现亏损的概率很高，同时收益浮动且波动极大，投资较易受到市场波动和政策法规变化等风险因素影响。在信用风险维度上，产品可承担各等级信用主体的风险，在市场风险维度上，产品可完全投资于股票、外汇、商品等各类高波动性的金融产品，并可采用衍生交易、分层等杠杆放大的方式进行投资运作。某银行理财产品风险分级体系如图 2-2 所示。

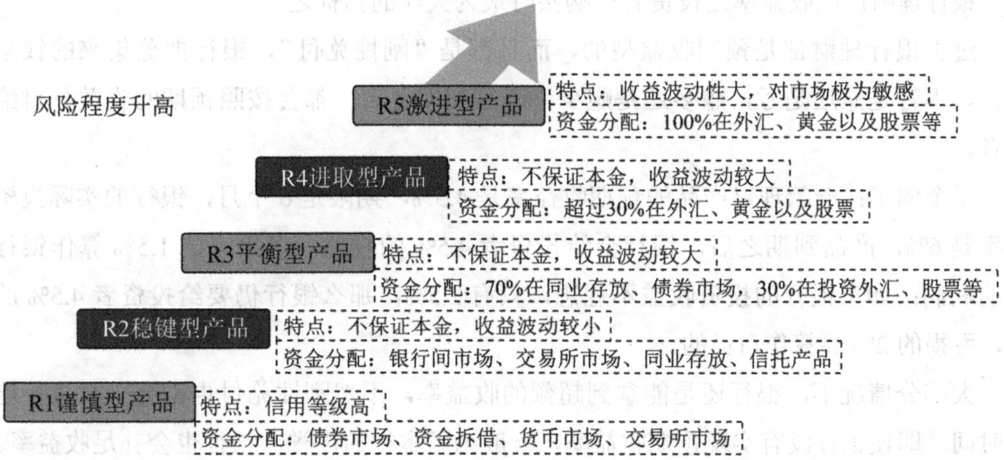

风险程度升高

R5激进型产品　特点：收益波动性大，对市场极为敏感
　　　　　　　　资金分配：100%在外汇、黄金以及股票等

R4进取型产品　特点：不保证本金，收益波动较大
　　　　　　　　资金分配：超过30%在外汇、黄金以及股票

R3平衡型产品　特点：不保证本金，收益波动较大
　　　　　　　　资金分配：70%在同业存放、债券市场，30%在投资外汇、股票等

R2稳健型产品　特点：不保证本金，收益波动较小
　　　　　　　　资金分配：银行间市场、交易所市场、同业存放、信托产品

R1谨慎型产品　特点：信用等级高
　　　　　　　　资金分配：债券市场、资金拆借、货币市场、交易所市场

图 2-2　某银行理财产品风险分级体系

实际上，我国各商业银行的理财产品都是自己评级，并不是由专业公认的具有公信力的第三方机构来进行评级。所以，投资者在购买银行理财产品的时候要注意这一点。但总体来说，投资者要注意银行理财产品风险等级与自己的风险评估等级、投资目的等是否相适应。

(3) 投资理财，免不了要与风险相伴，收益，本身就是一种风险补偿。很多专注于银行理财的投资者会认为，涉足于股票、期货、贵金属等风险程度比较高的投资产品，就属于投资；而理财，是把投资局限于债券、货币基金、银行理财产品等中低风险的投资产品。其实并没有这种界限的划分，理财跟投资一样，本质上都是对风险的控制和管理，通过承担一定的风险，来获得额外的风险补偿，也就是我们所说的"收益"。风险和收益，宛如一枚硬币的正反面，一旦把风险完全避开，那我们期望的收益也就不存在了。

投资理财的关键，在于如何驾驭风险，与风险同行，与未知相伴。这是学习理财的必经之路。

对广大投资者来说，闭眼买银行理财的时代，或许已经结束了。但是这对投资者来说，也是好事，认清投资产品的风险所在，选择真正适合自己的理财产品，才能在投资理财的道路上不断获得经验和收益，才能真正成长起来。

当然，新规的出台并不意味着现在这些保本产品全部从银行消失，也有可能是重新规范后用上新的名字。就好比有一个金融产品超市，原来保本和非保本的产品都在银行理财产品这个大货架上，今后要将它们整理区分开来。保本的产品就不能再出现在银行理财产品的货架上，有一些可能完全下架，有一些可能会出现在其他的货架上。

2.5.2 取消预期收益率，实现产品净值化

1. 业绩比较基准

银行理财产品收益率是投资者在购买时最为关注的指标之一。

过去银行理财都是预期收益型的，而且都是"刚性兑付"，银行把募集来的钱拿去投资，不管是赚还是亏，赚多还是赚少，产品到期之后，都会按照预期的收益兑付给投资者。

举个例子：一款理财产品的预期收益率是4.5%，期限是6个月，银行的实际投资收益率是6%，产品到期之后，银行会给投资者4.5%的收益，多出来的1.5%算作银行自己的利润；如果银行的投资收益不理想，只有2.5%，那么银行仍要给投资者4.5%的收益，亏损的2%要算作自己的。

大部分情况下，银行还是能拿到超额的收益率，不然刚性兑付也不会一直执行这么长时间。即使银行没有实现预期收益率，一般为了本行的声誉，银行也会补足收益率。

但如前所述，刚性兑付存在较大的风险，监管层在2018年4月发布了"资管新规"，要求银行理财产品向净值化转型。

净值型理财产品没有预期的收益率，银行根据实际投资情况，定期公布产品的净值，投资者购买净值型理财产品要自负盈亏，银行投资赚多少，投资者就拿到多少收益，银行投资亏了，投资者的本金也会亏损。

举个例子：一款净值型理财产品初始净值是1，投资者持有6个月时赎回，这时候净值变成了1.025，也就是上涨了(1.025-1)/1=2.5%，半年净值涨了2.5%，年化收益率就是5%。

有的投资者觉得看不懂净值型理财产品的收益，太复杂了，这一点倒是不用担心，银行一开始会根据投资情况给出产品的"业绩比较基准"，比如4%，不过这个业绩比较基准不是投资者确定能拿到的收益，只是一个参考，实际收益率会浮动。

净值型理财产品和预期收益型理财产品的最大区别在于，净值型理财产品不能保本，而且收益率是浮动的，给投资者的感觉就是产品风险要高很多，但实际上，净值型理财产品的本金风险并不大，风险等级为R1和R2级的产品本金还是很安全的，亏损的概率极低，收益率虽然是浮动的，但一般来说，最终收益率和业绩比较基准差别不会太大。

金融机构对资管产品实行净值化管理，净值生成应当符合公允价值原则，及时反映基础资产的收益和风险，让投资者明晰风险，同时改变投资收益超额留存的做法，管理费之外的投资收益应全部给予投资者，让投资者尽享收益。作出这一规定的原因在于，从根本上打破刚性兑付，需要让投资者在明晰风险、尽享收益的基础上自担风险，而明晰风险的一个重要基础就是产品的净值化管理。

希望投资者能提高自己的风险意识和理财水平，正确认识净值型理财产品，买到适合自己的理财产品，最重要的还是需要其了解清楚，银行理财产品的底层资产是什么。理财新规已明确要求理财产品实施全面穿透，向上识别理财产品最终投资者，向下识别理财产品底层资产。这些内容都可以在合同中看到。

2. 净值浮动的原因

银行理财产品的净值为什么会浮动？

产品净值之所以浮动，是因为理财产品的估值方法产生了变化，从原来的"摊余成本法"变成了"市值法"。资管新规明确要求，金融资产坚持公允价值计量原则，鼓励使用市值计量。符合特殊条件的，可按照企业会计准则以摊余成本进行计量。

1) 摊余成本法

估值对象以买入成本列示，按照票面利率或商定利率并考虑其买入时的溢价与折价，在其剩余期限内平均摊销，每日计提收益。举例来说，你购买的债券一年后会付给你一定的利息，由于债券的票面利率都是固定的，所以结合你购买时的债券价格情况，可以预算出一年后的收益是多少，把这个"预期收益"平均分摊到每一天，每日计提。

2) 市值法

市值法主要包括以公允价值计量且其变动计入其他综合收益和以公允价值计量且其变动计入当期损益两种方法。这两种计量方法与摊余成本法最大的不同在于，其价格会根据市场的价格波动实时变动，与市场上的价格保持一致。

在资管新规后，银行理财的估值方法逐渐转向"市值法"，因为市场是存在波动的，这就导致了采取"市值法"估值的净值型理财产品净值经常波动。

监管部门鼓励银行由摊余成本法转向市值法，本意也是让投资者认清市场风险，打破刚性兑付，回归理财"受人之托，代人理财"的本源。

3. 银行净值型理财产品分类

1) 按期限的固定与否分类

按是否有固定期限，银行净值型理财产品可分为开放式净值理财产品和周期型净值理财产品。

(1) 开放式净值理财产品，每日都可赎回，根据赎回资金的到账时间，又可分为实时到账产品 (T+0) 和隔日到账 (T+1) 产品。

(2) 周期型净值理财产品，不能随意赎回，只能在理财产品到期资金回到账户上时才能动用资金。从目前来看，周期型净值理财产品的周期一般以月 (30 天) 为单位，较为常见的有 30 天、60 天、90 天、180 天，也有双周 (约半个月) 的。

2) 按发行对象分类

按发行对象来分类，银行净值型理财产品可分为公募型理财产品和私募型理财产品。

(1) 公募型理财产品针对普通的银行客户发行，起购金额较低，一般为 1 万元。

(2) 私募型理财产品针对银行的高端客户和顶端客户 (例如私人银行客户) 发行，起购金额较高，例如 100 万元。

4. 注意事项

购买银行净值型理财产品的三个注意事项具体如下。

1) 收益率每天波动

银行净值型理财产品的预期收益率按 7 日年化收益率来标注，7 日年化收益率是波动的，不是固定不变的，每天都不一样，今天是 3.33%，明天可能是 3.23%。这一点跟固定期限的普通理财产品有很大的区别，固定期限的普通的银行理财产品业绩比较基准只有一个，且是不会变动的，在发行时向客户公布。

有一点需要特别注意的是，周期 60 天的净值型理财产品的 7 日年化收益率，并不一定比周期为 30 天的净值型理财产品高。在选购时，不要被 7 日年化收益率的临时表现所迷惑，要看其收益的稳定性。

2) 开放式净值理财产品收益低于周期型净值理财产品

一般来说，开放式净值理财产品的 7 日年化收益率低于周期型净值理财产品。针对这一收益特点，如果闲置资金可以较长时间存放，选择购买周期型净值理财产品，其收益要高于开放式净值理财产品。

3) 周期型净值理财产品的购买期数可以连续

周期型净值理财产品有周期，例如，60 天、90 天。但购买周期型净值理财产品并不是只能持有一个周期。也就是说，周期型净值理财产品所购买的期数可以连续。例如，你购买 30 天的净值型理财产品，可以选择 3 期，那么就是连续购买了 3 个 30 天，持有这个理财产品的期限合计为 90 天。

如果你在购买周期型理财产品时，没有选择大于"1 期"的期限，那么在到期之后可再续买，也可在到期日的前 7 天 (自然日) 修改购买期数，将"1 期"修改为你想购买的期数，例如 2 期、5 期等，以便投资不间断，获取更多收益。

风险和收益紧密相关，一切都依底层资产以及管理人的水平而定。

2.6 购买银行理财产品的风险管理

根据银行业理财登记托管中心统计，截至 2020 年年末，银行理财产品存续规模 3.90 万个，产品规模达到 25.86 万亿元。同时，净值型产品占比快速提升。截至 2020 年年末，银行理财净值型产品存量规模为 17.40 万亿元，占全部理财产品规模的比例达 67.28%，同比提高 22.06%。产品类型上，固定收益类产品仍占主导，占全部银行理财产品存量规模的 84.34%，延续了稳健的投资偏好，同时其他类型产品也得到进一步丰富。

截至 2020 年年末，共有 22 家银行理财子公司与 2 家中外合资理财公司获批筹建，其中 20 家已正式开业，管理产品规模 6.67 万亿元，占全部理财产品规模比例达 25.79%。随着理财子公司与合资理财公司的持续增加，差异化与专业化的理财市场格局正逐渐显现。

我国银行理财市场的集中度是非常高的，这也和老百姓日常的感受一致。其中，股份制银行为主力，无论是在理财创新速度、理财的发行规模上，还是在日常理财业务的服务上，都要略胜国有大型银行一筹；而国有银行渠道优势明显，市场表现也较为亮眼。各地城市商业银行、农商行虽然也在发行自己的理财产品，树立自己的理财品牌，但是鲜有特色。

从投资资金的来源上看，银行业理财登记托管中心每年发布的银行理财报告，将银行理财分为个人理财、机构理财和同业理财三大类。其中，个人理财具体分为一般个人、私人银行和高净值客户。这三者的具体划分如下。

(1) 私人银行客户。根据银保监会的定义，其准入门槛为金融净资产达到 600 万元人民币的自然人。

(2) 高资产净值客户。其准入门槛为满足以下条件之一。①单笔认购理财产品份额不少于 100 万元人民币的自然人。②认购理财产品时，个人或家庭金融资产总计超过 100 万元人民币的自然人。③个人收入在最近三年每年超过 20 万元人民币或者夫妻双方合计收入在最近三年内每年超过 30 万元人民币的自然人。

(3) 一般个人类客户。不符合以上两种类型的自然人。

机构理财仅指实体企业，同业理财包括银行同业和非金融同业。

目前，我国银行理财以个人客户为主的特色明显，基本上一般个人类产品占比近

50%，加上高资产净值类和私人银行类产品，占比达到三分之二。所以，对大部分个人投资者来说，在银行理财产品实行净值化管理、收益波动风险加大的今天，如何保障自己购买的银行理财产品的安全性、收益性和流动性的完美结合，避开银行理财产品的陷阱，是非常重要的。

2.6.1 投前管理

1. 看懂自己

在投前甄别中，非常重要的一点，也是非常务实的一点，是看懂自己，就是我们要对自己有一个清晰的认识，了解自己的可投资的资产规模、风险的偏好、投资的经验、投资的目的，以及可投资资金的使用周期长短等。最有效的是把投资银行理财产品放在个人/家庭整个资产配置的大框架中，综合考虑。老子曾经说过，知人者智，自知者明。首次购买银行理财产品的投资者，都必须到银行营业网点，现场做风险承受能力评估和面签合同。

我们可从以下几个方面来看懂自己。

首先是资本实力。现在很多理财产品都有投资门槛，有些产品的风险并不是一般投资者能够接受的。比如说银行理财的起购点一般是1万元，信托理财产品一般是100万元，有的甚至是300万元以上。

其次是投资目的，一般分为保值、增值和投机三个类别。比如说保值，有些人购买理财就是为了让手中的钱不缩水，那么其还是要更多地选择一些比如固定收益类的信托理财等产品；如果其目的是投机，想要挣大钱，那就需要承担多一点风险，选择高杠杆的产品，如期货等。

最后是风险偏好。就是要看懂我们自己，到底愿不愿意为了更高的收益而承担更多的风险，很多人这一点做得尤为不足，往往高估自己的实际风险承受能力。

一旦市场发生下跌的时候，自己的情绪就不稳定了。原来做风险问卷调查的时候，结果显示其是一个激进型的客户，但是股票一跌，市场一波动，私募证券基金一波动，其表现出来的可能就是一个稳健型客户的心理状态了。所以这一点对于投资者来讲尤为重要，你的真实的风险偏好是什么样的，问一问，也听别人谈一谈。这个时候我们再做选择的时候，才有真实的参照标准。比如，索罗斯偏好量化对冲，巴菲特搞股票策略，他们在更高收益的背后也承担着更多的风险。如果你是风险厌恶者，还是老老实实地选择一些稳妥的货币基金、债券等相对稳定的理财收益产品。

另外，如果你担心你投资的项目会出现风险，不妨把资金拆成几份，分别投资到不同的产品中去。"不把鸡蛋放在一个篮子里"，是一个"屡试不爽"的分散风险的好方法。

总而言之，理财产品不仅要选好的，还要选适合自己的。

2. 看懂产品

买理财产品时最重要的一点，就是看懂产品，要懂背后的逻辑。理财产品说明书实际是我们接触到的第一手资料，下面是其中的几个关键点，投资理财买产品的时候一定要注意，这些都是给理财产品做评价、打标签的核心内容。

1) 产品类型

看银行理财产品比较基准收益，一般来说，大多数银行理财产品都能实现这个收益水平，我们要相信专业机构的测评能力。

2) 发行对象

看是面向专业投资者发行还是面向社会公众发行的，是公募还是私募，不同对象背后的风险级别不一样。

3) 投资方向

最重要的就是资金投向哪里。募集的资金是投向货币的还是债券的，是投向股票的还是投向衍生品的，是最终决定这款理财产品风险和收益最重要的因素。

以某银行某款稳健性理财产品的说明书为例，如图2-3所示。

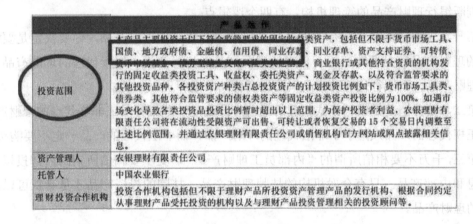

图2-3　某银行某款稳健性理财产品的说明书

看它的投资范围，国债、地方政府债这些是相当安全的，一般投资者是抢不到国债的，所以购买这样的产品，钱算花得比较理想的。

那些进取型的激进型的银行理财产品，其资金去向都是高风险的。比如原油宝，它的投资范围就是原油期货，如果当初买原油宝的时候知道是投期货的有多少人敢买。当然还有一些保守型的，投资范围是货币基金、同业拆借等，这种也没必要买，因为投资者可以直接买货币基金。

4) 管理机构

发行和运作管理机构是银行、证券公司、信托公司、基金公司或者是现在新兴的互联网金融公司，或者独立的第三方财富管理公司，这些都很重要。不同金融机构监管要求不一样，风险级别、抗风险能力、应对极端风险的能力也不一样。

银行柜台、电子渠道销售的理财产品实际是包罗万象的，既包括银行自营或银行理财子公司发行的银行理财产品，也包括基金、券商、保险、信托发行的公募或私募产品。因此在银行渠道买到的理财产品实际是一种广义的理财产品，主要是满足居民的各类理财需求。而银行自营或银行理财子公司发行的产品实际上是狭义的银行理财产品。

所以，理财产品包括银行的产品，也包括非银行的持牌机构发行的产品，如果是银行的产品，就是我们通常所说的银行理财产品。

当然这些理财产品也都是经过监管机构批准的正规产品，但很多投资者既然选择去银行买理财，自然是奔着银行理财的金字招牌去的。曾经的某银行北京分行航天桥支行私自销售非本行理财产品大案由于涉案金额高达30亿元人民币，而且构成对大量的高净值客户投资人的重大危害，被称为有史以来第一大"飞单"案。2020年12月10日，法院对某银行航天桥支行原行长合同诈骗案宣判，将这家银行北京管理部（分行）航天桥支行发生30亿元风险事件：百余名投资人在该支行购买的理财产品系支行行长等人伪造公之于众，从而将非法代理产品再一次拉入大众视野。

判断银行理财产品的管理机构，有四个逻辑点。

第一，先要分清楚是银行的理财产品还是银行代理的理财产品，你要决定是要购买银行的理财产品还是要购买银行代理的理财产品？相对来说，银行代理的理财产品不是银行理财产品，而银行代理的产品风险程度要高于银行理财产品。

第二，要分清楚是银行正式代理的理财产品还是一些银行员工非法代理的理财产品。银行正规代理的产品风险小于非法代理的理财产品，而非法代理的产品一定不要购买。

第三，千万不要相信所谓的"内部员工理财产品"，更不要相信所谓的内部投资、内部消息和内部产品。只有金融机构的挂牌理财产品、挂牌的投资产品才是真正可以放心购买的理财产品。

第四，购买理财产品的资金要直接进入理财产品的发行人账户，如果进入个人账户或者第三方账户就是购买了"假理财"。切记，千万不要让内部员工代买，购买理财产品的资金一定要进入理财产品发行机构的银行账户上，而不是个人账户或者第三方银行账户。

那么如何识别一款理财产品是银行自营，还是代销其他金融机构的呢？

(1) 看看理财协议合同或是产品说明书，这个产品的发行主体，是不是银行本身。如果发行主体是个保险公司或是基金公司，那很明显就不是银行理财。

(2) 看公章，现在银行网点甚至有的支行都是没有自己的公章的，一般用印都是至少要分行级别。如果合同的公章不是银行的，那么很可能也不是正规的银行理财产品。

(3) 最保险的方法，莫过于看产品说明书的登记编码，这个编号格式是统一的。以大写的 C 开头，个人客户产品是 14 位编码，私人银行和对公产品是 15 位编码。这个编码类似于理财产品的身份证号，是唯一标示。

去中国理财网 (www.china-wealth.cn) 查询这个编码，正规理财产品可以看到查询结果和详细信息；如果查不到，那说明这个理财也不是正规的，是有问题的。

5) 存续期

存续期也就是理财产品的期限。一般来讲，期限越长，风险越高，相对的比较基准收益也会较高。

6) 费率

理财费用指管理人为成立理财计划及处理理财计划事务而支出的所有费用，主要包括七大类，即固定管理费 (下文简称"管理费")、托管费、销售手续费 (以下简称"销售费")、认购费 / 申购费、赎回费、浮动管理费、其他费用 (如交易费、审计费、信息披露费等)。

研究发现，产品的固定费用水平和产品的投资性质、产品期限、产品收益率均相关，具体表现如下。

(1) 非固定收益类产品的固定费用水平高于非固定收益类产品。

(2) 期限越短的产品的固定费用水平越高。

(3) 业绩比较基准越高的产品的固定费用水平也越高。

(4) 固定费用水平越高，产品成立以来的年化收益率水平会越低。

理财产品的申购费、赎回费、托管费等费用，会直接影响投资者的投资净收益率。巴菲特曾经做过一个赌局，他和很多基金经理做过赌局，特别是母基金的投资经理，他说如果你们扣除费率之后，我们看跟指数相比，跟我的产品相比，你的表现会怎么样。最后发现，大部分的成本都被基金费率所吃掉了，占用了大量的投资成本，如果说没有这些费率，原来 5% 的年化收益率可能增加到 8%，甚至 10% 之上。在市场当中，很多私募基金的相关费率，还是非常隐秘的，需要大家格外关注。

7) 风险揭示

看风险等级、风险类别，这也是我们经常会忽略的一点。风险等级过高的产品，有时候并不适合普通投资者。

8) 计息期

理财产品给我们最为直观的展现就是风险和收益率，但其实银行理财产品还有着一个隐藏的查看收益方式，那就是计息期。

有些产品说明书上写明的计息天数其实并不是真正的天数。投资银行理财产品的整个流程大概分为五个方面：认购、募集、成立、终止、回款。

真正计息的时间是成立到终止，也就是说只有这段时间我们投资的产品收益才是属于我们的,而其他的利息计算的不过是本金活期利息,甚至从终止到回款这段时间内我们是没有收益的。

9) 退出机制

退出机制是什么?就是提前取钱能给多少。

某银行的某款稳健理财产品的流动性安排如图 2-4 所示。

流动性安排	
产品质押	本理财产品可根据销售机构的规定进行质押。
提前终止权	**本理财产品不对投资者提供提前终止权**,农银理财有限责任公司有权在提前终止日行使提前终止权,终止此产品。 **产品存续期内**,如出现《理财产品协议》约定的情况,农银理财有限责任公司有权利但无义务提前终止本理财产品。 如果农银理财有限责任公司提前终止本理财产品,农银理财有限责任公司将在提前终止日前 2 个工作日向投资者发出提前终止公告。
提前终止清算	如农银理财有限责任公司决定提前终止此产品,提前终止日即为产品实际到期日,本**理财产品依产品实际净值进行清算,具体以**农银理财有限责任公司相关通告为准。 农银理财有限责任公司将在提前终止日后 2 个工作日内将理财产品本金及收益(如有)划转至投资者原账户。
申购和赎回	本理财产品在产品到期日之前不对投资者开放产品申购和赎回。
延期	根据《理财产品协议》第九条规定执行。

图 2-4 某银行的某款稳健理财产品的流动性安排

图 2-4 中这个理财产品是不能提前终止的,除非某行自己提前清算,届时是以实际净值进行清算。

这样的风险投资者需要自行评估能不能承受。

10) 市场趋势的方向

投资者不仅要了解银行理财产品投资端的去向和结构,还要对这些投资工具的市场趋势有一定的判断力。如果对投资工具的市场趋势判断失误,将直接决定该银行理财产品的收益情况。

2.6.2 投中管理

投中管理指的是投资者在签完银行理财产品购买合同之后,通过一系列的操作来确保资金的安全,防止踩雷的应对策略。买完理财产品之后,并不是说就可以安心地等着钱回来了,直到本金和收益真正回到你手上之前,这段过程当中也存在相当大的不确定的风险。

投中管理,主要包括如下两个方面:第一是跟踪市场;第二是跟踪产品。

1. 跟踪市场

跟踪市场主要是看宏观市场和财富管理市场运行情况如何,有无利好的消息出现?

黑天鹅事件是否可能会出现？业务格局、金融市场的格局有没有可能发生变化？监管的态势有没有相关的变化？这些都是投资者了解市场的时候，需要问自己，需要问自己理财顾问的问题。如果出现了负面的事件，投资者就要提前做好准确，做好评估，避免出现更大的损失。

2. 跟踪产品

投资者需要看理财产品的信息披露过程、管理过程中的具体操作。比如说理财产品的净值报告、投资报告、兑付公告等，这些都是反映其购买的理财产品现在是好是坏的第一手资料。

2.6.3 投后处理

投后处理，是指发生爆雷事件以后，投资者应该采取一些必要的行动，来尽可能地减少损失。从我们国家财富管理市场的现状来看，爆出来的雷实际不在少数，真正通过投后处理拿回本金的，可以说是少之又少。但是一旦爆雷发生，投资者还是要采取一切必要的措施，能追回一点是一点。这里给大家提供投后处理"三步走"策略。

第一步，理性看待，做好有损失的预期，投资者能做的只有尽可能地减少损失。

第二步，有效止损，及时采取止损措施，避免其他资产受到牵连。

第三步，合理维权，了解维权方式，合理合法维权。最合理的维权方式是及时收集证据，去法院、公安局这些最有效的去处。

实际上，买者后果自负的前提是卖者尽责。已经购买的银行理财产品，如果发生以下情况，可以要求银行给予部分赔偿甚至全部赔偿。

(1) 银行的理财产品在合同执行过程中发现缺陷时，银行要承担一定的损失。在购买的银行理财产品出现亏损时，一定要看理财产品合同的条款，如果银行在理财资金经营管理过程中有违反合同约定的行为，购买者可以据此向银行索要赔偿或者要求减少损失。北京的王某于2015年购买了价值96.6万元的理财产品，3年后巨亏57万元。法院最终判决某银行全额赔付，还要按王某所投本金自购买涉案理财产品之日起至给付之日止的同期银行存款利率计利。原因是某行未向王某出示和提供基金合同及招募说明书，没有尽到提示说明义务，存在重大过错。

(2) 银行代理的产品，银行没有尽到应尽义务而造成的损失，银行应该进行赔偿，购买者可以要求银行赔偿。比如，中国裁判文书网发布的关于北京裴女士在某银行购买理财产品的法律诉讼，其购买的某银行代理的理财产品，本金亏损105291.91元。因为银行未能提交证据证明其在销售时提供过或提示阅读过产品的相关销售文件及合同，银行不能以投资者可自行上网阅读合同内容为由推卸自身的适当推介义务。最终认定银行未充分尽到适当性义务，应对裴女士受到的实际损失承担相应的民事赔偿责任。实际损失为裴女士主张的损失本金及利息，利息按照中国人民银行发布的同期同类存款基准利率计算。

所有的理财产品已经进入风险理财时代，大众购买理财产品，特别是银行理财产品时，既要明确一定的风险承受能力，同时也要合法地保障自己的权益。

实际上，中国银保监会高度重视理财产品投资者保护工作，在投资者适当性管理、合规销售、信息登记和信息披露等环节，强化了对投资者合法权益的保护。

第一是加强投资者适当性管理。①区分公募和私募理财产品。公募理财产品面向不特定社会公众发行，风险外溢性强，在投资范围、杠杆比例、流动性管理、信息披露等方面的监管要求相对审慎；私募理财产品面向不超过 200 名合格投资者非公开发行，投资者风险承受能力较强，投资范围等监管要求相对宽松。②遵循风险匹配原则。延续现行理财监管要求，规定银行应对理财产品进行风险评级，对投资者风险承受能力进行评估，并根据风险匹配原则，向投资者销售风险等级等于或低于其风险承受能力等级的理财产品。③设定单个理财产品销售起点。将单个公募理财产品销售起点由目前的 5 万元降至 1 万元；单个私募理财产品销售起点与"资管新规"保持一致。④个人首次购买需进行面签。延续现行监管要求，个人首次购买理财产品时，应在银行网点进行风险承受能力评估和面签。

第二是加强产品销售的合规管理。①规范销售渠道，实行专区销售和双录。延续现行监管规定，要求银行通过本行或其他银行业金融机构销售理财产品；通过营业场所向非机构投资者销售理财产品的，应实施专区销售，对每笔理财产品的销售过程进行录音和录像。②加强销售管理。银行销售理财产品还应执行《商业银行理财业务监督管理办法》附件关于理财产品宣传销售文本管理、风险承受能力评估、销售过程管理、销售人员管理等方面的具体规定。③引入投资冷静期。对于私募理财产品，银行应当在销售文件中约定不少于 24 小时的投资冷静期。冷静期内，如投资者改变决定，银行应当遵从投资者意愿，解除已签订的销售文件，并及时退还投资者的全部投资款项。

第三是强化信息披露。公募开放式理财产品应披露每个开放日的净值，公募封闭式理财产品每周披露一次净值，公募理财产品应按月向投资者提供账单；私募理财产品每季度披露一次净值和其他重要信息；银行每半年向社会公众披露本行理财业务总体情况。

第四是防范"虚假理财"和"飞单"。要求银行在全国银行业理财信息登记系统（以下简称理财系统）对理财产品进行"全流程、穿透式"集中登记。银行只能发行已在理财系统进行登记并获得登记编码的理财产品。投资者可依据该登记编码在中国理财网查询产品信息，核对所购买产品是否为银行发行的正规理财产品，有助于防范"虚假理财"和"飞单"，加强投资者保护。

第三章 股票市场

- 多层次的金融市场体系
- 证券市场主体
- 股票概述
- 股票发行
- 证券交易

本章学习目标

01 学习掌握中国多层次金融市场

02 了解什么是股票及其特性、分类等

03 了解中国股票市场的发行机制与分类

04 学习掌握股票交易的特点与原则

05 了解中国目前的股票指数有哪些

> **本章简介**

本章主要介绍了我国金融市场的体系是什么架构，各体系之间的联系与组成有哪些；介绍了证券市场、股票的概念，股票交易的原则，股票在发行过程中所涉及的注册制、保荐制和承销制的区别与联系。

3.1 多层次的金融市场体系

3.1.1 金融市场体系简介

金融市场是指资金的供、需双方通过各种金融工具进行交易活动，实现资金融通和有价证券的买卖等所形成的市场体系。按照不同的划分方法，金融市场可以分为不同的种类，最常见的分类方法，金融市场可以分为货币市场、资本市场、外汇市场、黄金市场和保险市场等。其中，货币市场是指融资期限在一年及一年以内的金融市场，其又可细分为同业拆借市场、票据市场、回购市场等。资本市场是指期限为一年以上的金融资产交易市场，主要包括股票市场和债券市场。

我国目前的金融体系包括中央银行、金融监管机构、国家外汇管理局、国有重点金融机构监事会、政策性金融机构和商业性金融机构等，如图3-1所示。

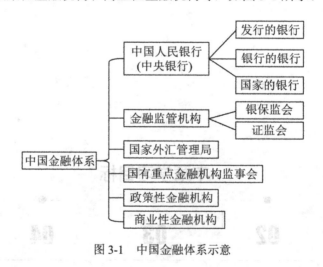

图3-1 中国金融体系示意

1. 中央银行

中国人民银行是我国的中央银行。中央银行的职能主要有3个，即发行的银行、银行的银行和国家的银行。

2. 金融监管机构

金融监管机构主要有银保监会、证监会。银保监会主要承担中国人民银行划转出来的银行业和保险业的监管职能，证监会依法对证券和期货业实施监督管理。另外，中国人民银行保留部分监管职能，如反洗钱等。

3. 国家外汇管理局

国家外汇管理局是依法进行外汇管理的行政机构。

4. 国有重点金融机构监事会

国有重点金融机构监事会，由国务院派出，对国务院负责，代表国家对国有重点金融机构的资产质量及国有资产的保值增值状况实施监督。

5. 政策性金融机构

政策性金融机构是指那些由政府或政府机构发起、出资创立、参股或保证的，坚持经济效益但不以利润最大化为经营目的，具有特殊的融资原则，在特定的业务领域内从事政策性融资活动，以贯彻和配合政府的社会经济政策或意图的金融机构。它的资金来源除了国拨资本外，主要通过发行债券、借款和吸收长期性存款获得，是高成本负债，而它的资金运用则主要是长期低息贷款，通常都是商业性金融机构所不愿或无法经营的，这样的负债和资产结构安排是通过由国家进行利息补贴、承担部分不良债权或相关风险等来实现的。我国的三大政策性银行有国家开发银行、中国进出口银行和中国农业发展银行。这是国际上通行的三个行业的政策性银行。

但是，国外很重要的住房政策性金融机构在我国却尚未成立。

6. 商业性金融机构

商业性金融机构主要包括商业银行、证券公司和保险公司，以及非银行金融机构。其中，非银行金融机构主要包括金融资产管理公司、信托投资公司、财务公司、支付公司和租赁公司等。这一类的金融机构数量庞大。

这里必须提及一个机构，就是国务院金融稳定发展委员会（简称金稳会）。金稳会成立于2017年，其主要职能是统筹金融改革发展和监管，统筹协调货币政策和财政政策、产业政策等，增强监管协调的权威性和有效性。

金稳会与以央行为主导的"一行两会"统筹协调，中央与地方各司其职，有利于消除机构间"交叉区域""真空区域"的套利机会，解决当前"一行两会"之间金融规则打架、对金融机构和产品监管标准不统一、金融监管存在真空等问题，在金融监管与经济增长之间寻求平衡，保持经济持续健康发展。

3.1.2 中国多层次资本市场

我国资本市场从20世纪90年代开始发展，经过20多年的历程，我国已经形成了较为完善的资本市场体系，目前主要由场内市场和场外市场两部分构成。多层次资本市场示意如图3-2所示。

场内交易市场分为：主板、创业板、科创板、期货期权、新三板市场等。场外交易市场分为：四板市场、银行间交易市场、中国外汇交易中心、私募基金市场、证券公司主导的柜台市场和中证机构间报价系统等。

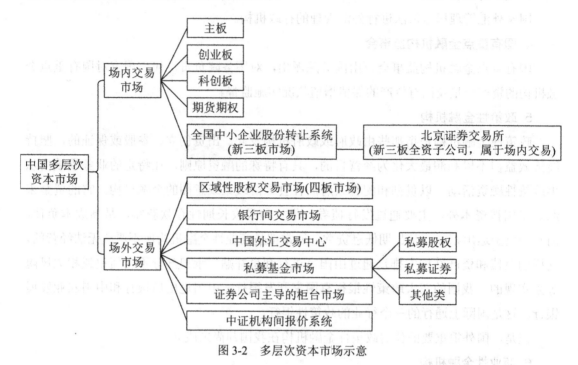

图 3-2　多层次资本市场示意

各层次市场的主要功能如图 3-3 所示。

名称	主要功能
主板	是一个国家证券发行、上市和交易的主要场所。上海证券交易所和深圳证券交易所就代表着我国的主板市场
科创板	由国家主席习近平于2018年11月5日在首届中国国际进口博览会开幕式上宣布设立，是独立于现有主板市场的新设板块，并在该板块内进行注册制试点。2019年6月13日，科创板正式开板
创业板	2012深圳证券交易所正式设立创业板。创业板，又称二板市场
期货交易市场	目前我国有4家全国性的期货交易所，分别是上海期货交易所、郑州商品交易所、大连商品交易所和中国金融期货交易所
三板市场	三板市场起源于2001年"股权代办转让系统"，最早承接两网公司和退市公司，称为"旧三板"。2006年，中关村科技园区非上市股份公司进入代办转让系统进行股份报价转让，称为"新三板"
四板市场	即区域性股权交易市场，是为特定区域内的企业提供股权、债券的转让和融资服务的私募市场，一般以省级为单位，由省级人民政府监管
银行间交易市场和中国外汇交易中心	全国银行间债券市场依托于中国外汇交易中心暨全国银行同业拆借中心和中央国债登记结算公司，成立于1997年
私募基金市场	即以非公开方式向合格投资者募集资金设立的投资基金
券商柜台市场	是指由试点证券公司按照《证券公司柜台交易业务规范》的相关要求，为交易私募产品自主建立的场外交易市场及为其提供互联互通服务的机构间私募产品报价与服务系统
中证机构间私募产品报价与服务系统	为报价系统参与人提供私募产品报价、发行、转让及相关服务的专业电子平台
北京证券交易所（简称北交所）	2021年9月3日注册成立，是经国务院批准设立的我国第一家公司制证券交易所，受中国证监会监督管理。经营范围为依法为证券集中交易提供场所和设施、组织和监督证券交易以及证券市场管理服务等业务

图 3-3　各层次市场的主要功能

3.2 证券市场主体

证券是多种经济权益凭证的统称，因此，广义上的证券市场指的是所有证券发行和交易的场所，狭义上，也是最活跃的证券市场，依有价证券的品种不同，其分为股票市场、债券市场、基金市场、衍生品市场。证券市场在整个金融市场体系中具有非常重要的地位，是现代金融体系的重要组成部分。

证券市场的主体即证券市场的参与者，包括个人和公司。根据其在证券市场的作用不同，具体可分为五大类，即证券发行人、证券投资人、证券市场中介机构、自律性组织和监管机构。证券市场参与者结构如图 3-4 所示。

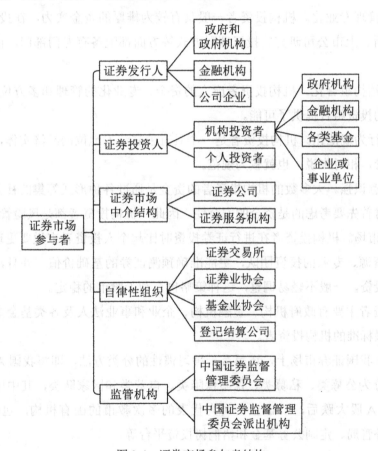

图 3-4 证券市场参与者结构

实际上，根据市场的功能划分，证券市场可分为证券发行市场和证券交易市场，也被称为一级市场和二级市场。证券发行市场是交易市场的基础和前提，交易市场是发行市场得以持续扩大的必要条件，它们既相互依存，又相互制约，是一个不可分割的整体。类似地，市场主体间的角色有时候也是多重的，比如证券公司，既是市场的中介机构，也是重要的投资人，也可以成为发行人。

下面简单介绍几个证券市场参与主体。

证券投资者主要是指通过短期或长期的证券投资行为，以获取利息、股息或资本收益为目的而买入证券的机构和个人。证券投资者的主要投资形式是在公开或非公开的证券市场上进行证券产品的买卖活动。

证券投资者主要分为机构投资者和个人投资者，前者包括证券公司、共同基金等金融机构和企业单位、事业单位、社会团体等，而个人投资者是证券市场最广泛的投资者。随着证券市场的现代化发展和逐步对外开放，我国证券投资者的组成中还包含了一定数量和比例的外国投资者。

相对于个人投资者，机构投资者具有以下几个特点。

(1) 投资管理专业化。机构投资者一般具有较为雄厚的资金实力，在投资决策运作、信息搜集分析、上市公司研究、投资理财方式等方面都配备有专门部门，由证券投资专家进行管理。

(2) 投资结构组合化。机构投资者庞大的资金、专业化的管理和多方位的市场研究，为建立有效的投资组合提供了可能。

(3) 投资行为规范化。机构投资者是一个具有独立法人地位的经济实体，投资行为受多方面的监管，相对来说，也就较为规范。

(4) 风险意识强。大多数的机构投资者的资金是通过各种形式筹集的社会资金，在进行投资决策时首先要考虑的是资金的安全性，因此，机构投资者都是风险管理者。

(5) 稳定市场。机构投资者在进行证券投资时比起个人投资者来说要更理性，它们有丰富的信息资源、专业的投资团队，更能准确预测证券的基础价值。并且，机构投资者都进行组合投资，一般不轻易调整，这种策略也有利于股市的稳定。

机构投资者主要有政府机构、金融机构、企业和事业法人及各类基金等。基金类投资者是意义最标准的机构投资者。

当然，在我国证券市场上，还另有一种习惯性的分类方法，即将我国A股市场上的机构投资者分为公募类、私募类、保险保障类、自营类和国家队类，其中国家队类主要是指2015年A股大跌后，以证金公司为代表的多次救市的国有机构，包括证金公司、中央汇金、外管局、定制公募基金和梧桐树投资平台等。

由于个人证券投资者在很多方面存在弱点，所以在证券市场中如何保护个体中小投资者的利益，为他们提供良好的服务是一个非常重要的课题。

尽管个人投资者的直接证券投资的比例在降低，但是他们在证券市场中的地位仍然不容忽视，原因如下。

第一，个人投资者的交易次数仍然在证券市场中占据优势，对于活跃市场，增强市场的流动性仍然具有不可替代的作用，而且也为证券经营机构提供了可观的佣金，成为其利润的重要来源。对大部分证券公司而言，佣金收入约占其总收入的 1/4 到 1/3 之间。

第二，个人投资者对证券市场的参与有助于股权的分散化，有效地促进了市场竞争，在一定程度上防止了市场垄断行为。

个人投资者在进行证券投资时一个重要的参考因素是适当性管理。

投资者适当性管理是指金融中介机构所提供的金融产品或服务应当与客户的财产状况、投资目标、风险承受水平、投资知识和经验相匹配。通俗来说就是"将合适的产品销售给合适的投资者"。从本质上看，投资者适当性管理属于投资者保护范畴。投资者适当性制度的建立，旨在保障投资者进入金融市场初始环节的合法权利。

投资者适当性制度构筑的是投资者进入资本市场的第一道防线。从一定意义上讲，没有健全并得到有效落实的适当性制度，就不会有成熟的经营机构和投资者，也不会有稳定健康的资本市场。

必须注意的另一个概念是合格投资者。2018 年央行牵头发布《关于规范金融机构资产管理业务的指导意见》(以下简称资管新规)，针对资产管理业务，又提出了合格投资者的概念。公募产品面向不特定社会公众公开发行。公开发行的认定标准依照《中华人民共和国证券法》(以下简称《证券法》)执行。私募产品面向合格投资者通过非公开方式发行。

合格投资者是指具备相应风险识别能力和风险承担能力，投资于单个资产管理产品不低于一定金额且符合下列条件的自然人和法人或者其他组织。①具有 2 年以上投资经历，且满足以下条件之一：家庭金融净资产不低于 300 万元，家庭金融资产不低于 500 万元，或者近 3 年本人年均收入不低于 40 万元。②最近 1 年末净资产不低于 1000 万元的法人单位。③金融管理部门视为合格投资者的其他情形。

合格投资者投资于单个固定收益类产品的金额不低于 30 万元，投资于单个混合类产品的金额不低于 40 万元，投资于单个权益类产品、单个商品及金融衍生品类产品的金额不低于 100 万元。

中介机构是证券市场的"看门人"，在证券的发行和交易过程中起着十分重要的作用，是保证证券市场持续稳定和充满活力的第一道屏障。其中证券公司在证券市场的运作中发挥着重要作用。一方面，证券公司是证券市场投融资服务的提供者，为证券发行人和投资者提供专业化的中介服务，如证券的发行和上市保荐、承销，代理证券买卖等；另一方面，证券公司也是证券市场重要的机构投资者。此外，证券公司还通过资产管理等方式，为投资者提供证券及其他金融产品的投资管理服务等。

根据《证券法》的规定，除证券公司外，任何单位和个人不得从事证券承销、证券保荐、证券经纪和证券融资融券业务。

按照《证券法》的规定，我国证券市场上实行自律管理的机构，有证券交易所、证券业协会、基金业协会等。根据《证券登记结算管理办法》，我国的证券登记结算机构实行行业自律管理。中国证券业协会是证券业的自律性组织，证券公司应当加入中国证券业协会。

中国证券投资基金业协会(简称"基金业协会")是证券投资基金行业的自律性组织。根据《中华人民共和国证券投资基金法》，基金管理人、基金托管人应当加入协会，基金服务机构可以加入协会。

我国证券市场监管机构是国务院证券监督管理机构。国务院证券监督管理机构依法对证券市场实现监督管理，维护证券市场秩序，保障其合法运行。国务院证券监督管理机构由中国证券监督管理委员会及其派出机构组成。

3.3 股票概述

3.3.1 什么是股票

股票是股份公司发给股东证明其所入股份的一种有价证券，它可以作为买卖对象和抵押品，是资金市场主要的长期信用工具之一。

股票是股东向公司入股，获取收益的所有者凭证，持有它就拥有公司的一份资本所有权，成为公司的所有者之一，股东不仅有权按公司章程从公司领取股息和分享公司的经营红利，还有权出席股东大会，选举董事会，参与企业经营管理的决策。从而，股东的投资意愿通过其行使股东参与权而得到实现。同时股东也要承担相应的责任和风险。

股票是一种永不偿还的有价证券，股份公司不会对股票的持有者偿还本金。一旦购入股票，就无权向股份公司要求退股，股东的资金只能通过股票的转让来收回，将股票所代表的股东身份及其各种权益让渡给受让者，而其股价在转让时受到公司收益、公司前景、市场供求关系、经济形势等多种因素的影响。所以说，投资股票是有一定风险的。

股票作为一种所有权证书，最初是采取有纸化印刷方式的，如上海的老八股。在这种有纸化方式中，股票纸面通常记载着股票面值、发行公司名称、股票编号、发行公司成立登记的日期、该股票的发行日期、董事长及董事签名、股票性质等事项。随着现代电子技术的发展，电子化股票应运而生，这种股票没有纸面凭证，它一般将有关事项储存于计算机中，股东只持有一个股东账户，通过计算机终端可查到持有的股票品种和数量，这种电子化股票又称为无纸化股票。目前，我国在上海和深圳交易所上市的股票基本采取这种方式。

举例说明：你和你的朋友3人合伙开了一个酒吧，你出30万，另外两人各出10万。这样，你的酒吧原始资金就是50万。你们3人就是酒吧的股东。如果我们规定，每股为

1元，那么，这个酒吧的股份总共就是50万股，你有30万股，他们每人10万股。

你们的酒吧到市场监督管理局去注册登记，工商局就会把你们的出资资金和各自占的股份比例登记在册。你们如果赚了钱，利润也是按出资比例分配。

你们自己可以到外面的印名片的小店，印制三张证书，给你的那张上面印：×××先生，在×××酒吧投资30万元，公司股份每股1元，所以一共占有30万股，特此证明。证书上面盖有你酒吧的公章。同样，给另外两个人也各发一张同样的证书。这三张纸，就是你们公司的股票。它用来证明你们各自在公司享有的股份。至于你们在公司中的权利和义务等，应该在公司章程中详细约定，你们3个股东也要签字，在市场监督管理局备案。

以前的上海股票认购凭证如图3-5所示。

图3-5　以前的上海股票认购凭证

3.3.2　股票的特征

股票作为一种有价证券，具有下列特征。

1. 收益性

收益性是股票最基本的特征。股票的收益来源可分成两类。一是来自于股份公司派发的股息和红利，股息和红利的多少取决于公司的经营状况、盈利水平和股利政策。二是来自于股票流通。股票持有人通过市场交易，当股票的市场价格高于买入价格时，卖出股票就可以赚取差价收益。这两类收益通常称之为股利所得和资本利得。

2. 风险性

股票风险的内涵是股票投资收益的不确定性，或者说实际收益与预期收益之间的偏离程度。风险是一个中性概念，风险不等于损失。任何一种投资都是有风险的，股票投资也不例外。股票投资者能否获得预期的回报，首先取决于企业的盈利情况，利大多分，利小少分，公司破产时则可能血本无归。其次，股票作为交易对象，就如同商品一样，有着自己的价格。而股票的价格除了受制于企业的经营状况之外，还受经济的、政治的、社会的，甚至人为的等诸多因素的影响，处于不断变化的状态中，大起大落的现象也时有发生。股票市场上股票价格的波动虽然不会影响上市公司的经营业绩，从而影响股息与红利，但股票价格下跌还是会使投资者蒙受部分损失。因此，股市有风险，投资需谨慎。

3. 流动性

股票可以通过依法转让而变现，股票持有人虽不能退股，但可以在股票市场上随时转让，进行买卖，也可以继承、赠与、抵押、转让。所以，股票亦是一种流通性颇强的流动资产。正是由于股票具有颇强的流通性，才使股票成为一种重要的融资工具而不断发展。

4. 永久性

永久性也称不可偿还性，是指股票所载有权利的有效权利的有效性是始终不变的，因为它是一种无期限的法律凭证。除非公司回购股票，否则股票持有人不能将股票卖回公司。股票的有效期与股份公司的存续期相联系，二者是并存的关系。根据《中华人民共和国公司法》(以下简称《公司法》)的规定，股份有限公司在满足一定的条件下，可以收购自己的股票。

(1) 减少公司注册资本。

(2) 与持有本公司股份的其他公司合并。

(3) 将股份奖励给本公司职工。

(4) 股东因对股东大会做出的公司合并、分立决议持异议，要求公司收购其股份的。

其中，依照第 (3) 项的规定收购本公司股份的，不得超过本公司已发行股票总额的 5%，用于收购的资金从税后利润中支出。

5. 参与性

参与性是指股票持有人有权参与公司重大决策的特性。根据《公司法》的规定，股东有出席股东大会、选举董事会和参与公司的经营决策的权利。股东参与公司经营决策的权利的大小由其持有的股票份额决定。

6. 责权性

持有股票的股东具有投票权和利益分配权，但在公司解散或破产时，股东需向公司承担有限责任，股东要按其所持有的股份比例对债权人承担清偿债务的有限责任(其最大的责任限度就是股份出资额全部损失)。在债权人的债务清偿后，优先股和普通股的股东对剩余资产亦可按其所持有股份的比例向公司请求清偿(即索偿)，但优先股要优先于普通股清偿，普通股只有在优先股索偿后仍有剩余资产时，才具有追索清偿的权利。

3.3.3 股票的分类

股票的种类很多，分类方法也有差异。常见的股票类型如下。

按照股东享有权利的不同，股票可以分为普通股和优先股。

1. 普通股股票

普通股股票是最基本、最常见的一种股票，也是发行量最大，最为重要的股票，其持有者享有股东的基本权利和义务。普通股的股利完全随公司盈利的高低而变化。在公司盈利较多时，普通股股东可以获得较高的股利收益（这时一般资本利得也较大），但在公司盈利和剩余财产的分配顺序上列在债权人和优先股股东之后，故其承担的风险也较高。与优先股相比，普通股股票是标准的股票，也是风险较大的股票。

1) 普通股股东的权利

普通股股东的权利如下。

(1) 公司重大决策参与权。

公司重大决策参与权主要是通过参加股东大会来行使。股东大会是股份公司的最高权力机构，普通股股东有权出席股东大会，听取公司董事会有关经营和财务方面的报告，并行使表决权来对公司的重大事项做出决策，也有选举权和被选举权。

值得一提的是，股东大会和董事会的权力边界在世界各国是不一样的。我国实行的是大陆法系，讲究"股东会中心制"，董事会只拥有股东大会明确授予的权力，股东大会是公司的最高权力机构，执行股东会的决议，是明确规定的董事会的主要职责之一。而英美法系则奉行"董事会中心制"，即除了股东会保留的，董事会具有一切权力，双方的自由度都非常高。在 2010 年的国美案例中，甚至出现了董事会否决了股东大会的决议的极端情况。当然，它的否决竟然符合公司章程的规定，是股东大会授予它的权力。

(2) 公司资产收益权和剩余资产分配权。

普通股股东拥有公司盈余和剩余资产的分配权，这一权利直接体现了其在经济利益上的要求。这一要求表现为：一是普通股股东有权按照实缴的出资比例分取红利，但是全体股东约定不按照出资比例分取红利的除外；二是普通股股东在股份公司解散时，有权要求取得公司的剩余资产。

(3) 其他权利。

第一，知情权。股东有权查阅公司章程、股东名册、公司债券存根、股东大会会议记录、董事会决议、监事会决议、财务会计报告，对公司的经营提出建议或质询。当然，这些权利也都是有一定条件限制的。

第二，处置权。股东持有的股份可依法转让。发起人和高级管理人员的股份转让受《公司法》和公司章程的限制。

第三，优先认股权。股份公司增发股票时，原普通股股东有权按其持股比例，以低于市价的某一特定价格优先认购一定数量的新股。

2) 普通股股东的义务

普通股股东的义务如下。

我国《公司法》规定，公司股东应当遵守法律、行政法规和公司章程，依法行使股东权利，不得滥用股东权利损害公司或者其他股东的利益；不得滥用公司法人独立地位和股东有限责任损害债权人的利益；公司的控股股东、董事、高级管理人员等不得利用其关联关系损害公司利益。如违反有关规定，给公司造成损失的，应当承担赔偿责任。

2. 优先股股票

优先股是指依照《公司法》，在一般规定的普通种类股份之外，另行规定的其他种类股份，其股份持有人优先于普通股股东分配公司利润和剩余财产，但参与公司决策管理等权利受到限制。

优先股既像债券，又像股票，其"优先"主要体现在：一是通常具有固定的股息（类似债券），并须在派发普通股股息之前派发；二是在破产清算时，优先股股东对公司剩余资产的分配权优先于普通股股东，但在债权人之后。

当然，优先股股东在享受上述两方面"优先"权利时，其他的一些股东权利是受限的。一般来讲，优先股股东对公司日常经营管理事务没有表决权，仅在与之利益密切相关的特定事项上享有表决权，优先股股东对公司经营的影响力要小于普通股股东。

当然，还有其他的股票分类方法，比如，按是否记载股东姓名或名称，股票可以分为记名股票和无记名股票。按是否在股票票面上标明金额，股票可以分为有面额股票和无面额股票。

在我国，股票还有特殊的习惯分类。比如，按投资主体的不同性质，股票可划分为国家股、法人股、社会公众股和外资股等不同类型。

(1) 国家股。国家股是国有股权的一个组成部分（另一个组成部分是国有法人股），国有资产管理部门是国有股权行政管理的专职机构。

(2) 法人股。法人股是指企业法人或者具有法人资格的事业单位和社会团体（包括国有企业、事业单位和其他单位）以其依法可支配的资产投入公司形成的股份。国有法人股也属于国有股权。

(3) 社会公众股。社会公众股是指社会公众依法以其拥有的财产投入公司时形成的可上市流通的股份。

(4) 外资股。外资股是指股份公司向外国投资者发行的股票。这是我国股份公司吸收外资的一种方式。

这里必须提及的是我国的 CDR 制度。CDR(中国存托凭证，Chinese Depository Receipt)，是指在境外上市的公司将部分已发行上市的股票托管在当地保管银行，由中国境内的存托银行发行、在境内 A 股市场上市、以人民币交易结算、供国内投资者买卖的投资凭证。根据定义，其实 CDR 并不等同于股票，而是境外上市公司股票在境内交易的"代表物"，算是股票的衍生品。

2018 年 6 月，中国证监会发布实施《存托凭证发行与交易管理办法（试行）》，但直到 2020 年 10 月份，A 股首单 CDR 九号公司才正式发行。九号公司按照 1 股九号公司股票相当于 10 份 CDR 的比例进行转换，亦即 1 份九号公司 CDR 就相当 0.1 股九号公司的股票。

另外，值得注意的是，在实际的看盘过程中，投资者还会发现有些股票代码前面往往会加上一些字母。这些字母代表了不同的含义。

代码前加 N，表示该股刚刚上市，也即新股首日上市。

代码前加 XR，表示该股刚刚除权，投资者购买该股后将不再有分红权利。

代码前加 XD，表示该股刚刚除息，购买该股票后，不再有派息权利。

代码前加 DR，表示该股经历除权除息，购买该股后不再有派股派息的权利。

若某股票代码前加"ST"，则说明该公司连续两年亏损，已经被"察看"，也就是俗称的"戴帽"，代码前加"*ST"，说明该公司连续三年亏损，有退市风险。

如果股票代码右上角有 R，说明该股票属于融资融券的范围内。

科创板则有独有的后缀字母。U 代表公司尚未盈利，W 代表公司具有表决权差异安排，即俗称的同股不同权，而 D 则代表公司是以 CDR（中国存托凭证）形式登陆科创板。九号公司在科创板上市。这家公司的证券简称拥有一个长长的后缀——UWD。

3.3.4 股票的价格

股票价格是指股票在证券市场上买卖的价格。从理论上说，股票价格应由其价值决定。但股票的市场价格往往波动剧烈，可见股票的市场价格还同时受许多其他因素的影响。其中，供求关系是最直接的影响因素，其他因素都是通过作用于供求关系而影响股票的市场价格。由于影响股票价格的因素复杂多变，所以股票的市场价格呈现出高低起伏的波动性特征。

下面对影响股价变动的基本因素做简单介绍。

1. 公司的经营状况

股份公司的经营现状和未来发展是股票价格的基石。从理论上讲，公司经营状况与股票价格正相关。公司经营状况良好，股价上升；反之，股价下跌。公司经营状况的好坏，可以从以下几个指标来分析。

(1) 公司治理水平与管理层质量。公司治理包括决定公司经营的若干制度性因素，主要是根据权力机构、决策机构、执行机构和监督机构相互独立、权责明确、相互制衡的原则建立股东会、董事会、管理层和监事会，其重点在于监督和制衡。良好的公司治理结构和治理实践对公司的长期稳定经营具有至关重要的作用。

(2) 公司竞争力。在任何时期、任何行业，具有竞争力的公司股票通常更容易得到投资者的认可,也具有更高的市场开拓和市场保护能力。公司的竞争力可以从产品、制度和公司文化等方面进行考核。

(3) 财务状况。会计报表是描述公司经营状况的一种相对客观的工具。分析公司财务状况,重点在于研究公司的营利性、安全性和流动性。

(4) 公司改组或合并。公司改组或合并总会引起股价的剧烈波动,此举对公司的长期发展是否有利,改组或合并后是否能够改善公司的经营状况,将决定股价的变动方向。从现实情况来看,公司改组或合并的初期,往往能刺激公司的股价有较好的表现,但中长期来看,失败的例子也比比皆是。

2. 行业与部门因素

股票市场中,经常观察到某一行业的股票在特定时期表现出齐涨共跌的特征,这说明,在这些股票中,存在着某种行业性或者产业性的共同影响因素,对这些因素的分析称为行业/部门分析。

(1) 行业分析因素。行业因素包括定性因素和定量因素,常见的有:行业或产业竞争结构、行业可持续性、抗外部冲击的能力、政府关系、劳资关系、财务与融资问题、行业估值水平等。

(2) 行业生命周期。根据产业周期理论,任何产业或行业通常都要经历幼稚期、成长期、成熟期、稳定期四个阶段。即使行业不同,处于相同生命周期的股票价格通常也会呈现相似的特征。

3. 宏观经济或政策因素

宏观经济发展水平和状况是影响股票价格的重要因素。宏观经济对股票价格的影响特点是波及范围广、干扰程度深、作用机制复杂并可能导致股价波动幅度较大。

(1) 经济发展速度。一个国家或地区的社会经济是否能持续稳定地保持一定的发展速度,是影响股票价格能否稳定上升的重要因素。当一国或地区的经济运行态势良好,一般来说,大多数企业的经营状况也较好,它们的股票价格会上升;反之,股票价格会下降。

(2) 经济周期循环。社会经济运行通常表现为扩张与收缩的周期性交替,每个周期一般都要经过繁荣期、衰退期、萧条期、复苏期四个阶段,即所谓的景气循环。景气变动从根本上决定了股票价格的长期变动趋势。由于股票价格是对未来收入的预期,其变动通常比实体经济的繁荣或衰退领先一步,因此,股票价格水平已成为经济周期变动的先导性指标。

(3) 货币政策。货币政策是政府的重要宏观经济政策。中央银行的货币政策对股票价格有直接的影响。中央银行放松银根,增加货币供应,货币面较为宽松,大量闲散资金易流向股市,刺激股票需求量,促使股价上升。反之,中央银行收紧银根,减少货币供应，资金普遍吃紧，流入股市的资金减少，股票需求量下降，交易萎缩，股价下跌。

(4) 财政政策。财政政策也是政府的重要宏观经济政策。财政政策对股票价格的影响包括四个方面。①通过控制财政赤字或盈余、增加或减少财政支出来调整经济发展，从而影响企业生产的外部环境，进而影响企业利润水平和股息派发。②通过调节税率影响企业利润和股息。③干预资本市场各类交易适用的税率，如利息税、资本利得税、印花税等，直接影响市场交易和价格。④国债发行量会改变证券市场的证券供应和资金需求，从而间接影响股票价格。

(5) 市场利率。绝大部分公司都负有债务，利率提高，利息负担加重，公司净利润和股息相应减少，股票价格下降；反之股票价格上升。在市场资金量一定的条件下，利率提高，固定收益类投资的收益提高，对股票需求减少，股价下降。相反对股票的需求增加，股票价格上升。利率提高，投资者的融资成本提高，就会相应减少融资和对股票的需求，股票价格下降；反之，股票价格上升。

(6) 通货膨胀与通货紧缩。通货膨胀对股票价格的影响较复杂，它既有刺激股票市场的作用，又有抑制股票市场的作用。通货膨胀是因货币供应过多造成货币贬值、物价上涨的经济现象。在通货膨胀之初，公司会因产品价格的提升和存货的增值而增加利润，增加股息派发，使股息名义收入有所增加，同时投资者为了保值，增加购买收益不固定的股票，对股票的需求增加，股价上涨。严重的通货膨胀会使社会经济紊乱，使企业无法正常地开展经营活动，同时政府也会采取治理通货膨胀的紧缩政策和相应的措施，此时对股票价格的负面影响更大。

通货紧缩将损害消费者和投资者的积极性，造成经济衰退，同样不利于经济增长和市场稳定。

(7) 汇率变化。汇率的调整对整个社会经济影响很大，有利有弊。汇率变化对股价的影响要看对整个经济的影响而定。若汇率变化趋势对本国经济发展影响较为有利，股价就上升；反正，股价就会下降。具体来说，汇率的变化对那些在商品进出口和资本项目两方面严重依赖国际市场的国家或地区和企业的股票价格影响较大。

(8) 国际收支状况。一般来说，若一国的国际收支连续出现逆差，政府为平衡国家收支会采取提高国内利率和汇率的措施，以鼓励出口、减少进口，股价就会下跌；反之，股价会上涨。

4. 影响股价变动的其他因素

(1) 政治及其他不可抗力的影响。政治因素对股票价格的影响很大，往往很难预料。战争；政权更迭、领袖更替等政治事件；政府重大经济政策的出台、社会经济发展规划的制定、重要法规的颁布；国际社会政治、经济的变化；因发生不可预料和不可抵抗的自然灾害或不幸事件，给社会经济和上市公司带来重大财产损失而又得不到相应赔偿等，都会引起股价的下跌。

(2) 心理因素。投资者的心理变化对股价的变动影响很大。股票市场中的中小投资者由于信息不灵，缺乏必要的专业知识和投资技巧，往往有严重的盲从心理，而有的人就利用这一盲从心理故意制造假象、渲染气氛，诱使中小投资者在股价上涨时盲目追涨，或者在股价下跌时恐慌抛售，从而加大了股价涨跌的幅度。

(3) 政策及制度因素。为保证证券市场的稳定，各国的证券监管机构和证券交易所会制定相应的政策措施和制度安排。《中华人民共和国证券法》(以下简称《证券法》) 规定，证券交易所依照证券法律、行政法规制定上市规则、交易规则、会员管理规则，并经国务院证券监督管理机构批准。

(4) 人为操纵因素。人为操纵往往会引起股票价格短期的剧烈波动。因大多数投资者不明真相，操纵者乘机浑水摸鱼，非法牟利。人为操纵会影响股票市场的健康发展，违背三公原则，一旦查明，操纵者会受到行政处罚甚至法律制裁。

这里只是泛泛列举了影响股票市场价格的基本因素，并没有对其深入分析。但需要特别注意以下几点。①上述影响股票价格的各个因素，并不是单独、孤立地发挥作用，而是相互间交叉影响。②在各个时期，每个因素所起的影响作用是不同的，大小是有区别的，有主要影响和次要影响之分。③不能简单地把每个因素的影响方向固定化、线性化，而是要把具体的因素放到当时的具体市场环境中。从某种程度上来讲，人性是复杂的，心理是盲从的，思维是易变的。所有的因素都是通过影响投资者的心理层面，引导着他们的交易方向，从而决定了股票价格的变化趋势。

3.4 股票发行

我国的股票发行，有三个关键词，即注册制、保荐制度、承销制度。

3.4.1 注册制

股票发行制度主要有三种，即审批制度、核准制度和注册制度。每一种发行监管制度都对应一定的市场发展状况。在市场逐渐发育成熟的过程中，股票发行制度也应该逐渐改变，以适应股票市场的发展需求。其中审批制是完全计划发行的模式，核准制是从审批制向注册制过渡的中间形式，注册制是目前成熟股票市场普遍采用的发行制度。

2018 年 11 月 5 日，国家主席习近平宣布，将在上海证券交易所设立科创板并试点注册制，支持上海国际金融中心和科技创新中心建设，不断完善资本市场基础制度。2019 年 7 月 22 日，上交所科创板正式开市。

2020 年 3 月 1 日修订后的《证券法》正式实施，其一大亮点就是全面推行证券发行注册制度。以修订后的《证券法》为指引，中国资本市场改革发展进入全新历史阶段。2020年8月，创业板正式开始注册制新股申购和上市。

除了IPO，科创板和创业板的并购重组、再融资也同步实施注册制。

可见，目前我国证券市场目前实行的是核准制和注册制并存的双轨制：在沪深交易所主板、中小板实行核准制，在新三板、四板市场和上海证券交易所的科创板、深圳交易所的创业板实行注册制。

必须指出的是，科创板、创业板虽然采用注册制，但想要顺利上市，还是需要满足一定条件的，比如在进行审查时会看企业的市值、收入、利润、现金流等方面衡量企业，而且它对企业的性质也有一定的要求，比如高端装备、新材料、新能源等更受青睐。

3.4.2 保荐制度

保荐制度是由保荐人（券商）对发行人发行证券进行推荐和辅导，并核实公司发行文件中所记载资料是否真实、准确、完整，协助发行人建立严格的信息披露制度，承担风险防范责任，并在公司上市后的规定时间内继续协助发行人建立规范的法人治理结构，督促公司遵守上市规定，完成招股计划书中的承诺，同时对上市公司的信息披露负有连带责任。

根据《证券法》的规定，发行人申请公开发行股票、可转换为股票的公司债券，依法采取承销方式的，或者公开发行法律、行政法规规定实行保荐制度的其他证券的，应当聘请证券公司担任保荐人。

保荐制度的核心内容是对企业发行上市提出了"双保"要求，即企业发行上市必须要由保荐机构进行保荐，并由具有保荐代表人资格的从业人员具体负责保荐工作。这样既明确了机构的责任，也将责任具体落实到了个人。

保荐期间分为两个阶段，即尽职推荐阶段和持续督导阶段。尽职推荐阶段没有时间限制。持续督导阶段的时间限制为：首次公开发行股票并在主板上市的，持续督导的期间为证券上市当年剩余时间及其后2个完整会计年度。主板上市公司发行新股、可转换公司债券的，持续督导的期间为证券上市当年剩余时间及其后1个完整会计年度。首次公开发行股票并在创业板上市的，持续督导的期间为证券上市当年剩余时间及其后3个完整会计年度。创业板上市公司发行新股、可转换公司债券的，持续督导的期间为证券上市当年剩余时间及其后2个完整会计年度。首次公开发行股票并在科创板上市的，持续督导的期间为证券上市当年剩余时间及其后3个完整会计年度。

由于保荐代表人和准保荐代表人在项目申报前对企业的梳理、辅导和把关，报送到证监会的申报材料已经相对成熟，客观上有助于审核效率的提高。同时，当保荐代表人代表证监会对发行人完成了很多规范性方面的审核工作之后，证监会的审核理念开始转向以全面、及时的信息披露为中心，真实性、合法合规性、规范性等问题均交给了保荐机构和其他中介机构去完成，证监会也可以腾出手来将更多的力量放在监管方面。因此，在某种程度上，可以说保荐制是股票发行注册制的奠基石，没有保荐制的实施，注册制的到来更加遥不可及。

3.4.3 承销制度

承销制度是指证券公司依照协议包销或者代销发行人向社会公开发行的证券的制度。股票承销期不能超过90日。票面面值超过5000万元的，应当由承销团承销。发行人通过与承销商协商确定股票承销方式。

股票承销方式通常分为以下三种。

(1) 股票代销。股票代销是指承销商代发行人发售股票，在承销期结束后，将未售出的股票全部退还给发行人的销售方式。这种方式下，承销商许诺尽可能多地销售股票，但不保证能够完成预定的销售额。

(2) 股票包销。股票包销是指承销商以低于发行价的价格把公司发行的股票全部买进，再转卖给投资者。绝大多数情况下，股票卖出价高于承销商购入价，其价差收益归承销商所有；如果股票卖出价低于承销商购入价，所有损失由承销商承担。承销商在此过程中所得的买卖差价收益是对承销商所提供的咨询服务以及承担风险的回报。在包销发行时，发行公司与承销商正式签订合同，规定承销的期限和到期承销商应支付的款项，如果到截止期股票销售任务尚未完成，承销商必须按合同规定如数付清合同规定的价款。包销是最常见的股票承销方式。股票包销又可细分为全额包销和余额包销两种。全额包销，就是在股票还没有向公众发行前，承销商就全部买入并承销，在最后截止日那天如果没有全部卖完，那么承销商就自己消化。余额包销，就是在一定量的前提下，承销商先行销售，最后，如果没有销售完，那么承销商买下剩下的全部股票。无论是全额包销，还是余额包销，发行人与承销商之间形成的关系都是证券买卖关系。在承销过程中未售出的证券，其所有权属于承销商。

(3) 备用包销。这种承销方式下，承销商与发行人签订合同，在承销期内，是一种代销行为；承销期满后，承销商将售后剩余股票全部自行买入。为此，发行人要支付给承销商一部分费用。

根据《证券法》规定，证券公司在代销、包销期内，所代销、包销的证券应当保证先行出售给认购人，证券公司不得为本公司预留所代销的证券和预先购入并留存所包销的证券。

3.4.4 股票发行

我国的股票发行分为两种情况：①首次公开发行，即 IPO；②上市公司增资发行，其中包括配股、公开增发、发行可转债、非公开增发(定向增发或私募)。根据《证券法》《公司法》等法律法规，以及沪深两地证券交易所的规定，每一种情况下的股票发行所需的条件是不同的。我们以首次公开发行，即 IPO 为例说明。

首次公开发行是拟上市公司首次在证券市场公开发行股票募集资金并上市的行为。《证券法》第十二条规定，公司首次公开发行新股，应当符合下列条件。

(1) 具备健全且运行良好的组织机构。

(2) 具有持续经营能力。

(3) 最近三年财务会计报告被出具无保留意见审计报告。

(4) 发行人及其控股股东、实际控制人最近三年不存在贪污、贿赂、侵占财产、挪用财产或者破坏社会主义市场经济秩序的刑事犯罪。

(5) 经国务院批准的国务院证券监督管理机构规定的其他条件。

公开发行存托凭证的，应当符合首次公开发行新股的条件以及国务院证券监督管理机构规定的其他条件。

首次公开发行股票包括主板、中小板、创业板、科创板、新三板和四板等。新三板和四板的募集资金的能力较弱，其更多地体现为挂牌行为。除了《证券法》第十二条的规定外，各板块对 IPO 的要求条件是不同的。

1. 主板 IPO 条件

比如，主板的 IPO 条件是：首次公开发行的发行人应当是依法设立并合法存续的股份有限公司；持续经营时间应当在 3 年以上；注册资本已足额缴纳；生产经营合法；最近 3 年内主营业务、高级管理人员、实际控制人没有重大变化；股权清晰；发行人规范运行。

发行人的财务指标应满足以下要求。

(1) 最近 3 个会计年度净利润均为正数且累计超过人民币 3000 万元，净利润以扣除非经常性损益前后较低者为计算依据。

(2) 最近 3 个会计年度经营活动产生的现金流量净额累计超过人民币 5000 万元；或者最近 3 个会计年度营业收入累计超过人民币 3 亿元。

(3) 发行前股本总额不少于人民币 3000 万元。

(4) 最近一期末无形资产(扣除土地使用权、水面养殖权和采矿权等后)占净资产的比例不高于 20%。

(5) 最近一期末不存在未弥补亏损。

(6) 内部控制在所有重大方面有效，会计基础工作规范，财务会计报告无虚假记载。

(7) 不存在影响发行人持续盈利能力的情形。

规范运作方面，发行人应做到：依法建立健全股东大会、董事会、监事会、独立董事、董事会秘书制度；内部控制制度健全且被有效执行；发行人最近36个月内无重大违法违规行为，或严重损害投资者合法权益和社会公共利益的其他情形；公司章程明确对外担保的审批权限和审议程序，不存在为控股股东、实际控制人及其控制的其他企业进行违规担保的情形；有严格的资金管理制度，不得有资金被控股股东、实际控制人及其控制的其他企业以借款、代偿债务、代垫款项或者其他方式占用的情形。

2. 科创板 IPO 条件

在科创板上市的公司 IPO 条件如下。

1) 科技含量

发行人申请首次公开发行股票并在科创板上市，应当符合科创板定位，面向世界科技前沿、面向经济主战场、面向国家重大需求。此类企业应属于优先支持符合国家战略，拥有关键核心技术，科技创新能力突出，主要依靠核心技术开展生产经营，具有稳定的商业模式，市场认可度高，社会形象良好，具有较强成长性的企业。

2) 成立时间

发行人是依法设立且持续经营3年以上的股份有限公司，具备健全且运行良好的组织机构，相关机构和人员能够依法履行职责。

有限责任公司按原账面净资产值折股整体变更为股份有限公司的，持续经营时间可以从有限责任公司成立之日起计算。

3) 财务与内控

发行人会计基础工作规范，财务报表的编制和披露符合企业会计准则和相关信息披露规则的规定，在所有重大方面公允地反映了发行人的财务状况、经营成果和现金流量，并由注册会计师出具标准无保留意见的审计报告。

发行人内部控制制度健全且被有效执行，能够合理保证公司运行效率、合法合规和财务报告的可靠性，并由注册会计师出具无保留结论的内部控制鉴证报告。

4) 持续经营能力

发行人业务完整，具有直接面向市场独立持续经营的能力。

(1) 资产完整，业务及人员、财务、机构独立，与控股股东、实际控制人及其控制的其他企业间不存在对发行人构成重大不利影响的同业竞争，不存在严重影响独立性或者显失公平的关联交易。

(2) 发行人主营业务、控制权、管理团队和核心技术人员稳定，最近2年内主营业务和董事、高级管理人员及核心技术人员均没有发生重大不利变化；控股股东和受控股股东、实际控制人支配的股东所持发行人的股份权属清晰，最近 2 年实际控制人没有发生变更，不存在导致控制权可能变更的重大权属纠纷。

(3) 发行人不存在主要资产、核心技术、商标等的重大权属纠纷，重大偿债风险，重大担保、诉讼、仲裁等或有事项，经营环境已经或者将要发生重大变化等对持续经营有重大不利影响的事项。

5) 人员要求

最近 3 年内，发行人及其控股股东、实际控制人不存在贪污、贿赂、侵占财产、挪用财产或者破坏社会主义市场经济秩序的刑事犯罪，不存在欺诈发行、重大信息披露违法或者其他涉及国家安全、公共安全、生态安全、生产安全、公众健康安全等领域的重大违法行为。

董事、监事和高级管理人员不存在最近 3 年内受到中国证监会行政处罚，或者因涉嫌犯罪被司法机关立案侦查或者涉嫌违法违规被中国证监会立案调查，尚未有明确结论意见等情形。

拟进行 IPO 的股份公司必须先在中国证监会注册。中国证监会同意注册的决定自作出之日起 1 年内有效，发行人应当在注册决定有效期内发行股票，发行时点由发行人自主选择。

重点是，存在表决权差异安排的股份公司，或者是尚未开始盈利的股份公司，也可以进行股票 IPO 申请或者存托凭证首次公开发行。

3.5 证券交易

证券交易，是指已发行的证券在证券市场上买卖的活动。证券交易可以在证券交易所等场内市场上进行，有的也可以在场外市场上进行，比如柜台交易。

证券交易的特征表现在三个方面：流动性、收益性、风险性。流动性是证券的必要属性，因为只有通过流动，证券才具有较强的变现能力，才能受到投资者的欢迎，从而提高其对证券的有效需求。而证券之所以能够流动，就是因为它预期可能为持有者带来一定的收益。同时，证券投资是有风险的，证券收益存在不确定性，所以证券在流动中也可能因为价格的变化而给持有人带来损失。一般而言，证券的风险性越高，其预期的收益也越高；流动性越高，其预期收益越低。

3.5.1 证券交易规则

我国证券交易的基本规则分为四种：集中竞价交易规则、大宗交易制度、协议转让制度和金融期货交易规则。

1. 集中竞价交易规则

集中竞价交易规则，即指交易中心（如证券交易所的主机）对规定时间内收到的所有交易委托并不进行一一撮合成交，而是集中起来在该时段结束时进行竞价的方式。在这种情况下，既有买者之间的竞争，也有卖者之间的竞争，买卖各方都有比较多的人员。集中竞价时，当买者一方中的人员提出的最高价和卖者一方的人员提出的最低价相一致时，证券的交易价格就已确定，其买卖就可成交。必须注意的是，集中竞价≠集合竞价。集中竞价包括集合竞价和连续竞价。

2. 大宗交易制度

大宗交易制度是指单笔数额较大的证券买卖。我国现行有关交易制度规定，证券单笔买卖申报达到一定数额的，证券交易所可以采用大宗交易方式进行交易。按照规定，证券交易所可以根据市场情况调整大宗交易的最低限额。

与传统交易方式相比，大宗交易制度具有定价灵活、对场内交易价格影响小、效率高、交易成本低等特点，其适用单独颁布的实施细则，在程序、信息披露等方面也与普通交易有区别，有利于改善交易服务质量，更能提高大宗交易效率，减轻二级市场的压力，有利于稳定投资者对存量股份减持的心理预期，可以为已获得流通权的股份提供高效的转让平台。

而对于广大中小投资者来说，大宗交易制度在客观上也起到了保护其权益的作用。其关于"成交量和成交金额不纳入实时行情和指数的计算"的规定，减小并延迟了大宗交易成交量和成交价格对市场的影响，在一定程度上稳定了股价，减小了由于机构操纵出现大笔成交时引起股价剧烈震荡而给中小投资者带来的风险和损失；另外，"将以公开信息披露的形式向市场公告每笔大宗交易的证券名称、成交量、成交价、证券商席位名称以及买卖双方的姓名或名称"的规定，体现了信息披露的公开和透明，弱化了信息不对称使投资者面临的劣势。

总之，大宗交易以牺牲透明度换取了交易效率，但可以用有效监管来弥补制度的缺憾。

根据目前沪深两地交易所的规定，大宗交易的标准如下。

(1) A股单笔买卖申报数量在30万股（含）以上，或交易金额在200万元（含）人民币以上。

(2) B股（上海）单笔买卖申报数量在30万股（含）以上，或交易金额在20万美元（含）以上；B股（深圳）单笔交易数量不低于3万股，或者交易金额不低于20万元港币。

(3) 基金大宗交易的单笔买卖申报数量在200万份（含）以上，或交易金额在200万元（含）人民币以上。

(4) 债券及债权回购大宗交易单笔买卖申报数量不低于1000手，或者交易金额不低于100万元人民币(深圳是不低于5000张,或金额不低于50万元)。

请注意交易时间。大宗交易的时间仅有半小时,即交易日的15点至15点30分,股东们千万别错过了该时间,应提前进行交易准备。同时,如15点前该公司股票仍处于停牌状态,那么也是无法申报交易的。

大宗交易可以提前申报。

3. 协议转让制度

协议转让是指买卖各方依据事先达成的协议,转让证券交易所上市公司股份的行为。交易所在受理股份协议转让申请后,对申请人提交的文件进行形式审核,对符合条件的申请出具合规性确认意见。

根据规定,上市公司流通股协议转让的,拟转让的股份数量不低于上市公司已发行股份的5%;上市公司非流通股协议转让的拟转让的股份数量不低于上市公司已发行股份的1%。

4. 金融期货交易规则

①期货可以双向交易。股票市场只能做多不能做空,期货既可以做多也可以做空,价格上涨和下跌都有机会获取收益。②期货采用T+0交易机制。我国股票采用的是T+1机制,即当天买入的股票最快也只能第二天才可以卖出,而期货是T+0,当天买了随时可以卖。③期货是保证金交易制度。股票是全额交易,有多少钱只能买多少股票,而期货是保证金交易,可以将成交额放大10倍,此时风险和收益均会放大。投资者只需10万元资金即可买卖价值100万元的期货,如果期货价格波动10%,投资者即可获利100%。④期货采用强制平仓制度。客户持仓交易风险度超过了某数值(如160%),期货公司会要求客户追加保证金,如未在规定时间内追加,期货公司有权利对客户持有的仓位进行强制平仓,由此产生的交易盈亏将全部由客户自己承担。⑤期货到期交割制度。期货合约有最后交易日的概念,个人交易者在合约最后交易日前必须平仓,企业交易者如有交割资质,可继续持仓到商品交割日,进行实物交割。

3.5.2 证券交易程序

证券交易程序,就是投资者在二级市场上买进或卖出已上市证券所应遵循的规定过程。本章主要针对证券交易所场内集中竞价交易,不涉及场外市场。在证券交易所市场,证券交易的基本过程包括开户、委托、成交、结算等几个程序。

1. 开户

开户有两个方面,即开立证券账户和开立资金账户。证券账户用来记载投资者所持有的证券种类、数量和相应的变动情况,资金账户则用来记载和反映投资者买卖证券的货币收付和结存数额。

开立证券账户和资金账户后，投资者买卖证券所涉及的证券、资金变化就会从相应的账户中得到反映。例如，某投资者买入甲股票 1000 股，包括股票价格和交易税费的总费用为 10000 元，则投资者的证券账户上就会增加甲股票 1000 股，资金账户上就会减少 10000 元。

2. 委托

在证券交易所市场，除了证券交易所会员的自营业务外，投资者买卖证券是不能直接进入证券交易所办理的，而必须通过证券交易所的会员。换而言之，投资者需要通过证券经纪商（证券经纪商职能一般由证券公司行使）的代理才能在证券交易所买卖证券。在这种情况下，投资者向经纪商下达买进或卖出证券的指令，称为委托。

证券经纪商接到投资者的委托指令后，首先要对投资者身份的真实性和合法性进行审核。审查合格后，经纪商要将投资者委托指令的内容传送到证券交易所进行撮合。这一过程称为委托的执行，也称为申报或报盘。

证券交易所在证券交易中接受报价的方式主要有口头报价、书面报价和电脑报价三种。目前，我国通过证券交易所进行的证券交易均采用电脑报价方式。早期的电脑报价基本都是通过场内交易员（俗称红马甲）手工输入，现在大部分券商除了保留几个场内交易员外，绝大部分交易都已经取消了红马甲这一环节，而是直接有通道和交易所连接。

3. 成交

证券交易所交易系统接受申报后，要根据订单的成交规则进行撮合配对。符合成交条件的予以成交，不符合成交条件的继续等待成交，超过了委托时效的订单失效。

在成交价格确定方面，一种情况是通过买卖双方直接竞价的形式确定交易价格；另一种情况是交易价格由交易商报出，投资者接受交易商的报价后即可与交易商进行证券买卖。

在订单匹配原则方面，根据各国（地区）证券市场的实践，优先原则主要有价格优先原则、时间优先原则、按比例分配原则、数量优先原则、客户优先原则、做市商优先原则和经纪商优先原则等。其中，各证券交易所普遍以价格优先原则为第一优先原则。我国采用价格优先和时间优先原则。

4. 结算

结算包括清算和交收两个部分。证券交易成交后，首先需要对买方在资金方面的应付额和在证券方面的应收种类和数量进行计算，同时也要对买卖方在资金方面的应收额和在证券方面的应付种类和数量进行计算。这一过程属于清算，包括资金清算和证券清算。清算结束后，需要完成证券由卖方向买方转移和对应的资金由买方向卖方转移。这一过程属于交收。

对于记名证券而言，完成了清算和交收，还有一个登记过户的环节。完成了登记过户，证券交易过程才告结束。

股票交易的结算可以划分为清算和交收两个主要环节。在此基础上，还可以进一步划分为交易数据接收、清算、发送清算结果、结算参与人组织证券或资金以备交收、股票交收和资金交收、发送交收结果、结算参与人划回款项、交收违约8个具体环节。

证券交易从结算的时间安排来看，可以分为滚动交收和会计日交收。滚动交收要求某一交易人成交的所有交易都有计划地安排距成交日相同营业日天数的某一营业日进行交收。至于会计日交收，则是在一段时间内的所有交易都集中在一个特定的日期进行交收，比如，下个月3号等。滚动交收目前已被各国家和地区的证券市场广泛采用。从现实情况看，各个市场采用的滚动交收周期时间长短不一，美国证券市场采取T+3，我国香港地区采取T+2。

我国内地市场目前存在两种滚动交收周期，即T+1与T+3。T+1滚动交收适用于我国内地市场的A股（从1995年1月1日起），T+3滚动交收适用于B股。

必须说明的是，无论是T+1，还是T+2、T+3，并不表示当日不能实施回转交易，并不表示当日买入的证券不能当日卖出，当日卖出证券所得的资金当日不能继续使用。只是该笔交易的清算、交收要在规定的日期完成而已。

比如，在我国证券市场，当日卖出证券后所得的资金，虽然当日不能提现，但可以当日继续购买使用。而在我国证券市场上，也是规定了一些可以实施回转交易的证券品种。比如，上海证券交易所就规定了可以实施回转交易的品种，具体如下。

(1) 债券。
(2) 债券交易型开放式指数基金。
(3) 交易型货币市场基金。
(4) 黄金交易型开放式证券投资基金。
(5) 跨境交易型开放式指数基金。
(6) 跨境上市开放式基金。
(7) 权证。
(8) 经证监会同意的其他品种。

前款所述的跨境交易型开放式指数基金和跨境上市开放式基金仅限于所跟踪指数成份证券或投资标的实施当日回转交易的开放式基金。

B股实行次交易日起回转交易，实际上就是变相的T+1。

3.5.3 证券交易的竞价原则和竞价方式

1. 竞价原则

根据各国（地区）证券市场的实践，竞价优先原则主要有：价格优先原则、时间优先原则、按比例分配原则、数量优先原则、客户优先原则、做市商优先原则和经纪商优先原则等。我国证券交易所内的证券交易按"价格优先""时间优先"的原则竞价成交。

1) 价格优先

成交时价格优先的原则为：较高价格买入申报优先于较低价格买入申报，较低价格卖出申报优先于较高价格卖出申报。

2) 时间优先

成交时时间优先的原则为：买卖方向、价格相同的，先申报者优先于后申报者。先后顺序按之前交易所交易主机接受申报的时间确定。

简单来说，就是竞价的时候，先看价格，价格相同再看申报时间。

2. 竞价方式

目前，我国证券交易所采用两种竞价方式：集合竞价方式和连续竞价方式。

上海证券交易所规定，采用竞价交易方式的，每个交易日的 9：15—9：25 为开盘集合竞价时间，9：30—11：30、13：00—15：00 为连续竞价时间。

深圳证券交易所规定，采用竞价交易方式的，每个交易日的 9：15—11：30、13：00—14：57 为连续竞价时间，14：57—15：00 为收盘集合竞价时间。

1) 集合竞价方式

所谓集合竞价，是指交易中心(如证券交易所的主机)对规定时间内收到的所有交易委托并不进行一一撮合成交，而是集中起来在该时段结束时进行竞价的方式。所以，集合竞价方式下只有一个成交价格，集合竞价的所有交易以同一价格成交。根据我国证券交易所的相关规定，集合竞价确定成交价的原则如下。

(1) 可实现最大成交量的价格。

(2) 高于该价格的买入申报与低于该价格的卖出申报全部成交的价格。

(3) 与该价格相同的买方或卖方至少一方全部成交的价格。

如有两个以上申报价格符合上述条件的，上海证券交易所规定使未成交量最小的申报价格为成交价格；若仍有两个以上使未成交量最小的申报价格符合上述条件的，其中间价为成交价格。深圳证券交易所取距前收盘价最近的价位为成交价。

集合竞价的所有交易以同一价格成交，然后进行集中撮合处理。所有买方有效委托按委托限价由高到低的顺序排列，限价相同者按照进入证券交易所交易系统电脑主机的时间先后排列。所有卖方有效委托按照委托限价由低到高的顺序排列，限价相同者也按照进入交易系统电脑主机的时间先后排列。系统依序逐笔将排在前面的买方委托与卖方委托配对成交。也就是说，按照价格优先、同等价格下时间优先的成交顺序依次成交，直至成交条件不满足为止，即所有买入委托的限价均低于卖出委托的限价，所有成交都以同一成交价成交。集合竞价中未能成交的委托，自动进入连续竞价。

2) 连续竞价方式

连续竞价是指对买卖申报逐笔连续撮合的竞价方式。连续竞价阶段的特点是：每一笔买卖委托输入交易自动撮合系统后，当即判断并进行不同的处理：能成交者予以成交，不能成交者等待机会成交，部分成交者则让剩余部分继续等待。

按照上海证券交易所和深圳证券交易所的有关规定，在无撤单的情况下，委托当日有效。另外，开盘集合竞价期间未成交的买卖申报，自动进入连续竞价。深圳证券交易所还规定，连续竞价期间未成交的买卖申报，自动进入收盘集合竞价。

连续竞价时，成交价格的确定原则如下。

(1) 最高买入申报与最低卖出申报价位相同，以该价格为成交价。

(2) 买入申报价格高于即时揭示的最低卖出申报价格时，以即时揭示的最低卖出申报价格为成交价格。

(3) 卖出申报价格低于即时揭示的最高买入申报价格时，以即时揭示的最高买入申报价格为成交价。

3.5.4 股票价格指数

股票价格指数(简称股指)，是就基于报告期的一组股票价格与基期的一组股票价格进行平均计算和动态对比后得出的，反映和描述一个国家或地区、某一行业或主题的股票市场价格水平及其变动趋势的动态相对数。股票价格指数是衡量股票市场总体价格水平及其变动趋势的尺度，也是反映一个国家或地区政治、经济发展状态的灵敏信号。一般是由一些金融服务机构和证券交易所编制的。

编制股价指数，一般需要四个步骤。

(1) 选择样本股。

(2) 选定某基期，并以一定方法计算基期平均股价或市值。

(3) 计算计算期平均股价或市值，并做必要的修正。

(4) 指数化。

编制股票指数，通常以某年某月为基础，以这个基期的股票价格作为 100 点 (或者 1000 点)，用以后各时期的股票价格和基期价格比较，计算出升降的百分比，就是该时期的股票指数。投资者根据指数的升降，可以判断出股票价格的变动趋势，并且为了能实时地向投资者反映股市的动向，所有的股市几乎都是在股价变化的同时即时公布股票价格指数。

由于上市股票种类繁多，计算全部上市股票的价格平均数或指数的工作是艰巨而复杂的，因此人们常常从上市股票中选择若干种富有代表性的样本股票，并计算这些样本股票的价格平均数或指数，用以表示整个市场的股票价格总趋势及涨跌幅度。

根据编制人和标的股票的不同，我国目前市场上有相当多的股价指数，比如，有中证指数有限公司编制的沪深300指数、中证100指数、中证200指数、中证500指数、中证700指数、中证800指数和中证流通指数等，有上海证券交易所编制的上证50指数、上证180指数、上证380指数、上证综合指数、上海B股指数、科创板50指数等，有深圳证券交易所编制的深证成份股指数、深证A股指数、深证B股指数、深证100指数、深证综合指数、中小板综合指数、创业板综合指数等，不一而足。

需要说明的是，我国的股指期货共有3个交易品种，分别是以沪深300指数(期货交易代码IF)、上证50指数(期货交易代码IH)和中证500指数(期货交易代码IC)为标的指数的。

国外主要股票市场的股票价格指数有道·琼斯股价平均数、标准普尔500指数、纳斯达克股票指数、金融时报证券交易所指数(FTSE100指数)和日经225股价指数等。

第四章 债券市场

- 债券市场概述
- 债券的发行与承销
- 债券交易

本章学习目标

01 学习掌握什么是债券，了解债券市场

02 了解债券发行的方式及影响价格的因素

03 掌握债券交易的方式及价格决定因素

> 本章简介

本章主要介绍了我国债券市场的基本情况；简单阐述了债券的特性有哪些；重点强调了影响债券利率波动的主要因素有哪些；较为详细地介绍了在不同情况下债券的分类情况以及每种分类又有什么特点；另外，还讲述了债券发行与交易的原则。

4.1 债券市场概述

4.1.1 债券概述

债券是一种有价证券，是社会各类经济主体为筹集资金而向债券投资者出具的、承诺按一定利率定期支付利息并到期偿还本金的债权债务凭证。

债券所规定的借贷双方的权利义务关系包含四个方面的含义：第一，发行人是借入资金的经济主体；第二，投资者是出借资金的经济主体；第三，发行人必须在约定的时间付息还本；第四，债券反映了发行者和投资者之间的债权债务关系，而且是这一关系的法律凭证。

1. 债券的基本性质

债券具有以下基本性质。

(1) 债券属于有价证券。

(2) 债券是一种虚拟资本。因为债券的本质是证明债权债务关系的证书，在债权债务关系建立时所投入的资金已被债务人占用，因此，债券是实际运用的真实资本的证书。

(3) 债券是债权的表现。这种权利不是直接支配财产，也不以资产所有权表示，而是一种债权。

债券作为证明债权债务关系的凭证，一般以具有一定格式的票面形式来表现。当然，由于现在债券基本都是无纸化发行，所以，所谓债券的票面要素都是法律意义上的概念。

2. 债券票面上的基本要素

通常，债券票面上有五个基本要素：债券的票面价值、债券的到期期限、债券的票面利率、付息期和债券发行者名称。

1) 债券的票面价值

债券的票面价值包括两方面的内容。一是票面价值的币种，即以何种货币作为债券价值的计量单位。币种的选择主要依其发行对象和实际需要来确定。我国国内的债券基本都以人民币为票面币种，但国际债券的票面币种则比较复杂。二是债券的票面金额。票面金额不同，对于债券的发行成本、发行数量和持有者的分布，具有不同的影响。票面金额定得较小，有利于小额投资者，购买持有者分布面广，但债券本身的印刷及发行工作量大，费用可能较高；票面金额定得较大，有利于少数大额投资者认购，且印刷费用等也会相应减少，但使小额投资者无法参与。因此，债券票面金额的确定也要根据债券的发行对象、市场资金供给情况及债券发行费用等因素综合考虑。

债券的面值和债券的实际发行价格往往是不一致的，当债券的发行价格低于债券面值时，称为折价发行；当债券的发行价格等于票面价值时，称为平价发行；当债券的发行价格高于债券面值时，称为溢价发行。

2) 债券的到期期限

债券到期期限是指从债券发行之日起至偿清本金和利息之日止的时间，也是债券发行人承诺履行合同义务的全部时间。

影响债券期限的主要因素如下。

(1) 资金使用方向。债务人如果是为了弥补临时性资金周转之短缺，则可以发行短期债券；如果是为了满足长期资金的需求，则可以发行中长期债券。债券期限的合理搭配是公司债务安排的重要内容，很多的债务危机都是由债券期限的错配而引起。

(2) 市场利率的变化。当未来市场利率趋于下降时，应选择发行期限较短的债券；当未来市场利率趋于上升时，应选择发行期限较长的债券，但债券的期限长短也是影响债券利率水平的重要因素。发行公司应综合考虑债券期限对债务成本的影响作用。

(3) 债券的变现能力。如果市场流通性强，债券容易变现，长期债券较易被投资者接受；如果流动性弱，长期债券的销售可能不如短期债券。另外，债券发行人本身的信誉度，也影响债券本身的流通性。

3) 债券的票面利率

债券的票面利率，也称为名义利率，是债券持有人每年获取的利息与债券票面价值的比率。形式有单利、复利和贴现利率。债券的票面利率往往不等于债券的实际收益率，如果投资者以票面价格购进债券，则实际收益率等于票面利率；如果以低于票面价格购进债券，则实际收益率高于票面利率；如果以高于票面价格购进债券，则实际收益率低于票面利率。

影响债券利率的主要因素如下。

(1) 借贷资金市场利率水平。市场利率较高时，债券票面利率相应较高，反之，债券票面利率也相应较低。

(2) 筹资者的资信。如果债券发行人的资信状况良好，债券信用等级高，投资者的风险小，债券的流动性强，债券票面利润应定得较低；反之，债券票面利率就需要定得较高以吸引投资者。

(3) 债券期限长短。一般来说，期限较长的债券流动性差，风险相对较大，票面利率应定得高一些；而期限较短的债券流动性强，风险相对较小，票面利率可以定得低一些。

但是，票面利率与期限的关系，还受其他因素的影响，有时也会出现短期债券票面利率高于长期债券的"反转"现象。举个例子，1980年的时候，美国为了打击通胀将年息提高到20%，这个就是短债利息，但是30年长债的利率要明显低于20%，原因很简单，市场认为联储局的措施会成功，长期的通胀会降下来。

4) 付息期

债券的付息期是指企业发行债券后的利息支付的时间。它可以是到期一次支付，或1年、半年或者3个月支付一次。在考虑货币时间价值和通货膨胀因素的情况下，付息期对债券投资者的实际收益有很大影响。到期一次付息的债券，其利息通常是按单利计算的；而年内分期付息的债券，其利息是按复利计算的。

5) 债券发行者名称

债券发行者是发行债券募集资金的债务主体，在债权契约关系中为债务人，为债权人到期追索本金和利息提供了依据。

以上所说的五个因素，只是债券最基本的票面因素。此外，债券票面上有时还包含一些其他要素，如附有赎回选择权、附有出售选择权、附有可转换条款、附有交换条款、附有新股认购条款等。根据这些不同的条款，可以把债券分成不同的种类，后面详述。

4.1.2 债券的分类

债券的分类方法多种多样，我们简单列举几种，然后再详细介绍部分创新型债券类产品。

1. 按发行主体分类

按发行主体分类，债券可分为政府债券、金融债券和公司债券。

(1) 政府债券。政府债券的发行主体是政府，中央政府发行的债券称为"国债"。政府债券的主要用途是解决政府投资的公共设施或重点建设项目的资金需要，以及弥补国家财政赤字。

(2) 金融债券。金融债券的发行主体是银行或非银行金融机构。金融机构一般有雄厚的资金实力，信用度较高，因此，金融债券往往有良好的信誉。

(3) 公司债券。公司债券是公司依照法定程序发行、约定在一定期限还本付息的有价证券。公司债券的发行主体一般是股份公司，但有些国家也允许非股份制企业发行债券，归类时，可将公司债券和企业发行的债券合在一起，称为公司（企业）债券。公司债券的风险性相对于政府债券和金融债券要大一些。

此种分类方法是最常用的，国外证券交易通常也采用这种分类法。

2. 按付息方式分类

按付息方式分类，债券可分为零息债券、附息债券和息票累积债券。

(1) 零息债券。其又称贴现债券、贴水债券，是指在票面上不规定利率，发行时按某一折扣率，以低于票面金额的价格发行，到期时按面额偿还本金的债券，发行价与票面金额之差额相当于支付的利息。人们也习惯性地把期限在 1 年以内的零息债券单独称为贴现债券。

(2) 附息债券。附息债券是指发行者按票面利率定时向持券人支付利息，到期后将最后一期利息连同本金一并支付给持券人的债券。

(3) 息票累积债券。其又称到期付息债券。与附息债券相似，这类债券也规定了票面利率，但是，债券持有人必须在债券到期时一次性获得本息，存续期间没有利息支付。

3. 按利率是否固定分类

按利率是否固定分类，债券可分为固定利率债券和浮动利率债券。

(1) 固定利率债券。其是指在发行时规定在整个偿还期内利率不变的债券，其筹资成本和投资收益可以事先预计，不确定性较小，但债券发行人和投资者仍然必须承担市场利率波动的风险。20 世纪 80 年代以后，欧洲债券市场上开始出现了一些固定利率债券的变型，其中最典型的为可撤销债券，此种债券将债券期限分为若干期，发行时仅固定第一期利率，其后每期均另确定利率，以此来克服固定利率债券自身的缺陷。

(2) 浮动利率债券。由于与市场利率挂钩，市场利率又考虑了通货膨胀的影响，浮动利率债券可以较好地抵御通货膨胀的风险。浮动利率债券往往是中长期债券，利率通常根据市场基准利率加上一定的利差来确定。

浮动利率债券的种类较多，如规定有利率浮动上、下限的浮动利率债券，规定利率到达指定水平时可以自动转换成固定利率债券的浮动利率债券，附有选择权的浮动利率债券，以及在偿还期的一段时间内实行固定利率，另一段时间内实行浮动利率的混合利率债券等。

4. 按募集方式分类

按募集方式分类，利率可分为公募债券和私募债券。

(1) 公募债券。公募债券是指发行人向不特定的社会公众投资者公开发行的债券。公募债券的发行量大，持有人数众多，可以在公开的证券市场上交易，流动性好。公募债券通常需要由证券公司或者商业银行等中介机构来承销。发行利率，尤其是国债的发行利率，一般都是通过招投标方式来确定。

(2) 私募债券。私募债券是指向特定的投资者发行的债券。私募债券的发行对象一般是特定的机构投资者。

私募债券发行手续简单，一般不能公开上市交易。对发行者即企业而言，优点是发行成本低、发债资格认定标准较低、信息披露程度要求低、有利于建立与业内机构的战略合作，其不足之处是利率较高，而且严格按契约进行本息支付，一般不能提前赎回。

5. 按期限长短分类

按期限长短分类，债券可分为短期债券、中期债券、长期债券和可续期债券。

(1) 短期债券。一般期限在1年以下的为短期债券，通常有3个月、6个月、9个月、12个月等。

(2) 中期债券。期限在1至10年之间的为中期债券。

(3) 长期债券。期限在10年以上的为长期债券。债券的期限越长，债券的投资风险也越高，因此要求有较高的收益作为补偿，而收益率高的债券价格也高。一般来说，长期债券的价格弹性相对较大。当市场利率下行时，债券的价格会上升，期限越长的债券，价格上升越多。所以在利率下行时，倾向于持有剩余期限长的债券，反之亦然。

(4) 可续期债券。可续期债券是指发行人发行的没有明确到期日但赋予发行人在一定的期限内可以赎回或是在一定的期限后可以延期的债券，是一种兼具债券属性和股权特征双重特性的混合资本工具。2013年10月29日，我国发行了首只可续期债券——13武汉地铁可续期债，随后银行间交易商协会注册并发行了首只具有可续期债券特点的长期限含权中期票据——13国电MTN001。永续债券属于一种特殊的可续期债券。

6. 按担保性质分类

按担保性质分类，债券可分为有担保债券和无担保债券。

(1) 有担保债券。有担保债券指以抵押财产为担保发行的债券。按担保品不同，有担保债券又可分为抵押债券、质押债券和保证债券。

(2) 无担保债券。无担保债券也被称为"信用债券"，仅凭发行人的信用而发行，是不提供任何抵押品或担保人而发行的债券。政府债券一般来说属于典型的无担保债券。除此之外，一些公司也可发行这种债券，但为了保护投资人的利益，发行这种债券的公司往往受到种种限制，如公司不得随意增加其债务，在信用债券未清偿前，公司股东分红有限制等。

7. 按债券形态分类

按债券形态分类，债券可分为实物债券、凭证式债券和记账式债券。

(1) 实物债券。实物债券是一种具有标准格式、实物券面的债券。在标准格式的债券面上，一般印有债券面额、债券利率、债券期限、债券发行人全称、还本付息方式等各种债券票面因素。

(2) 凭证式债券。凭证式债券的形式是债权人认购债券的一种收款凭证，而不是债券发行人制定的标准格式的债券。我国1994年开始发行凭证式国债，通过各银行储蓄网点和财政部门国债服务部面向城乡居民个人和各类投资者发行，券面上不印刷票面金额，而是根据认购者的认购数额填写实际的缴款金额，是一种国家储蓄债，可记名，可挂失，以凭证式国债收款凭证来记录债权，不能上市流通，从购买之日起计息。在持有期内，持券人如遇特殊情况需要提取现金，可以到原购买网点提前兑取。提前兑取时，除偿还本金外，利息按实际持有天数及相应的利率档次计算，经办机构按兑付本金的一定比率收取手续费。

(3) 记账式债券。记账式债券是没有实物形态的债券，它利用证券账户，通过电脑系统完成债券发行、交易及兑付的全过程，所以，记账式国债又称无纸化国债。

记账式国债的特点是：可以记名、挂失；以无券形式发行可以防止证券的遗失、被窃与伪造，安全性好；可上市转让，流通性好；期限有长有短，但更适合短期国债的发行；通过证券交易所电脑网络发行，可以降低证券的发行成本；上市后价格随行就市，具有一定的风险。

8. 按发行市场分类

按发行市场分类，债券可以分为国内债券和国际债券。这里重点介绍国际债券。

国际债券是指一国借款人在国际证券市场上以外国货币为面值、向外国投资者发行的债券。国际债券的发行人，主要是各国政府、政府所属机构、银行或其他金融机构、工商企业及一些国际组织等。国际债券的投资者主要是银行或其他金融机构、各种基金会、工商财团和自然人等。

国际债券的重要特征，是发行者和投资者属于不同的国家，筹集的资金来源于国外金融市场。

国际债券有很多种分类方法，最常见的是依发行债券所用货币与发行地点的不同，国际债券可分为外国债券和欧洲债券。

(1) 外国债券。外国债券是指某一国家借款人在本国以外的另一国家发行以该国货币为面值的债券。

外国债券的特点是债券发行人属于一个国家，债券的面值货币和发行市场属于另外一个国家。根据国际惯例，国外金融机构在一国发行债券时，一般以该国最具特征的吉祥物命名。在美国发行的外国债券(美元)称为扬基债券；在日本发行的外国债券(日元)称为武士债券；在中国发行的外国债券(人民币)称为熊猫债券。此外，还有英国的"猛犬债券"和西班牙的"斗牛士债券"等。

(2) 欧洲债券。欧洲债券是指借款人在本国境外市场发行的，且不以发行市场所在国的货币为面值的国际债券。

由此可知，欧洲债券有两个明显的特点。①债券发行者、债券发行地点和债券面值所使用的货币可以分别属于不同的国家。由于它不以发行市场所在国的货币为面值货币，所以也被称为"无国籍债券"。②欧洲债券票面使用的货币一般是可自由兑换的货币，主要是美元，还有欧元、英镑和日元等，也有使用复合货币单位的，如特别提款权。

国际上还有一种双重货币债券，这种债券在发行、付息时采用一种货币，但还本时付另一种货币,两种货币间的汇率在发行债券时就是确定了的。发行这种债券的最大优点是可以防止和避免创汇货币与借款货币不一致所带来的汇率风险。

在国际债券市场上,欧洲债券所占比重远远超过了外国债券。

4.1.3 特殊的债券类产品

随着金融创新的不断发展,也出现了一些新的债券类品种。下面我们再介绍几种特殊的债券类产品。

1. 资产支持证券

资产支持证券是指由银行业金融机构作为发起机构,将信贷资产信托给受托机构,由受托机构发行的,以该财产所产生的现金支付其收益的受益证券。与股票和一般债券不同,资产支持证券不是对某一经营实体的利益要求权,而是对基础资产池所产生的现金流和剩余权益的要求权,是一种以资产信用为支持的证券。

资产支持证券的基础资产主要有三大类,即应收账款类资产、贷款类资产和收费类资产,最初采用的基础资产为住房抵押贷款(即 MBS),随着证券化技术的不断提高和金融市场的日益成熟,用于支持发行的基础资产类型也不断丰富,目前还包括汽车消费贷款、信用卡应收款、学生贷款、住房权益贷款、设备租赁费、厂房抵押贷款、贸易应收款等。

由于大多数资产支持证券的存续期限、偿付结构、信用增级手段等都各不相同,其交易大都在 OTC 市场进行,主要通过电话双边报价、协议成交,因此除标准化程度较高的 MBS 外,其他类型的资产支持证券一般流动性不足、价格透明度不高。

美国资产支持证券(含 MBS)占美国债券市场余额的 1/3,是第一大债券品种。

2. 保证公司债券

保证公司债券是公司发行的由第三方作为还本付息担保人的债券,是担保证券的一种。担保人是发行人以外的其他人,如政府、信誉好的银行或举债公司的母公司等。在实践中,保证行为常见于母、子公司之间,如由母公司对子公司发行的公司债券予以保证。

3. 收益公司债券

收益公司债券是一种具有特殊性质的债券,其利息只在公司有盈利时才支付,即发行公司的利润扣除各项固定支出后的余额用作债券利息的来源。如果余额不足以支付,未付利息可以累加,待公司收益增加后再补发。所有应付利息付清后,公司才可对股东分红。

4. 可转换公司债券

可转换公司债券,简称可转债,是指发行人依法发行的、在一定期限内依据约定的条件可以转换成股份的公司债券。这种债券附加转换选择权,兼有债权投资和股权投资的双重优势。可转换债券的售价由两部分组成:一部分是债券本金与利息按市场利率折算的现值；另一部分是转换权的价值。转换权之所以有价值，是因为当股价上涨时，债权人可按原定转换比率将其转换成股票，从而获得股票增值的惠益。因此，可转债对投资者和发行公司都有较大的吸引力。可转债的必备要素包括：有效期限和转换期限、票面利率、转换价格、赎回条款和回售条款、转换价格修正条款等。

5. 可交换债券

可交换债券是指上市公司股份的持有者通过抵押其持有的股票给托管机构进而发行的公司债券，该债券的持有人在将来的某个时期内，能按照债券发行时约定的条件用持有的债券换取发债人抵押的上市公司股权。可交换债券是一种内嵌期权的金融衍生品。

6. 附认股权证的公司债权

附认股权证的公司债权是公司发行的一种附有认购该公司股票权利的债券。这种债券的持有人依法享有在一定期间内按约定价格(执行价格)认购公司股票的权利，是债券加上认股权证的产品组合。对于发行人来说，发行附认股权证的公司债券可以起到一次发行、二次融资的作用，可以有效降低融资成本。

7. 中期票据

中期票据是指具有法人资格的非金融企业在银行间债券市场按照计划分期发行的、约定在一定期限内还本付息的债务融资工具，是经监管当局一次注册批准后、在注册期限内(2年内)连续发行的公募形式的债务证券，它的最大特点在于发行人和投资者可以自由协商确定有关发行条款(如利率、期限，以及是否同其他资产价格或者指数挂钩等)，量身定制，因而对流动性的要求自然要远远小于标准化的公司债券。

8. 中小非金融企业集合票据

中小非金融企业集合票据是指2个(含)以上、10个(含)以下具有法人资格的中小非金融企业，在银行间债券市场以"统一产品设计、统一券种冠名、统一信用增进、统一发行注册"方式共同发行的，并约定在一定期限还本付息的债务融资工具。

集合票据由多家中小企业构成的联合发行人作为债券发行主体集合发行，各发行企业作为独立负债主体，在各自的发行额度内承担按期还本付息的义务，并按照相应比例承担发行费用，集合发行能够解决单个企业独立发行规模小、流动性不足的问题。

9. 次级债务及混合资本债券

我们首先明确两个概念，次级债券与次级债务。次级债务与次级债券的区别只是发行方式不同而已。债券也是债务的一种，因此次级债务包括次级债券，不过一般的次级债券都是特指经过相关部门审批过的，其"次级"地位有国家法律的保护和监控，因此次级债券是最标准的次级债务。而债务的花样繁多，尤其是一些面向个体私人或者法人的债务，这些债务的次级地位能否获得有效保障也是问题。

商业银行次级债务是指由银行发行的，固定期限不低于5年(包括5年)，除非银行倒闭或清算，不用于弥补银行日常经营损失，且该项债务的索偿权排在存款和其他负债之后的商业银行长期债务。

次级债券可在全国银行间债券市场公开发行或私募发行，目标债权人只能为企业法人。

证券公司次级债务是指证券公司向股东或机构投资者定向借入的清偿顺序在普通债之后的次级债务（以下简称次级债务），以及证券公司向机构投资者发行的、清偿顺序在普通债之后的有价证券（以下简称次级债券）。

次级债务、次级债券为证券公司同一清偿顺序的债务。

证券公司次级债券只能以非公开方式发行，不得采用广告、公开劝诱和变相公开方式。每期债券的机构投资者合计不得超过200人。但证券公司不得向其实际控制的子公司借入或发行次级债。

保险公司次级债务是指保险公司为了弥补临时性或者阶段性资本不足，经批准募集、期限在五年以上（含五年），且本金和利息的清偿顺序列于保单责任和其他负债之后，先于保险公司股权资本的保险公司债务。

10. 混合资本债券

商业银行混合资本债，是指商业银行发行的、本金和利息的清偿顺序列于商业银行次级债之后，先于商业银行股权资本的债券。

混合资本债券属于混合型证券，是针对《巴塞尔协议》对于混合资本工具的要求而设计的一种债券形式，所募资金可计入银行附属资本。商业银行可通过发行一定额度的混合资本债券，填补现有次级债和一般准备等附属资本之和不足核心资本100%的差额部分，提高附属资本在监管资本中的比重，有利于提高银行的抗风险能力。

按照《巴塞尔协议》，以资本质量和弥补损失的能力为标准，银行资本被划分为三个级别。其中，一级资本包括公开储蓄、普通股股本、永久非累计优先股以及一些创新的一级资本工具；二级资本主要包括资产重估准备、未公开储蓄、普通准备、普通贷款损失准备金、混合资本工具以及次级定期债务；三级资本是一些定期性次级债，一般期限比较短，专门作为补偿资本，以应对市场风险。其中二级资本由高二级资本和低二级资本组成。混合资本债券属于二级资本中的高二级资本，是一种创新的债券模式。

4.2 债券的发行与承销

以国债为例，目前，我国国债有记账式国债、凭证式国债和储蓄式国债三种。其中，记账式国债采用的是公开招标的方式，凭证式国债和储蓄式国债采用承购包销的方式。

4.2.1 公开招标方式

公开招标方式是通过投标人的直接竞价来确定发行价格(或利率)水平,发行人将投标人的标价自高向低排列,或自低利率排到高利率,发行人从高价(或低利率)选起,直到达到需要发行的数额为止。

1. 招标方式

我国记账式国债的竞争性招标方法包括荷兰式招标、美国式招标,并发展出混合式招标方式。

1) 荷兰式招标

标的为利率或利差时,全场最高中标利率或利差为当期国债票面利率或基本利率,各中标机构均按面值承销;标的为价格时,全场最低中标价格为当期国债发行价格,各中标机构均按发行价格承销。荷兰式招标的最后价格为单一价格。

2) 美国式招标

标的为利率时,全场加权平均中标利率为当期国债票面利率,中标机构按各自中标标位利率与票面利率折算的价格承销;标的为价格时,全场加权平均中标价格为当期国债发行价格,中标机构按各自中标标位的价格承销。美国式招标的最后价格为多个价格,每个中标人的价格不同。

3) 混合式招标

标的为利率时,全场加权平均中标利率为当期国债票面利率,低于或等于票面利率的标位,按面值承销;高于票面利率一定数量以内的标位,按各中标标位的利率与票面利率折算的价格承销;高于票面利率一定数量以上的标位,全部落标。标的为价格时,全场加权平均中标价格为当期国债发行价格,高于或等于发行价格的价位,按发行价格承销;低于发行价格一定数量以内的标位,按各中标标位的价格承销;低于发行价格一定数量以上的标位,全部落标。

背离全场加权平均投标利率或价格一定数量的标位视为无效投标,全部落标,不参与全场加权平均中标利率或价格的计算。

4.2.2 承购包销方式

承购包销方式是由发行人和承销商签订承购包销合同,合同中的有关条款是通过双方协商确定的。对于事先已确定发行条款的国债,我国仍采取承购包销方式,目前主要运用于不可上市流通的凭证式国债的发行。2010年以后,储蓄国债(电子式)也可采用包销方式。

4.2.3 国债销售的价格和影响因素

1. 国债销售的价格

在传统的行政分配和承购包销的发行方式下，国债按规定以面值出售，不存在承销商确定销售价格的问题。在现行多种价格的公开招标方式下，每个承销商的中标价格与财政部按市场情况和投标情况确定的发售价格是有差异的。如果按发售价格向投资者销售国债，承销商就可能发生亏损，因此财政部允许承销商在发行期内自定销售价格，随行就市发行。

2. 影响国债销售价格的因素

(1) 市场利率。市场利率的高低及其变化对国债销售价格起着显著的导向作用。

(2) 流通市场中可比国债的收益率水平。

(3) 承销商承销国债的中标成本。通过投标获得较低成本的国债，有利于分销工作的顺利开展。

(4) 国债承销的手续费收入。在国债承销中，承销商可获得其承销金额一定比率的手续费收入。对于不同品种的国债，该比率可能不一样，一般为千分之几。由于该项手续费收入的存在，为了促进分销活动，承销商有可能压低销售价格。

(5) 承销商所期望的资金回收速度。降低销售价格，承销商的分销过程会缩短，资金的回收速度会加快，承销商可以通过获取这部分资金占用其中的利息收入来降低总成本，提高收益。

(6) 国债分销过程中的其他成本。其他成本越高，销售价格就越高。

4.3 债券交易

4.3.1 债券价格的决定因素

债券的准确定价是债券交易中的核心环节。简单来说，债券的价值就是未来该债券全部期次的利息收入和最后的本金返还收入，按照各自对应的收入时间，参考一定的利率水平(一般就是市场利率)，折现而成的现值(简单来说，就是未来收入的现值)。不同类型的债券都有对应的定价计算公式。

影响债券市场价格的因素有很多，包括债券的面值、债券的票面利率、债券的有效期、是否可提前赎回、是否可转换、流通性、违约可能性，以及基准利率、市场利率和通货膨胀率等。1962年，麦考利在对债券价格、债券利息率、到期年限以及到期收益率之间进行了研究后，提出了债券定价的五个定理。至今，这五个定理仍被视为债券定价理论的经典。

1. 定理一：债券价格与到期收益率

债券的市场价格与到期收益率呈反向变动关系。到期收益率上升时，债券价格会下降；反之，到期收益率下降时，债券价格会上升。这一定理对债券投资分析的价值在于，当投资者预测市场利率将要下降时，应及时买入债券，因为利率下降债券价格必然上涨；反之，当预测利率将要上升时，应卖出手中持有的债券，待价格下跌后再买回。

2. 定理二：债券价格与到期时间

当债券的收益率不变，即债券的息票率与收益率之间的差额固定不变时，债券的到期时间与债券价格的波动幅度之间成正向变动关系，即到期时间越长，价格波动幅度越大；反之，到期时间越短，价格波动幅度越小。对投资者而言，如果预测市场利率将下降，在其他条件相同的前提下，应选择离到期日较远的债券投资。

随着债券到期时间的临近，债券价格的波动幅度减少，并且是以递增的速度减少；反之，到期时间越长，债券价格波动幅度增加，并且是以递减的速度增加。

3. 定理三：债券价格与债券期限

长期债券比短期债券具有更强的利率敏感性，即对于等规模的收益变动，长期债券价格的变动幅度大于短期债券。

这一定理也可理解为，若两种债券的其他条件相同，则期限较长的债券销售价格波动较大，债券价格对市场利率变化较敏感；一旦市场利率有所变化，长期债券价格变动幅度大，潜在的收益和风险较大。

4. 定理四：债券价格与市场利率

债券收益率变化引起的价格变化具有不对称性，即由收益上升引起的价格下降幅度低于由收益的等规模（相同的基本点）下降引起的价格上升的幅度。

这一定理说明债券价格对市场利率下降的敏感度比利率上升更大，这将帮助投资者在预期债券价格因利率变化而上涨或下跌能带来多少收益时做出较为准确的判断。

5. 定理五：债券价格与票面利率

对于给定的收益率变动幅度，债券的息票率与债券价格的波动幅度之间成反向变动关系。

债券的息票利率越高／低，由收益变动引起的价格变动的百分比越小／大。也就是说，息票利率较高的债券，其价格的利率敏感性低于息票利率较低的债券。

这一定理告诉投资者，对于到期日相同且到期收益率也相同的两种债券。如果投资者预测市场利率将下降，则应该选择买入票面利率较低的债券，因为一旦利率下降，这种债券价格上升的幅度较大。如果预测市场利率将上升，则应该选择卖出票面利率较低的债券，因为一旦利率上升，这种债券价格下降的幅度较大。值得注意的是，这一定理不适用于 1 年期的债券和永久债券。

在这里，我们普及两个在债券定价分析中常用到的概念，即久期和凸性。

久期也称持续期，它是以未来时间发生的现金流，按照目前的收益率折现成现值，再用每笔现值乘以现在距离该笔现金流发生时间点的时间年限，然后进行求和，以这个总和除以债券目前的价格得到的数值。概括来说，就是债券各期现金流支付所需时间的加权平均值。

久期是一个衡量利率变化对债券价值影响程度的指标。它让不同付息方式、不同期限的债券可以在同样的标准下进行比较。它有好多个公式以适应不同场合的需求。

但现在，久期已经超越了时间期限这个概念范畴，有了更新的含义，那就是修正久期。修正久期已经代替了原来久期的含义。修正久期精确衡量了利率变化一个百分点，对应债券的价格变动的比例，即修正久期＝价格的变化幅度/单位收益率的变化幅度（修正久期就是债券价格关于收益率的一阶导数）。债券的久期越大，利率的变化对该债券的价格影响也越大。因此，该债券所承担的利率风险也越大。在降息时，久期大的债券价格上升幅度较大；在升息时，久期大的债券价格下跌幅度也较大。

但是，由于久期只是债券价格关于收益率的一阶导数，单独使用久期近似估计债券价格随收益率的波动情况，不是十分准确。因此债券价格关于收益率的二阶导数，即凸性，在债券投资中也是十分重要的工具，它经常和久期配合使用，以提高预测的精度。

凸性是指在某一到期收益率下，到期收益率发生变动而引起的价格变动幅度的变动程度。凸性是对债券价格—收益率曲线弯曲程度的一种度量，是对债券久期利率敏感性的测量。凸性越大，债券价格曲线弯曲程度越大。

由于债券价格与收益率之间成反比关系，而且是非线性的反比关系，当收益率上升或下降一个固定的幅度时，收益率下降引起的债券价格上升的幅度大于收益率上升引起的债券价格下降的幅度，而且债券的凸性越大，这种效应就越明显。所以，当两个债券的久期相同时，它们所面临的风险不一定相同，这是由于它们不同的凸性引起的。

4.3.2 债券交易市场

债券交易市场是指已经发行的债券的流通交易市场，又称二级市场。交易市场由各类投资者、中介服务机构和市场监管者组成。

我国债券交易市场的结构体系可概括为"两个类型，四个场所"。两个类型是指债券交易市场分为场内市场和场外市场。场内市场包括上海证券交易所和深圳证券交易所，市场参与者既有机构也有个人，属于批发和零售混合型的场内市场。场外市场包括银行间债券市场和商业银行柜台债券市场。银行间债券市场的参与者限定为机构，属于场外债券批发市场；商业银行柜台债券市场的参与者限定为个人，属于场外债券零售市场，是场内批发市场的延伸。

上述四个市场的债券，分别由不同的机构负责登记、托管和结算。上海证券交易所对应于中国证券登记结算公司上海分公司，深圳证券交易所对应于中国证券登记结算公司深圳分公司，银行间市场对应于中央结算公司，国债柜台市场实行二级托管制度，一级托管在中央结算公司，二级托管在商业银行。

我国的债券市场处于事实上的"品种分离、监管分工"的监管模式，如财政部负责管理国债的发行；发改委管理企业债的发行；中国证监会管理公司债的发行和交易；中国银行间市场交易商协会管理短期融资券、中期票据等的发行；中国银监会管理商业银行的次级债、混合次级债的发行；此外，保险公司可投资的债券类型归中国保监会管理。在市场分割的情况下，不同的监管主体和债券品种导致各市场的交易品种存在差异。

银行间债券市场是在全国银行间同业拆借中心基础上建立起来的重要的场外交易市场。市场的交易成员包括商业银行、农村信用联社、保险公司、证券公司等金融机构以及一些非金融机构合格投资人。交易成员在该市场中进行债券买卖和回购交易。其中，非金融机构合格投资人可通过非金融机构合格投资人交易平台进行债券投资交易，进入银行间债券市场进行交易前应向交易商协会备案。

银行间市场的交易方式包括询价交易方式和点击成交交易方式。

询价交易方式是指交易双方自行协商确定交易价格以及其他交易要素的交易方式，包括报价、格式化询价和确认成交三个步骤，自主谈判，逐笔成交。询价交易方式下，报价包括意向报价、双向报价和对话报价三种报价方式。意向报价和双向报价不可直接确认成交；对话报价经对手方确认即可成交，属于要约报价。交易系统按债券子市场设置相应报价方式。

点击成交交易方式是指报价方发出具名或匿名的要约报价，受价方点击该报价后成交或由限价报价直接与之匹配成交的交易方式。在点击成交交易方式下，报价方式包括做市报价（双边报价）和点击成交报价（单边报价）。做市报价是指报价方就某一券种同时报出买入和卖出价格及数量的报价，做市商和尝试做市机构可对其设定的做市券种进行双边报价。点击成交报价是报价方就某一券种报出买入或卖出价格及数量的报价。

现券买卖可采用询价交易方式和点击成交交易方式。询价交易方式下可用意向报价、双向报价（仅适用资产支持证券）和对话报价；点击成交交易方式下可用做市报价、点击成交报价和限价报价。质押式回购采用询价交易方式，可用意向报价、双向报价和对话报价。买断式回购采用询价交易方式，可用意向报价和对话报价。

经过近几年的迅速发展，银行间债券市场已成为我国债券市场的主体部分。记账式国债的大部分、政策性金融债券都在该市场发行并上市交易。除了地方债券、记账式国债、政策性银行债和超短期融资券等主要券种之外，还包括中期票据、商业银行债券、资产支持证券、非公开定向债务融资工具、政府支持机构债券、证券公司短期融资券、短期融资券、企业债券等，券种发行愈发丰富。

商业银行柜台市场是指银行通过营业网点(含电子银行系统)与投资人进行债券买卖，并办理相关托管与结算等业务的行为。柜台债券市场作为银行间市场的延伸，仅面向中小企业和个人，每个投资者以承办银行为交易对手，通过商业银行的营业网点进行记账式国债的买卖，属于零售市场。2014年，其柜台债券业务品种在记账式国债基础上增加了国家开发银行债券、政策性银行债券和中国铁路总公司等政府支持机构债券。

2019年3月16日，财政部发布《关于开展通过商业银行柜台市场发行地方政府债券工作的通知》提出，地方政府应当通过商业银行柜台市场重点发行专项债券，更好发挥专项债券对稳投资、扩内需、补短板的作用，增强投资者对本地经济社会发展的参与度和获得感。

政府债券通过商业银行柜台市场发行，将进一步拓宽发行渠道，满足更多投资者需求。简单来说，就是个人和中小机构投资者均可通过商业银行营业网点或电子渠道进行政府债券买卖的业务，是银行间债券市场向零售领域的延伸。

证券交易所债券市场包括上海证券交易所、深圳证券交易所两个债券市场，又称场内市场。交易所债券市场的交易机制由两部分组成：一是实行集中竞价交易的场内市场，属于零售市场；二是由固定收益平台和大宗交易系统构成的批发市场。两部分都进行日终净额结算。

在两个证券交易所上市的债券有国债、企业债券、可转换债券等。投资者实行会员制，市场参与者主要包括证券公司、基金公司、保险公司、企业和个人投资者，投资者将买卖指令输入交易所的电子系统，由电子系统集中撮合完成交易。在进行交易时，遵循"价格优先、时间优先"的原则，采用公开竞价的方式进行。

我国上海证券交易所和深圳证券交易所除了沿用传统的竞价撮合交易方式外，近年也在相应的平台上引入了场外交易方式。交易所的固定收益电子平台定位于机构投资者，为大额现券交易提供服务。该平台包括两层市场：一层为交易商之间的市场，采用报价制和询价制；另一层为交易商与普通投资者之间的市场，采用协议交易的模式，通过成交申报进行交易。该平台可以进行现券交易、买断式回购操作，以及质押券的申报和转回，但不能进行质押式回购操作。

交易所市场的竞价和询价系统之间也可以进行交易，但本系统内债券实现T+0交易模式，跨系统实行T+1交易模式，即当日通过竞价系统买入的债券，可于当日通过该系统卖出，但要于次一交易日才能通过固定收益综合电子平台卖出。

相对于银行间债券市场，交易所债券市场债券托管规模小，交易量也小，主要原因如下。①跨市场转托管效率低。②交易所债券流动性低，商业银行参与度不高。③企业债券质押条件苛刻。④ T+1 结算制度造成结算风险。

由于历史发展原因，长期以来我国的银行间债券市场和交易所债券市场相互割裂，实现"互联互通"是一些市场参与主体多年以来的心声。

2019年，中国证监会、中国人民银行联合发布《关于做好开放式债券指数证券投资基金创新试点工作的通知》，拟推出跨市场债券 ETF。

2020年7月19日，央行和证监会联合发布公告称，同意银行间与交易所债券市场相关基础设施机构开展互联互通合作。银行间债券市场债券登记托管结算机构之间、银行间债券市场和交易所债券市场债券登记托管结算机构之间应相互开立名义持有人账户，用于记载全部名义持有债券的余额。债券名义持有人出具的债券持有记录，是投资者享有该债券权益的合法证明。央行和证监会将加强监管合作与协调，共同对通过互联互通开展的债券发行、登记、交易、托管、清算、结算等行为实施监督管理。在银行间债券市场和交易所债券市场互联互通实现的同时，国家开发银行和政策性银行、国有商业银行、股份制商业银行、城市商业银行、在华外资银行，以及境内上市的其他银行，可以选择通过互联互通机制或者以直接开户的方式参与交易所债券市场现券协议交易。

4.3.3 债券交易方式

根据交易合约的签订与实际交割之间的关系分类，债券交易的方式可分为现券交易、回购交易、远期交易和期货交易。

1. 现券交易

现券交易也称为债券的即期交易，是指证券买卖双方在成交当日或者次日就办理交收手续，买入者付出资金并得到证券，卖出者交付证券并得到资金。

现券交易是债券市场最早出现和最基本的交易工具。市场参与者进行每笔现券交易均应订立书面形式的合同，其书面形式包括全国银行间同业拆借中心交易系统生成的成交单或者合同书、信件和数据电文等。

现券交易按净价交易，全价结算。在净价交易方式下，由于债券交易价格不含有应计利息，其价格形成及变动能够更加准确地体现债券的内在价值、供求关系和市场利率的变动趋势。并且，由于国债的利息收入一般都享有免税待遇，因此净价交易也有利于国债交易的税务处理。全价、净价和应计利息三者的关系是：全价 = 净价 + 应计利息。资产支持证券按每百元面值对应的本金进行报价。现券交易可采用询价交易方式和点击成交交易方式。

2. 回购交易

债券回购交易是指资金融入方(债券持有人，为正回购方)与资金融出方(债券买方，为逆回购方)在进行债券交易的同时签订协议，约定在未来的某一时间以约定的价格将该笔债券购回的交易方式。一笔回购交易涉及两个交易主体(资金融入方和资金融出方)、两次交易契约行为(初始交易和回购期满时的回购交易)和相应的两次清算。

债券回购是货币市场的重要工具,期限通常在一年之内。

1) 质押式回购

质押式回购是交易双方以债券为权利质押所进行的短期资金融通业务。在质押式回购交易中,资金融入方(正回购方)在将债券出质给资金融出方(逆回购方)融入资金的同时,双方约定在将来某一日期由正回购方向逆回购方返还本金和按约定回购利率计算的利息,逆回购方向正回购方返还原出质债券。质押式回购在交易过程中所有权不发生转移,该券一般由第三方托管机构进行冻结托管,并在到期时予以解冻。

目前,证券交易所上市的各类债券都可以换算成标准券,用作质押式回购。所谓标准券是指在债券回购交易中,由证券交易所或同业拆借中心根据债券回购融资方证券账户的债券存量,按照不同的券种,根据各自的折合比率计算的、用于回购抵押的标准化债券。可见,标准券是一种虚拟的回购综合债券,它是由各种债券根据一定的折算率折合相加而成。也可以说,标准券是由不同债券品种按相应折算率折算形成的,用以确定可利用回购交易进行融资的额度。

2) 买断式回购

买断式回购是指债券持有人(正回购方)将债券卖给债券购买方(逆回购方)的同时,交易双方约定在未来某一时期,正回购方再以约定价格从逆回购方买回相等数量同种债券的交易行为。买断式回购实行净价交易、全价结算,采用询价交易方式,可用意向报价和对话报价。

在买断式回购的初始交易中,债券持有人将债券"卖"给逆回购方,所有权转移至逆回购方;在质押式回购的初始交易中,债券所有权并不转移,逆回购方只享有质权。由于所有权发生转移,买断式回购的逆回购方可以自由支配购入债券,如出售或用于回购质押等,只要在协议期满能够有相等数量同种债券返售给债券持有人即可。

无论是质押式回购还是买断式回购,其基本功能都是融资和融券,但从全世界的实际情况来看,包括我国,债券的两种回购方式都是以融资功能为主,主要还是作为一种融资工具而发挥作用。

3. 远期交易

债券远期交易是银行间债券市场推出的首个衍生产品,指交易双方约定在未来的某一日期,以约定的价格和数量买卖标的债券的行为。

远期合同交易是在现货交易的基础上产生和发展的,是现货交易的一种补充,它可以在一定程度上减少市场风险。这是远期合同交易得以产生和发展并受到交易者青睐的根本原因,也是它弥补现货交易不足的主要表现。

市场参与者进行远期交易应通过同业中心交易系统进行，并逐笔订立书面形式的合同。远期交易的期限最长不得超过 365 天，交易实行净价交易，全价结算。

4. 期货交易

债券期货交易是指在将来某一特定日期以双方承诺约定的价格买卖某特定债券的交易。国债期货交易就是债券期货交易的一种。以我国市场债券交易来说，国债期货合约是指由国债交易双方订立的，约定在未来某一时期交收一定数量国债凭证的标准化契约。

国债期货属于金融期货的一种，是一种高级的金融衍生工具。由于推出国债期货对国债现货市场发展的要求较高，要求有一定规模、流动性较强的国债现货市场，世界上推出国债期货市场的国家并不是太多，美国国债期货的交易量占其整个期货交易量的一半左右。

我国的国债期货交易曾经在 20 世纪 90 年代初开展过，但在 1995 年被关闭。2013 年 9 月 6 日，我国又重新开放了国债期货交易。

目前，我国的国债期货交易集中在中国金融期货交易所进行。交易品种有三个：2 年期国债期货、5 年期国债期货和 10 年期国债期货。

4.3.4　我国的债市开放

我国于 2002 年和 2011 年，先后实施合格境外机构投资者 (QFII) 和人民币合格境外机构投资者 (RQFII)(以下合称"合格境外机构投资者") 制度试点，合格境外机构投资者允许在批准额度内投资交易所挂牌的股票和债券。

2010 年 8 月，央行发布通知 (银发〔2010〕217 号)，允许境外人民币清算行、港澳人民币清算行、跨境贸易人民币结算境外参加银行三类机构 (以下简称境外机构) 运用人民币投资银行间债券市场。

2016 年 2 月，国家外汇管理局发布《关于进一步做好境外机构投资银行间债券市场有关事宜的公告》(中国人民银行〔2016〕第 3 号)，允许境外机构投资者直接进入银行间债券市场 (CIBM)，且没有投资额度限制。

2019 年 9 月，经国务院批准，外汇管理局决定取消合格境外机构投资者投资额度限制。

2019 年 10 月，为进一步便利境外机构投资，体现高水平开放要求，中国人民银行会同国家外汇管理局制定了《关于进一步便利境外机构投资者投资银行间债券市场有关事项的通知》，允许同一境外主体 QFII/RQFII 和直接入市渠道下的债券进行非交易过户，资金账户之间可以直接划转，同时同一境外主体通过上述渠道入市只需备案一次。境外机构投资者不同渠道投资银行间市场的政策原则上基本趋同。通过改进境外投资者投资中国债市的相关规则，提高了投资的便捷性并提供了部分优惠条件，增强了中国债券市场的吸引力，为主要国际债券指数编制机构将人民币债券纳入相关指数创造了条件。中国债券市场逐步得到国际主流债券指数编制机构的认可。

2018年3月23日，彭博首先宣布将人民币计价的中国国债和政策性银行债券纳入彭博巴克莱全球综合指数，中国债券纳入指数从2019年4月开始，用时20个月分步完成，标志着我国债市首次被纳入全球主要债券指数。

摩根大通宣布以人民币计价的高流动性中国政府债券于2020年2月28日起被纳入摩根大通旗舰全球新兴市场政府债券指数系列(GBI-EM)。

从彭博巴克莱全球综合指数开始，我国债券市场未来也有望陆续被纳入其他国际主流债券指数中，为国内的债券市场带来持续强劲的配置力量。

截至2020年11月末，境外机构持有银行间市场债券3.1万亿元，约占银行间债券市场总托管量的3.1%。从债券品种来看，外资更加偏好我国国债和政策性金融债，其次是同业存单、中票、企业债等。外资对于我国信用债的参与程度还比较有限。2019年境外投资者持有国债、政策性金融债和同业存单在其投资结构中的占比分别为59.9%、22.8%和9.9%。

第五章 证券投资基金

- 资产管理与投资基金
- 证券投资基金概述
- 证券投资基金的分类与重点基金的介绍
- 投资基金的监管

本章学习目标

01 了解什么是证券投资基金

02 学习掌握证券投资基金的特点、运作及各方参与主体

03 了解证券投资基金的分类

04 了解证券投资基金监管的意义与相关内容

> **本章简介** ▸

本章主要介绍了我国证券投资基金的主要特点与运作的各方主体；较为详细地讲解了证券投资基金的分类、证券投资基金的监管体系及监管条例；另外，还对市面上的重点基金进行了介绍并解读。

5.1 资产管理与投资基金

根据银发〔2018〕106号文《关于规范金融机构资产管理业务的指导意见》的内容，资产管理业务是指银行、信托、证券、基金、期货、保险资产管理机构、金融资产投资公司等金融机构接受投资者委托，对受托的投资者财产进行投资和管理的金融服务。从资产管理的外延来看，我国资产管理业务涉及银行、保险、证券、基金、信托、期货等行业机构，其中，传统的资产管理行业主要包括基金管理公司和信托公司。中国证券投资基金业协会从我国的金融业实践出发，根据资金来源、投资范围、管理方式和权利义务四方面，将我国资产管理的外延从机构类型和资产管理业务两个维度做出界定，如表 5-1 所示。

表 5-1　各机构的资产管理业务

机构类型	资产管理业务
基金管理公司及子公司	公募基金和各类非公募资产管理计划
私募机构	私募证券投资基金、私募股权投资基金、私募风险/创业投资基金等
信托公司	集合资金信托
证券公司及其资管子公司	集合资产管理计划、定向资产管理计划
期货公司及其子公司	期货资产管理业务
保险资产管理公司	企业年金、保险资产管理计划、第三方保险资产管理计划、投资连结保险账户管理
商业银行及子公司	银行理财产品（除资金池业务和贷款通道业务外）

我们重点介绍一下基金业的成绩。

公募基金只数及规模（截至 2020 年年底）如表 5-2 所示。

表 5-2　公募基金只数及规模（截至 2020 年年底）

基金类型	基金数量（只）	基金份额（亿份）	资产净值（亿元）
封闭式基金	1143	23967.66	25609.21
开放式基金	6770	146378.86	173305.70
其中：股票基金	1362	11930.28	20607.94
其中：混合基金	3195	27857.78	43600.75

(续表)

基金类型	基金数量（只）	基金份额（亿份）	资产净值（亿元）
其中：货币基金	332	80915.99	80521.47
其中：债券基金	1713	24660.60	27286.59
其中：QDII 基金	168	1014.21	1288.94
合计	7913	170346.52	198914.91

基金管理公司及其子公司私募资管计划只数及规模（截至 2020 年年底）如表 5-3 所示。

表 5-3　基金管理公司及其子公司私募资管计划只数及规模（截至 2020 年年底）

产品类型	产品数量（只）	资产规模（亿元）
基金管理公司	6507	46654.19
其中：单一资产管理计划	4130	31876.72
其中：集合资产管理计划	2377	14777.47
基金子公司	4938	33902.64
其中：单一资产管理计划	3091	29289.90
其中：集合资产管理计划	1847	4612.74
合计	11445	80556.84

私募基金只数及规模（截至 2020 年年底）如表 5-4 所示。

表 5-4　私募基金只数及规模（截至 2020 年年底）

基金类型	基金数量（只）	资产规模（亿元）
私募证券投资基金	54324	42979.26
私募股权投资基金	29402	98716.38
创业投资基金	10398	16904.05
私募资产配置基金	10	9.77
其他私募投资基金	2684	10968.82
合计	96818	169578.28

在基金业协会登记的私募基金管理人家数（截至 2020 年年底）如表 5-5 所示。

表 5-5　在基金业协会登记的私募基金管理人家数（截至 2020 年年底）

管理人类型	已登记家数（家）
私募证券投资基金管理人	8908
私募股权、创业投资基金管理人	14986
私募资产配置类管理人	9
其他类型管理人	658
合计	24561

从服务人群看，基金业已经为数千万家庭、数十万高净值人群提供了专业资产管理服务。公募基金投资者中，金融资产在 50 万以下的客户占比超过 60%，持有基金资产在 10 万元以下的基金投资者占比超过 90%，普惠金融价值十分显著。从产品类型看，各类产品风险收益特征鲜明，主题、风格、策略多种多样，机构、产品基于专业能力充分竞争，为广大投资者提供了丰富的选择空间。从投资标的看，从公开市场股票、债券、金融衍生品到非公开市场股权、债权以及各类资产支持证券，基金为家庭等配置各类金融资产提供了专业化的金融工具。截至 2020 年年底，公募基金管理了 19.89 万亿元资产，其中 53% 为居民家庭资产，私募基金管理了 16.96 万亿元资产，其中 18% 为居民家庭资产，公私募管理的居民家庭资产合计约相当于当期居民储蓄余额的 1/6。公募基金自 1998 年以来，累计分红达到 3.07 万亿元，2005 年以来偏股型基金历史年化收益率达到 16.5%。此外，基金业在养老金融体系中发挥了关键性作用。截至 2020 年年底，基金业合计管理养老金资产 3.36 万亿元，为各类养老金保值增值做出突出贡献。

从投资理念的倡导上看，基金业致力于专业化组合投资、价值投资、风险管理，在资产配置、交易定价、风险缓释等方面发挥不可替代的作用，已成为资本市场最重要的专业机构投资者。在资金端做好适当性管理和风险匹配，在资产端做好组合管理和投后管理，基金的风险分散、缓释功能得到有效发挥。截至 2020 年年底，公募基金管理人达到 146 家，私募基金管理人达到 2.46 万家，从事私募资产管理业务的证券期货经营机构 400 余家，其中，中外合资基金管理公司 44 家、外资私募证券基金管理人 33 家。从投资和交易活动看，公私募基金积极参与新股注册发行，持续精进行业及个股研究，发展对冲、量化工具，价格发现与风险管理功能不断增强，有力提升了资本市场定价和交易效率。私募股权创投基金积极开展非公开股权投资，为资本市场输送了大量优质标的，注册制发行的新股中，超过 80% 得到股权创投基金支持，一二级市场形成良性互动。从市场份额看，基金业持有境内股票市场总市值的 11.9%，债券市场余额的 14.3%，创下十年来新高，资本市场"压舱石""稳定器"作用不断增强。

同时，基金业也在服务实体经济、发展直接融资、促进创新资本形成方面发挥重要作用。基金坚持价值投资，积极参与被投企业的公司治理，推动改善被投企业履行环境，追求被投企业内在价值增长，对实体经济高质量发展起到重要推动作用。环境、社会、公司治理责任日益得到各类企业和投资机构的重视，基金服务实体经济的路径、方法更加清晰鲜明。在直接融资大发展，尤其是股权创投基金的推动下，实体经济创新发展生态不断向好，融资与投资、经济与金融良性循环，共同迎来高质量发展新局面。截至 2020 年三季度末，私募基金累计投资于境内未上市未挂牌企业股权、新三板企业股权和再融资项目数量达 13.20 万个，为实体经济形成股权资本金 7.88 万亿元。其中，互联网等计算机运用、机械制造等工业资本品、原材料、医药生物、医疗器械与服务、半导体等产业升级及新经济代表领域成为私募基金布局重点,在投项目6.34万个,在投本金3.36万亿元。2018至2020年三季度末,私募基金投资未上市未挂牌企业股权在投本金增加2.4万亿元,相当于同期社会融资规模增量的3.2%。

从上述内容可以看出,投资基金已经是我国资产管理的主要方式之一,在社会经济发展中具有重要的地位和作用。

投资基金是一种组合投资、专业管理、利益共享、风险共担的集合投资方式。它主要通过向投资者发行受益凭证(基金份额),将社会上的资金集中起来,交由专业的基金管理机构投资于各种资产,实现保值增值。

人们日常接触的投资基金,主要是按照所投资对象的不同进行分类的。投资基金的主要类别(按所投资对象的不同划分)如表5-6所示。

表5-6 投资基金的主要类别(按所投资对象的不同划分)

类别	内容
证券投资基金	证券投资基金是指依照利益共享、风险共担的原则,将分散在投资者手中的资金集中起来委托专业投资机构进行证券投资管理的投资工具。基金所投资的有价证券主要是在证券交易所或者银行间市场上公开交易的证券,包括股票、债券、货币、金融衍生工具等
私募股权基金(PE)	私募股权基金是指通过私募形式对私有企业,即非上市企业进行的权益性投资,在交易实施过程中附带考虑了将来的退出机制,即通过上市、并购或管理层回购等方式,出售持股获利
风险投资基金	风险投资基金,又称创业基金。它是以一定的方式吸收机构和个人的资金,投向于那些不具备上市资格的初创期的或者是小型的新兴企业,尤其是高新技术企业,帮助所投资的企业尽快成熟,取得上市资格,从而使资本增值。一旦公司股票上市后,风险投资基金就可以通过证券市场转让股权而收回资金,继续投向其他风险企业。风险投资基金一般也采用私募方式
另类投资基金	另类投资基金,是指投资于传统的股票、债券之外的金融和实物资产的基金,如房地产、证券化资产、大宗商品、黄金、艺术品等。另类投资基金一般也采用私募方式,种类非常多,外延也很不确定,也有人将私募股票基金、风险投资基金、对冲基金列入另类投资基金范围

5.2 证券投资基金概述

5.2.1 证券投资基金的特点

世界上不同国家和地区对证券投资基金的称谓有所不同。证券投资基金在美国被称为"共同基金",在英国和我国香港地区被称为"单位信托基金",在欧洲一些国家被称为"集合投资基金"或"集合投资计划",在日本和我国台湾地区则被称为"证券投资信托基金"。

证券投资基金具有一些比较鲜明的特点。

1. 集合理财，专业管理

基金投资机构将众多投资者的资金集中起来，委托基金管理人进行共同投资，表现出一种集合理财的特点。基金由基金管理人进行投资管理和运作。基金管理人一般拥有大量的专业投资研究人员和强大的信息网络，能够更好地对证券市场进行全方位的动态跟踪与深入分析。

2. 组合投资，分散风险

为降低投资风险，一些国家的法律法规规定基金除另有规定外，一般需以组合投资的方式进行基金的投资运作，从而使"组合投资、分散风险"成为基金的一大特色。根据投资专家的经验，要在投资中做到起码的分散风险，通常要持有10只左右的股票。然而，中小投资者通常无力做到这一点。如果投资者把所有资金都投资于一家公司的股票，一旦这家公司的股票价格大幅下跌乃至公司破产，投资者便可能尽失其所有。而证券投资基金通过汇集众多中小投资者的小额资金，形成雄厚的资金实力，可以同时把投资者资金分散投资于各种股票，分散了投资风险。在多数情况下，某些股票价格下跌造成的损失可以用其他股票价格上涨产生的盈利来弥补。

3. 利益共享，风险共担

基金投资收益在扣除由基金承担的费用后的盈余，在公募基金类别中一般全部归基金持有人所有。而在私募基金类别中收益分配和风险承担则由基金合同约定，一般来说大部分收益归基金投资者所有，少部分作为业绩提成归私募基金管理人所有。为基金提供服务的基金托管人、基金管理人一般按照基金合同的规定从基金资产中收取一定比例的托管费、管理费。

4. 严格监督，信息透明

为切实保护投资者的利益，增强投资者对基金投资的信心，各国（地区）基金监管机构都对证券投资基金业实行严格的监管，对各种有损于投资者利益的行为进行严厉打击，并强制基金进行及时、准确、充分的信息披露。我国和基金直接相关的法律法规就有《中华人民共和国证券投资基金法》《私募投资基金监督管理暂行办法》《私募投资基金管理人登记和基金备案办法（试行）》等。

5. 独立托管，保障安全

我国实行的是双受托人制度。基金管理人负责基金的投资操作，本身并不参与基金财产的保管，基金财产的保管由独立于基金管理人的基金托管人负责。

下面我们简单描述一下证券投资基金与债券和银行储蓄存款的差异。

证券投资基金与债券的差异如表5-7所示。

表 5-7 证券投资基金与债券的差异

项目	证券投资基金	债券
反映的经济关系不同	反映的是一种信托关系，是一种受益凭证，投资者购买基金份额就成为基金的受益人	反映的是债权债务关系，是一种债权凭证，投资者购买债券后就成为公司的债权人
所筹资金的投向不同	是间接投资工具，所筹集的资金主要投向有价证券等金融工具或产品	是直接投资工具，筹集的资金主要投向实业领域
投资收益与风险大小不同	可以投资于众多金融工具或产品，能有效分散风险，是一种风险相对适中、收益相对稳健的投资品种	可以给投资者带来较为明确的利息收入，波动性也较股票要小，是一种低风险、低收益的投资品种

证券投资基金与银行储蓄存款的差异如表 5-8 所示。

表 5-8 证券投资基金与银行储蓄存款的差异

项目	证券投资基金	银行储蓄存款
性质不同	是一种受益凭证，基金财产独立于基金管理人，基金管理人只是受托管理投资者资金，并不承担投资损失的风险	表现为银行的负债，是一种信用凭证，银行对存款者负有法定的保本付息责任
收益与风险特性不同	收益具有一定的波动性，存在投资风险	利率相对固定，投资者损失本金的可能性也很小
信息披露程度不同	基金管理人必须定期向投资者公布基金的投资运作情况	银行吸收存款后，不需要向存款人披露资金的运用情况

5.2.2 证券投资基金的运作与参与主体

证券投资基金的运作包括基金的募集、基金的投资管理、基金资产的托管、基金份额的登记交易、基金的估值与会计核算、基金的信息披露，以及其他所有相关环节。这些运作活动从基金管理人的角度看，可以简单分为基金的市场营销、基金的投资管理、基金的后台管理三大部分。证券投资基金的运作如表 5-9 所示。

表 5-9 证券投资基金的运作

运作活动	具体内容
市场营销	主要涉及基金份额的募集与客户服务
投资管理	体现了基金管理人的服务价值
后台管理	基金份额的登记注册，基金资产的估值、会计核算、信息披露等后台管理服务对保障基金的安全运作起重要的作用

在参与主体方面，依据所承担的职责与作用的不同，证券投资基金的参与主体可分为基金当事人、基金市场服务机构、基金监管机构和自律组织三大类。

1. 基金当事人

我国的证券投资基金依据基金合同而设立，基金份额持有人、基金管理人、基金托管人是基金当事人。

1) 基金份额持有人

基金份额持有人是基金的出资人、基金财产的所有者和基金投资回报的受益人。按照《中华人民共和国证券投资基金法》的规定，我国基金份额持有人享有以下权利。

(1) 分享基金财产收益。

(2) 参与分配清算后的剩余基金财产。

(3) 依法转让或者申请赎回其持有的基金份额。

(4) 按照规定要求召开基金份额持有人大会或者召集基金份额持有人大会。

(5) 对基金份额持有人大会审议事项行使表决权。

(6) 对基金管理人、基金托管人、基金服务机构损害其合法权益的行为依法提起诉讼。

(7) 基金合同约定的其他权利。公开募集基金的基金份额持有人有权查阅或者复制公开披露的基金信息资料。非公开募集基金的基金份额持有人对涉及自身利益的情况，有权查阅基金的财务会计账簿等财务资料。

2) 基金管理人

基金管理人是基金产品的募集者和管理者，在基金运作中具有核心作用，其最主要的职责就是按照基金合同的约定，负责基金资产的投资运作，在有效控制风险的基础上为基金投资者争取最大的投资收益。在我国，基金管理人由依法设立的公司或者合伙企业担任，其中，公募基金的管理人只能由依法设立的基金管理公司或中国证监会核准的其他机构担任。私募基金也可以由部分基金份额持有人（一般为普通合伙人）作为基金管理人负责基金的投资管理活动，并在基金财产不足以清偿其债务时由其对基金财产的债务承担无限连带责任。担任私募基金的基金管理人，应当按照规定向基金行业协会履行登记手续，报送基本情况。

3) 基金托管人

公募基金的基金资产必须由独立于基金管理人的基金托管人保管，私募基金除非合同另有约定外，也应当由基金托管人托管（基金合同约定私募基金不进行托管的，应当在基金合同中明确保障私募基金财产安全的制度措施和纠纷解决机制）。基金托管人的职责主要包括基金资产保管、基金资金清算、会计复核，以及对基金投资运作的监督。在我国，基金托管人由依法设立的商业银行或者其他金融机构担任。

2. 基金市场服务机构

基金管理人、基金托管人既是基金的当事人，也是基金的主要服务机构。除此之外，基金市场还有许多面向基金提供各类服务的其他机构，主要包括基金销售机构、销售支付机构、份额登记机构、估值核算机构、投资顾问机构、评价机构、信息技术系统服务机构，以及律师事务所、会计师事务所等。

基金销售机构主要包括基金管理人（直销）和代销机构。代销机构有商业银行、证券公司、保险公司、证券投资咨询机构和独立基金销售机构等。许多专业的基金销售机构通过网络渠道开展业务。

基金销售支付机构主要是商业银行或其他支付机构。除商业银行外,其他支付机构从事销售支付活动,应当按相关规定取得《支付业务许可证》。

基金份额登记机构是指从事基金份额的登记过户、存管和结算等业务的机构。基金管理人可以办理其募集基金的份额登记业务,也可以委托基金份额登记机构代为办理。公募基金份额登记机构由基金管理人和中国证监会认定的其他机构担任。

基金投资顾问机构和核算机构如果开展公募基金业务,应当向中国证监会申请注册。

基金评价机构从事公募基金评价业务并公开发表评价结果的,应当向基金业协会申请注册。

3. 基金监管机构和自律组织

基金监管机构和自律组织及其工作内容如表 5-10 所示。

表 5-10 基金监管机构和自律组织及其工作内容

监管机构/自律组织		工作内容
基金监管机构		依法行使审批或核准权,依法办理基金备案,对当事人和服务机构等进行监督管理,对违法行为进行查处
基金自律组织	证券交易所	一方面,封闭式基金、上市开放式基金和交易型开放式指数基金等需要通过证券交易所募集和交易,必须遵守证券交易所的规则;另一方面,经中国证监会授权,证券交易所对基金的投资交易行为还承担重要的一线监控职责
	证券投资基金业协会	我国的证券基金业协会成立于 2012 年 6 月 6 日,职责范围包括:教育和组织会员遵守有关法律和行政法规,维护投资人合法权益;依法维护会员的合法权益,反映会员的建议和要求;制定和实施行业自律规则;制定行业执业标准和业务规范,组织基金从业人员的从业考试、资质管理;依法办理私募基金管理人员登记、私募基金产品备案;对会员之间、会员与客户之间发生的基金业务纠纷进行调解;等等

证券投资基金各参与主体的运作关系如图 5-1 所示。

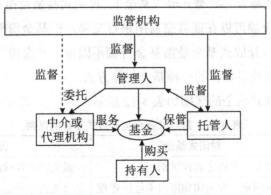

图 5-1 证券投资基金各参与主体的运作关系

5.2.3 证券投资基金的法律形式和运作方式

依据法律形式的不同,基金可分为契约型基金和公司型基金。

契约型基金是依据基金合同设立的一类基金。基金合同是规定基金当事人之间权利义务的基本法律文件。在我国,契约型基金依据基金管理人、基金托管人之间所签署的基金合同设立。基金投资者自取得基金份额后即成为基金份额持有人和基金合同的当事人,依法享受权利并承担义务。

公司型基金依据基金公司章程设立。该类基金的投资者是基金公司的股东,享有股东权,按所持有的股份承担有限责任,分享投资收益。公司型基金在法律上是具有独立法人地位的股份投资公司。公司型基金设有董事会,代表投资者的利益行使职权。公司型基金在形式上类似于一般股份公司,但两者存在一定的区别,即公司型基金委托基金管理公司作为专业的投资顾问来经营与管理基金资产。

公司型基金的优点在于法律关系明确清晰,监督约束机制较为完善,但契约型基金在设立上更为简单易行。

目前,我国的公募证券投资基金均为契约型基金,公司型基金则以美国的投资公司为代表。

契约型基金与公司型基金的区别如表 5-11 所示。

表 5-11 契约型基金与公司型基金的区别

区别	契约型基金	公司型基金
法律主体资格不同	不具有法人资格	具有法人资格
投资者的地位不同	基金投资者尽管可以通过持有人大会发表意见,但基金持有人大会赋予基金持有人的权利相对较小	基金持有人大会赋予基金所有者的权利相对较大
基金营运依据不同	依据基金合同营运基金	依据投资公司章程营运基金

依据运作方式的不同,基金可分为封闭式基金与开放式基金(不包括交易型开放式指数基金和上市开放式基金等新型开放式基金)。封闭式基金是指基金份额在基金合同期限内固定不变,基金份额可以在证券交易所进行交易,但基金份额持有人不得申请赎回的一种基金运作方式。开放式基金是指基金份额不固定,基金份额可以在基金合同约定的时间和场所进行申购或者赎回的一种基金运作方式。

封闭式基金与开放式基金的区别如表 5-12 所示。

表 5-12 封闭式基金与开放式基金的区别

区别	封闭式基金	开放式基金
期限不同	一般有一个固定的存续期限	一般无特定存续期限
份额限制不同	份额固定,在封闭期限内未经法定程序不能增减	基金规模不固定,投资者可随时提出申购或赎回申请,基金份额会随之增加或减少

(续表)

区别	封闭式基金	开放式基金
交易场所不同	可在证券交易所内上市交易,交易在投资者之间完成	可在确定的时间和地点向基金管理人或销售代理人提出申购、赎回申请,交易在投资者与基金管理人之间完成
价格形成方式不同	交易价格主要受二级市场供求关系的影响,溢价或折价经常出现	买卖价格以基金份额净值为基础,不受市场供求关系的影响
激励约束机制不同	由于投资者无法赎回投资,基金经理通常也不会在经营与流动性管理上面临直接的压力	开放式基金的业绩如果表现好,通常会吸引新的投资者,基金管理人的管理费收入也会随之增加,反之亦然。因此,开放式基金向基金管理人提供了更好的激励约束机制
投资策略不同	基金管理人完全可以根据预先设定的投资计划进行长期投资和全额投资,并将基金资产投资于流动性相对较弱的证券上,这在一定程度上有利于基金长期业绩的提高	开放式基金必须保留一定的现金资产,并高度重视基金资产的流动性

5.3 证券投资基金的分类与重点基金的介绍

5.3.1 证券投资基金的分类

证券投资基金的分类对不同的对象具有不同的意义。

对基金投资者而言,基金数量越来越多,他们需要在众多的基金中选择适合自己风险收益偏好的基金。科学合理的基金分类有助于投资者加深对各种基金的认识及对风险收益特征的把握,有助于投资者做出正确的投资选择与比较。

对基金管理公司而言,基金业绩的比较应该在同一类别中进行才公平合理。

对基金研究评价机构而言,基金的分类则是进行基金评级的基础。

构成基金的要素有很多种,因此可以根据不同的标准对基金进行分类。基金的分类如表 5-13 所示。

表 5-13 基金的分类

分类标准	分类	内容
法律形式	契约型基金	目前我国公募证券投资基金全部是契约型基金
	公司型基金	美国的绝大多数证券投资基金是公司型基金
运作方式	封闭式基金	基金份额在基金合同期限内固定不变,基金份额可以在证券交易所进行交易,但基金份额持有人不得申请赎回
	开放式基金	基金份额不固定,基金份额可以在基金合同约定的时间和场所进行申购和赎回

(续表)

分类标准	分类	内容
投资对象	股票基金	以股票为主要投资对象，基金资产80%以上投资于股票（公募基金）
	债券基金	以债券为主要投资对象，基金资产80%以上投资于债券（公募基金）
	货币市场基金	以货币市场工具为投资对象，仅投资于货币市场工具
	混合基金	同时以股票、债券等为投资对象，投资于股票、债券和货币市场工具
	基金中的基金	80%以上的基金资产投资于其他基金份额，其投资组合由其他基金组成。在基金业发达的国家如美国，基金中的基金已经成为一类重要的公募证券投资基金。目前，我国公募证券投资基金允许投资于公募基金本身
投资目标	增长型基金	以追求资本增值为基本目标，主要以具有良好增长潜力的股票为投资对象，其风险大，收益高
	收入型基金	以追求稳定的经常性收入为基本目标，主要以大盘蓝筹股、公司债、政府债券等稳定收益证券为投资对象，其风险小，收益较低
	平衡性基金	既注重资本增值，又注重当期收入，其风险、收益介于增长型基金与收入型基金之间
投资理念	主动型基金	力图取得超越基准组合的表现，获得阿尔法收益
	被动型基金	又称指数型基金，一般选取特定的指数作为跟踪的对象，并不主动寻求取得超越市场的表现，而是试图复制指数的表现，获得贝塔收益
募集方式	公募基金	可以面向社会公众公开发售，具有如下特征：可以面向社会公众公开发售基金份额和宣传推广，基金募集对象不固定；投资金额要求低，适宜中小投资者参与；必须遵守基金法律和法规的约束，并接受监管部门的严格监管
	私募基金	只能采取非公开方式，面向特定投资者募集发售
基金的资金来源和用途	在岸基金	在本国募集资金并投资于本国证券市场
	离岸基金	一国（或地区）的证券投资基金在他国（或地区）发售证券投资基金份额，并将募集的资金投资于本国（地区）或第三国证券市场

除上述类型的基金以外，证券投资基金还包括一些特殊的基金。证券投资特殊基金如表5-14所示。

表5-14 证券投资特殊基金

特殊基金类型	具体内容
系列基金（伞型基金）	系列基金是指多个基金共用一个基金合同，子基金独立运作，子基金之间可以进行相互转换的一种基金结构形式。从基金公司经营管理的角度看，采用伞型结构比单一结构具有优势，主要表现在两个方面：①简化管理，降低成本；②具有强大的扩张功能
夹层基金	夹层基金是杠杆收购特别是管理层收购（MBO）中的一种融资来源，它提供的是介于股权与债权之间的资金，它的作用是填补一项收购在考虑了股权资金、普通债权资金之后仍然不足的收购资金缺口。国内采用的术语MBO基金，实际上指的就是夹层基金。一般来说，MBO收购中，1/3资金来自于夹层基金

（续表）

特殊基金类型	具体内容
平行基金	平行基金是指境内外同时设立两只私募基金，委托同一管理人进行投资管理，寻找到项目时两只基金同时进行投资，一般是各占投资额的50%。基金管理人可以根据税收、法律等环境的变化，根据最有利于投资者的原则，决定由哪一只基金进行投资
S基金	S基金全称"Secondary Fund"，是一种中途转手交易的投资方式，依托私募股权"份额转让"的需求存在于私募二级市场
保本基金	保本基金是指通过移动的保本策略进行运作，同时引入保本保障机制，以保证基金份额持有人在保本到期时，可以获得投资本金保证的基金
上市交易型开放式指数基金（ETF）	ETF又称交易所交易基金，是一种在交易所上市交易的、基金份额可变的一种开放式基金。ETF基金最早产生于加拿大，但其发展与成熟主要是在美国。ETF份额一般采用被动式投资策略跟踪某一标的市场指数，因此具有指数基金的特点
上市开放式基金（LOF）	LOF是一种既可以在场外市场进行基金份额申购、赎回，又可以在交易所（场内市场）进行基金份额交易和基金份额申购或赎回的开放式基金。它是我国对证券投资基金的一种本土化创新。LOF所具有的转托管机制与可以在交易所进行申购、赎回的制度安排，使LOF不会出现封闭式基金的大幅折价交易现象
QDII基金	QDII（合格境内机构投资者）基金是指在一国境内设立，经该国有关部门批准从事境外证券市场的股票、债券等有价证券投资的基金。它为国内投资者参与国际市场投资提供了便利
QFII基金	QFII（合格境外机构投资者）基金是指在QFII制度下，合格的境外机构投资者将被允许把一定额度的外汇资金汇入并兑换为当地货币，通过严格监督管理的专门账户投资当地证券市场，包括股息及买卖价差等在内的各种资本所得，经审核后可转换为外汇汇出，实际上就是对外资有限度地开放本国证券市场
RQFII基金	RQFII基金是指人民币合格境外投资者。RQFII境外机构投资人可将批准额度内的人民币投资于境内的证券市场。对RQFII放开股市投资，可以从侧面加速人民币的国际化。QFII和RQFII基本上只是币别上的不同，投资对象都是境内的证券市场，但RQFII机构限定为境内基金管理公司和证券公司的香港地区子公司
对冲基金	对冲基金意为"风险对冲过的基金"，也称避险基金或套期保值基金。但如今对冲基金早已脱离原有含义，其采用各种交易手段进行对冲、换位、套头、套期来赚取巨额利润。这些概念已经超出了传统的防止风险、保障收益操作范畴
量化基金	量化基金是通过数理统计分析，选择那些未来回报可能会超越基准的证券进行投资，以期获取超越指数基金的收益，主要采用量化投资策略来进行投资组合管理。量化基金采用的策略包括：量化选股、量化择时、股指期货套利、商品期货套利、统计套利、期权套利、算法交易、资产配置等
分级基金	分级基金是指通过事先约定基金的风险收益分配，将基础份额分为预期风险收益不同的子份额，并可将其中部分或全部份额上市交易的结构化证券投资基金
阳光私募基金	阳光私募基金是私募基金发起公司借助信托公司发行的，经过证监会备案，资金实现第三方银行托管，有定期业绩报告，向特定高净值客户募集，投资起点百万以上，投资于特定某一范围证券市场的基金

除此之外，还有窄基基金和宽基基金。窄基基金是指针对某一行业、某一领域专门推出的基金产品，也称为行业基金或者主题基金。与窄基基金对应的是宽基基金，宽基基金指基金内成份股所跨行业较多的基金，例如沪深300、中证500、创业板等。宽基基金有两个特定所需要包含的条件，第一个就是要求基金里面必须包含10只以上行业的成份股；第二个就是不限制成份股所在的行业，也就是说指数包含的公司，可以是多个行业的。

5.3.2 重点基金介绍

下面我们从不同的角度，来重点介绍几个基金概念。

1. 股票基金

股票基金以追求长期的资本增值为目标，比较适合长期投资。其风险较高，预期收益也较高。股票基金提供了一种长期的投资增值性，可供投资者用来满足教育支出、退休支出等远期支出的需要。

股票基金也是应对通货膨胀的最有效的手段之一。并且，作为一篮子股票组合的股票基金，与单一股票之间存在许多不同。股票基金与股票的区别如表5-15所示。

表5-15 股票基金与股票的区别

区别	股票基金	股票
基金份额净值/价格变动	对开放式股票基金来说，其份额净值的计算每天只进行1次，因此，每一交易日开放式股票基金只有1个价格。但对于封闭式股票基金来说，若在交易所上市交易，其在交易日内的价格也是始终处于变动中	股票价格在每一交易日内始终处于变动之中
基金份额净值/股票价格变动影响因素	开放式股票基金份额净值不会由于买卖数量或申购、赎回数量的多少而受到影响	股票价格会由于投资者买卖股票数量的大小和强弱的对比而受到影响
投资依据	对开放式股票基金份额净值高低进行合理与否的判断是没有意义的，因为基金份额净值是由其持有的证券价格复合而成的	一般会根据上市公司的基本面，如财务状况、市场竞争力、盈利预期等方面的信息对股票价格高低的合理性做出判断
投资风险	股票基金由于是分散投资，投资风险低于单一股票的投资风险	单一股票的投资风险较为集中，投资风险较大

股票可以根据所在市场、规模、性质以及所属行业等归结为几种主要类型，与之相对应，可以根据基金所投资股票的特性对股票基金进行更深一层次的分类。

比如，按照投资市场分类，股票基金可以分为国内股票基金、国外股票基金和全球股票基金等。

根据股票性质的不同，通常可以将股票分为价值型股票与成长型股票。价值型股票通常是指收益稳定、价值被低估、安全性较高的股票，其市盈率、市净率通常较低。专注投资于价值型股票的股票基金通常称为价值型股票基金。成长型股票通常是指收益增值速度快、未来发展潜力大的股票，其市盈率、市净率通常较高。专注投资于成长型股票的股票基金称为成长型股票基金。

同时投资于价值型股票和成长型股票的基金称为平衡型基金。

有时我们还可以继续细分下去。比如，价值型股票可以进一步被细分为低市盈率股、蓝筹股、收益型股票、防御型股票、逆势型股票等，从而有蓝筹股基金、收益型基金等。成长型股票也可以进一步细分为持续成长型股票、趋势增长型股票、周期型股票等，从而有持续成长型基金、趋势增长型基金等。

为有效分析股票基金的特性，人们也常常会根据基金所持有的全部股票市值的平均规模与性质的不同而将股票基金分为不同投资风格的基金，如大盘价值型基金、大盘平衡型基金、大盘成长型基金、小盘价值型基金、小盘成长型基金等。

以某一特定行业或板块为投资对象的基金，我们称之为行业股票基金，如基础行业基金、资源类股票基金、房地产基金、金融服务基金、科技股基金等。不同行业在不同经济周期中的表现不同，为追求较高的回报，就产生了行业轮换型基金。行业轮换型基金集中于行业投资，投资风险相对较高。

股票型基金成立之后一般有一段时间的股票基金建仓时期，这段股票基金建仓时期有长有短，每只股票基金建仓时期是不一样的。

根据有关规定，一般最多有3个月的股票基金建仓时期，这段时间内基金是封闭的，不接受申购和赎回。大多基金都用不了3个月就能建仓完毕，有的基金会在1个月左右建仓完毕，尤其是在股市行情火热、机会稍纵即逝的情况下，股票基金建仓堪称火速，甚至有过一周内完成建仓的"壮举"，市场上有时候择时比选股更重要，如果错过了一波上升浪，就要再等不知多长时间才会有下次机会。

股票基金是投资者最常用的投资标的。目前市场上股票基金的种类众多，管理人的水平也差别较大，因此，投资者在购买股票基金时，一要看投资取向，即看基金的投资取向是否适合自己，特别是对没有运作历史的新基金公司所发行的产品更要仔细观察。基金的不同投资取向代表了基金未来的风险、收益程度，因此应选择适合自己风险、收益偏好的股票型基金。二看基金公司的品牌。买基金是买一种专业理财服务，因此提供服务的公司本身的素质非常重要。目前国内多家评级机构会按月公布基金评级结果。尽管这些结果尚未得到广泛认同，但将多家机构的评级结果放在一起也可作为投资时的参考。

投资股票型基金应注意风险。由于价格波动较大，股票型基金属于高风险投资。股票型基金的投资风险主要包括以下几个方面。

(1) 基金规模大，基金经理操作难度大，防止投资者赎回的压力也大，现金头寸比较多,所以有时候"跑起来"比混合型基金还慢。

(2) 证券市场大幅度振荡,介入时机不恰当,如果在大盘大幅度上涨的当天买进股票型基金,而其后遇到股市调整则风险会暴露无遗。

(3) 频繁操作,把基金当作股票操作,由于基金的交易费用比股票多,存在只赚指数不赚钱的可能。

(4) 选择的基金投资风格不是大盘主流热点。

2. 债券基金

债券基金主要以债券为投资对象,因此更适合追求稳定收入的投资者。债券基金的波动性通常小于股票基金,因此常被投资者认为是收益、风险适中的投资工具。当债券基金与股票基金进行适当的组合投资时,能较好地分散投资风险。

债券基金资产的 80% 以上投资于各种债券,资本利得和利息收入是其最主要的收益来源。其也可以有一小部分资金投资于股票市场,另外,投资于可转债和打新股也是债券基金获得收益的重要渠道。

根据债券发行者分类,可以将债券分为政府债券、企业债券、金融债券等。根据债券到期日分类,可以将债券分为短期债券、长期债券等。根据债券信用等级分类,可以将债券分为低等级债券、高等级债券等。根据风险高低分类,可以将债券分为高风险债券和低风险债券等。与此相对应,也就产生了以某类债券为投资对象的债券基金。

我国市场上常见的债券基金类型有以下几种。①标准债券基金,仅投资于固定收益类金融工具,不能投资于股票市场,常称为"纯债基金"。②普通债券基金,即主要进行债券投资,但也投资于股票市场,这类基金在我国市场上比较常见。③其他策略型债券基金,如可转债基金等。

是投资就会有风险,债券也是一样。利率、通货膨胀、企业经营状况、国家货币政策、企业融资方面的因素会影响债券的投资收益。债券基金的投资风险主要有两个:一是利率风险,即市场利率的变动方向及所投资的债券对利率变动的敏感程度,二是信用风险。在选择债券基金的时候,一定要了解利率变动方向及其利率敏感程度。在此基础上,才能了解基金的风险有多高,是否符合你的投资需求。

这其中,最重要的就是判断好市场利率的变动方向。当市场利率处于上升期时,并不适合进行债券基金的投资。当市场利率处于下降期时,是最好进行债券基金投资的时机。

和股票型基金不同的是,在债券基金中有些特殊的分类,比如华夏债券和大成债券分 A、B、C 三类,而工银强债、招商安泰、博时稳定和鹏华普天分 A、B 两类。这之间到底有什么区别呢?

首先,无论是 A、B、C 三类还是 A、B 两类,其核心的区别在申购费上。如果是 A、

B、C三类分类的基金，A类一般是代表前端收费，B类代表后端收费，即申购时不收费，赎回时根据持有时间长短收取差别费率，当然是持有时间越长，费率越低，超过三年一般就不收费了，而C类是没有申购费的，即无论前端还是后端，都没有手续费。而A、B两类分类的债券基金，一般A类为有申购费，包括前端和后端，而B类没有任何申购费，也就是A、B、C三类分类中的A类和B类基金相当于A、B两类分类中的A类，有申购费，而A、B、C三类分类中的C类基金相当于A、B两类分类中的B类基金，无申购费。

虽然有些基金是没有申购费的，但是如果仔细去看招募书，在这些没有申购费的债券基金中，费率中都多出了一条叫"销售服务费"的条款。在华夏债券的招募书上是这样写的："本基金A/B类基金份额不收取销售服务费，C类基金份额的销售服务费年费率为0.3%。本基金销售服务费将专门用于本基金的销售与基金份额持有人服务。"也就是说，华夏债券C类虽然不收前端或者后端申购费，但收取销售服务费。这个销售服务费是和管理费类似的，按日提取。如果去看华夏A/B和C类基金2007年以来的业绩，可以发现华夏债券C类的回报落后于A/B类0.35个百分点。这个结果主要就是销售服务费造成的。其他的债券基金也一样。除了工银强债B类的销售服务费为0.4%外，其他几个无申购费的债券基金的销售服务费都是0.3%。

而在货币市场基金和混合基金中，除了和债券基金一样有A、B、C的不同分类，还出现了E类等名称。加E代表只能通过网络平台销售。

总之，基金名称加后缀A、B、C或E，其含义最准确的还是看基金合同中的约定。

3. 货币市场基金

货币市场基金风险低、流动性好，但其长期收益率较低，不适合进行长期投资。货币市场基金是厌恶风险、对资产流动性和安全性要求较高的投资者进行短期投资的理想工具，或是暂时存放现金的理想场所。

货币市场工具通常是指到期日不足1年的短期金融工具。由于货币市场工具到期日非常短，所以也称为现金投资工具。货币市场工具通常由政府、金融机构以及信誉卓著的大型工商企业发行。货币市场工具流动性好、安全性高，但其收益率与其他证券相比非常低。

货币市场与股票市场的一个主要区别是：货币市场进入门槛通常很高，在很大程度上限制了一般投资者的进入。此外，货币市场属于场外交易市场，交易主要由买卖双方协商完成，但货币市场基金的投资门槛极低，这为普通投资者进入货币市场提供了重要通道。

货币市场基金与其他投资于股票的基金最主要的不同在于基金单位的资产净值是固定不变的，通常是每个基金单位1元。投资该基金后，投资者可利用收益再投资，投资收益就不断累积，增加投资者所拥有的基金份额。比如某投资者以 100 元投资于某货币市场基金，可拥有 100 个基金单位，1 年后，若投资报酬是 8%，那么该投资者就多 8 个基金单位，总共 108 个基金单位，价值 108 元。

另外，货币市场基金的投资成本低。货币市场基金通常不收取赎回费用，并且其管理费用也较低，货币市场基金的年管理费用大约为基金资产净值的 0.25%～1%，比传统的基金年管理费率 1%～2.5% 低。

货币市场基金均为开放式基金。货币市场基金通常被视为无风险或低风险投资工具，适合资本短期投资生息以备不时之需，特别是在利率高、通货膨胀率高、证券流动性下降、可信度降低时，可使本金免遭损失。

根据 2016 年 2 月开始实施的《货币市场基金监督管理办法》的规定，货币市场基金应当投资于以下金融工具：①现金；②期限在 1 年以内（含 1 年）的银行存款、中央银行票据、同业存单；③剩余期限在 397 天以内（含 397 天）的债券、非金融企业债务融资工具、资产支持证券；④中国证监会、中国人民银行认可的其他具有良好流动性的货币市场工具。

货币市场基金不得投资于以下金融工具：①股票；②可转换债券、可交换债券；③以定期存款利率为基准利率的浮动利率债券，已进入最后一个利率调整期的除外；④信用等级在 AA+ 以下的债券与非金融企业债务融资工具；⑤中国证监会、中国人民银行禁止投资的其他金融工具。

货币市场基金除具有收益稳定、流动性强、购买限额低、资本安全性高等特点外，货币市场基金还有其他一些优点，比如可以用基金账户签发支票、支付消费账单。通常被作为进行新的投资之前暂时存放现金的场所，这些现金可以获得高于活期存款的收益，并可随时撤回用于投资。一些投资人大量认购货币市场基金，然后逐步赎回用以投资股票、债券或其他类型的基金。许多投资人还将以备应急之需的现金以货币市场基金的形式持有。有的货币市场基金甚至允许投资人直接通过自动取款机抽取资金。

货币市场基金也有 A、B 份额的差别，它们的区别是参与门槛的不同：一般 A 类参与门槛低，1000 元甚至 100 元即可申购，而 B 类的门槛一般至少 50 万元，更高者还有 500 万元的。B 类份额销售费率低，当然相对来说收益也高。

4. 混合基金

混合基金是指同时投资于股票、债券和货币市场等工具，没有明确的投资方向的基金。其风险低于股票基金，预期收益则高于债券基金。它为投资者提供了一种在不同资产之间进行分散投资的工具，比较适合较为保守的投资者。

混合基金根据资产投资比例及其投资策略可以再分为偏股型基金（股票配置比例 50%～70%，债券比例 20%～40%）、偏债型基金（与偏股型基金正好相反）、股债平衡型基金(股票、债券比例比较平均,大致在40%～60%)和灵活配置型基金(股债比例按市场状况进行调整)等。

投资者在选择混合型基金时应该注意以下几点。

(1) 基金公司和基金业绩。在挑选基金之前,首先挑好的基金公司,这是万古不变的方法。2016年年底,我国混合型基金达到近1600只,总净值20000亿元。混合型基金的业绩表现分化严重,也需投资者警惕。建议投资多看看该基金的历史数据。2016年2月到2017年2月期间,收益最高的混合基金是国泰浓益灵活配置混合C94%,国泰安康养老定期支付混合C90%,最低的是北信瑞丰无限互联-28%,富安达新兴成长混合基金-27%。

(2) 选择一款适合你的混合型基金。混合型基金的主要区别就是各类型基金配比的不同。

(3) 选择合适的购买时机。其实投资基金和投资股票一样,也要选择一个合适的投资时机,如果投资时机选择得不好,那么得到的收益必然会大打折扣。当然,对进行基金定投的投资者来说,这一点倒可以不用太在意。

5. 保本基金/避险策略基金

2017年2月10日,中国证监会公布《关于避险策略基金的指导意见》,在2010年10月26日公布的《关于保本基金的指导意见》的基础上进行更名和修订。证监会新闻发言人表示,更名是为避免投资者形成对此类产品绝对保本的"刚性兑付"预期。从此,保本基金即将淡出公募基金市场,取而代之的是"避险策略"基金,从定性的角度推测,该类基金可能将成为公募基金市场中权益类基金风险水平最低的细分类。

以前的保本基金,是指通过一定的保本投资策略进行运作,同时引入保本保障机制,以保证基金份额持有人在保本周期到期时,可以获得投资本金保证的基金。但是,这里有两点必须说明,一是保本基金并不等于将资金作为存款存放在银行或存款类金融机构,在极端情况下仍然存在本金损失的风险。这一点必须在招募说明书中明确提示。二是保本周期。保本基金和其他基金的区别之一在于有保本周期,投资者想要享受本金保障,一般应在基金的募集期内认购,或是在一个保本周期结束进入下一个周期的过渡期间购买。

所谓的保本保障机制包括以下几个方面。

(1) 由基金管理人对基金份额持有人的投资本金承担保本清偿义务,同时基金管理人与符合条件的担保人签订保证合同,由担保人和基金管理人对投资人承担连带责任。

(2) 基金管理人与符合条件的保本义务人签订风险买断合同,约定由基金管理人向保本义务人支付费用,保本义务人在保本基金到期出现亏损时,负责向基金份额持有人偿付相应损失。保本义务人在向基金份额持有人偿付损失后,放弃向基金管理人追偿的权利。

(3) 经中国证监会认可的其他保本保障机制。

根据以前的《关于保本基金的指导意见》，保本基金可以投资于股票、债券、货币市场工具、权证、股指期货及中国证监会允许投资的其他金融工具。保本基金投资于各类金融工具的比例应与该基金的投资目标、投资策略相匹配。

保本基金于20世纪80年代起源于美国，其核心是运用投资组合保险策略进行基金的操作。国际上比较流行的投资组合保险策略主要有对冲保险策略与固定比例投资组合保险策略。

对冲保险策略主要依赖金融衍生产品，如股票期权、股指期货等，实现投资组合价值的保本与增值。而固定比例投资组合保险策略的投资步骤可分为三步。

(1) 根据投资组合期末最低目标价值（基金的本金）和合理的折现率，设定当期应持有的保本资产的价值，及投资组合的价值底线。

(2) 计算投资组合现时净值超过价值底线的数额。该值通常称为安全垫，是风险投资（如股票投资）可承受的最高损失限额。

(3) 按安全垫的一定倍数确定风险资产投资的比例，并将其余资产投资于保本资产（如债券投资），从而在确保实现保本目标的同时，实现投资组合的增值。

安全垫放大倍数增加，尽管可能提供基金收益，但投资风险也将趋于同步增大；但若放大倍数过小，会使基金收益不足。因此，基金管理人必须要确定适当的安全垫放大倍数，以力求既能保证基金本金的安全，又能尽量为投资者创造更多的收益。

总体来看，保本基金运作较为平稳，未出现到期不能保本的情况，在丰富基金产品类型、满足投资者多元化需求方面发挥了积极作用。

但在保本基金发展的同时，监管部门注意到保本基金存在有关问题，具有一定潜在风险。一是保本基金保障机制存在一定问题。目前已发行的保本基金均采用连带责任担保的保障机制，担保机构有权无条件向基金管理人进行追偿，基金管理人实际对基金份额持有人的投资本金承担保本清偿义务。二是保本基金保本投资策略可能失效的问题。部分保本基金为提高收益率，投资运作不够稳健，存在降低等级信用债纳入稳健资产投资范围、剩余期限错配、风险资产放大倍数过高等情况，使得基金净值波动加剧。三是保本基金快速膨胀可能带来的风险。随着保本基金数量、规模不断快速增大，尤其是部分基金管理人大量集中发行保本基金，若出现到期亏损且无法赔付的情况，容易损害持有人利益。

针对保本基金存在的问题，为避免投资者形成对此类产品绝对保本的"刚性兑付"预期，证监会将"保本基金"名称调整为"避险策略基金"，相应地，其将《关于保本基金的指导意见》名称调整为《关于避险策略基金的指导意见》，并对内容做了一定的修订，具体包括以下几个方面。①取消连带责任担保机制。在基金到期时，若份额净值低于基金合同约定的投资本金，保障义务人负责向基金份额持有人补足差额。保障义务人在向基金份额持有人补足差额后，无权向基金管理人追偿。②完善对避险策略基金的风控要求，限定避险策略基金规模上限，防范相关风险。如避险策略基金投资于稳健资产不得低于基金资产净值的80%，风险资产中，投资于权益类资产的，投资金额不得超过安全垫3倍，投资于可转换债券、可交换债券以及信用等级在AA+以下的固定收益类资产的，投资金额不得超过安全垫5倍，投资于信用等级AA+(含)以上的固定收益类资产的，投资金额不得超过安全垫10倍。③完善基金管理人风控管理要求，例如管理人与保障人的资格认证、3个月的风险测试、风险准备金等制度。

此外，为做好新旧规则衔接，《关于避险策略基金的指导意见》明确对避险策略基金依照"新老划断"原则进行过渡安排，存续的保本基金仍按基金合同的约定进行运作，无须变更基金名称，但在保本周期到期前不得增持不符合规定的资产、不得增加稳健资产投资组合剩余期限、不得增加风险资产放大倍数等。存续保本基金到期后，应当符合《关于避险策略基金指导意见》的规定，调整产品保障机制，更名为"避险策略基金"，不符合的应转为其他类型的基金或予以清算。

综合来看，《关于避险策略基金的指导意见》对避险策略基金的规定可谓细致入微，在严格符合指导意见的前提下进行投资运作的基金产生大额亏损的可能性相对较小，因此该类基金的风险水平相对较低，也是目前公募基金市场权益类基金中风险水平最低的一类，想进行低风险投资同时又能承担小部分风险博取超额收益的投资者可多关注该类基金。

6. 指数基金、ETF、LOF

1) 指数基金

指数基金，顾名思义就是以特定指数(如沪深300指数、标普500指数、纳斯达克100指数、日经225指数等)为标的指数，并以该指数的成份股为投资对象，通过购买该指数的全部或部分成份股构建投资组合，以追踪标的指数表现的基金产品。

通常而言，指数基金以减小跟踪误差为目的，使投资组合的变动趋势与标的指数相一致，以取得与标的指数大致相同的收益率。

指数基金具有许多优点。①受人为因素影响很小。②费率低。一般股票型基金申购和赎回费率是1%～1.5%，而指数基金是0.5%～1.2%。③长期投资风险小、回报优。

指数基金按复制方式可以分为以下几种。①完全复制型指数基金，力求按照基准指数的成分和权重进行配置，以最大限度地减小跟踪误差为目标。②增强型指数基金，在将大部分资产按照基准指数权重配置的基础上，也用一部分资产进行积极的投资。其目标为在紧密跟踪基准指数的同时获得高于基准指数的收益。

指数基金按交易机制与方式可以分为以下几种。①封闭式指数基金，可以在二级市场交易，但是不能申购和赎回。②开放式指数基金，不能在二级市场交易，但可以向基金公司申购和赎回。③指数型ETF，可以在二级市场交易，也可以申购、赎回，但申购、赎回必须采用组合证券的形式。④指数型LOF，既可以在二级市场交易，也可以申购、赎回。

我们首先介绍指数基金中一类比较特殊的指数基金：增强型指数基金。增强型指数基金的操作方法是将大部分资产按照跟踪指数来配置，在此基础上也将一部分资产进行积极投资，目标是在紧密跟踪指数的同时获取高于其所跟踪指数的收益。

不过指数在设计的时候，往往条件比较宽松。所以会有一些偶然入选的股票。像平时不怎么分红，但某一年突然一次性高分红，这样的股票也很可能会入选中证红利。但是很明显，中证红利希望选择的股票，是能长期稳定分红的。所以如果能在指数的基础上，加上一些主观的操作，把明显不合适的品种持仓调低，理论上更符合目的。

另外A股还是一个不太成熟的市场，存在一些明显的投资机会，像打新、股票轮动等，还可以通过增持低估股票/减持高估股票、进行行业/板块的风格优化等方式，获取一定的超额收益。

如果把这些获取超额收益的方法，系统地整理出来，有限度地应用到传统的指数基金上，就可以在传统指数基金基础上提高收益了。

这就是增强型指数基金的目的。

目前我国的增强型指数基金，还是一个小众品种，并且基本都是场外指数基金。这是因为增强型指数基金需要增加一些主观上的操作，所以场内的ETF形式的指数基金，目前很难做成增强型指数基金。ETF基金以实物申购赎回，如果基金经理增加人为的主观操作，那会与ETF的新增申购赎回产生冲突。

但并不是所有的增强型指数基金都能获得增强收益。增强型指数基金毕竟增加了主观上的判断，这种主观操作不一定能带来超额收益，其非常依赖基金公司自身的投资能力，所以老牌基金公司、经过很长时间实战考验的增强型指数基金，才值得信赖。否则很可能出现增强型指数基金收益还不如普通指数基金的情况。而且增强型指数基金的管理费比普通的指数基金要高，如果增强型指数基金用的增强策略不好，反而表现会比普通的指数基金更差。

就目前看，国内的增强型指数基金，大多可以在原指数的基础上增加收益。

具体在使用增强型指数基金的时候，也是要看指数本身是否值得投资。例如中证红利，处于低估值适合投资的阶段，在这个基础上，如果投资场外指数基金，可以选择增强型指数基金，可以在指数本身收益的基础上再次提高收益，还是不错的选择。

2) ETF

ETF，即交易型开放式指数基金，通常又被称为交易所交易基金 (Exchange Traded

Funds，ETF)，是一种在交易所上市交易的、基金份额可变的一种开放式基金。

ETF属于开放式基金的一种特殊类型，它结合了封闭式基金和开放式基金的运作特点，投资者既可以向基金管理公司申购或赎回基金份额(和普通的开放式基金一样，但门槛较高，通常为50万份)，同时，又可以像封闭式基金一样在二级市场上按市场价格买卖ETF份额(和普通的封闭式基金一样，价格随时在波动，交易所每15秒提供一次最新的参考净值)，但要遵循交易所的相关规则。不过，申购必须以一篮子股票或少量现金换取基金份额，赎回则以基金份额换回一篮子股票或少量现金(以少量现金代替停牌的股票)。

这里我们要说明两个问题。

第一，是认购和申购的区别。认购通常是指ETF正式成立前的购买行为，一般用现金；而申购通常是指ETF正式成立开始运作后，投资者的购买行为。对ETF来说，这时需要用实物股票来进行申购。

第二，ETF的申购和赎回。ETF的基金管理人每日开市前会根据基金资产净值、投资组合以及标的指数的成份股情况，公布"实物申购与赎回"清单(也称"一篮子股票档案文件")。投资人可依据清单内容，将成份股票交付ETF的基金管理人而取得"实物申购基数"或其整数倍的ETF。以上流程将创造出新的ETF，使得ETF在外流通量增加，称之为实物申购。实物赎回则是与之相反的程序，使得ETF在外流通量减少，也就是投资人将"实物申购基数"或其整数倍的ETF转换成实物申购赎回清单的成份股票的流程。ETF的实物申购与赎回只能以实物交付，只有在个别情况下(例如当部分成份股因停牌等原因无法从二级市场直接购买)，可以有条件地允许部分成份股采用现金替代的方式。这主要由ETF基金合同来具体规定。一般来说，在基金合同中，都有是否允许使用现金进行替代交付的标志。该标志包括禁止现金替代(简称"禁止")、允许现金替代(简称"允许")、必须现金替代(简称"必须")、退补现金替代(简称"退补")四种，其中，禁止现金替代表示申购或赎回本基金份额时必须使用股票，不接受现金替代；允许现金替代表示申购本基金份额时可以先使用股票，在股票不足的情况下可以使用现金替代不足的股票；必须现金替代表示在申购或赎回本基金份额时只能使用现金而不接受股票；退补现金替代表示在申购、赎回本基金份额时只能使用现金，待基金公司代为买卖之后，根据实际成本进行多退少补。同样的，也会有明确的现金替代金额和现金替代溢价比例的限制。

以一篮子股票申购的ETF份额当日即可卖出；同样地，当日赎回ETF份额获得的一篮子股票，当日即可卖出。

但是，在实践中，这一特点也有漏洞，容易被利用，近期出现了多起新发指数ETF成立后净值和对标指数间涨跌幅差异极大的情况。究其原因，与指数ETF在换购过程中，基金公司未按指数对标比例接受换购有极大关系。

2013年曾出现过类似的指数ETF换购风险事件，相关基金管理公司受到严厉处罚，指数ETF超比例换购一度被视为风控禁区。近几年减持新规落地后，上市公司流通股份转让受限，指数ETF换购重新又成为市场风口。由于换购能促进规模增长，基金管理公司将其视为增收利器，推动相关业务，换购比例限制在实践中不断被打破。

在理论上，允许指数ETF换购，使基金成份股构成能更快地与标的指数相一致，有利于减少建仓期的风险和交易成本，但这个优势是建立在指数ETF换购遵循指数构成比例的前提下的，如换购指数ETF成份股超出构成比例，优势反而会因其需调仓和被动接受个股风险而变成劣势，而一旦换购的成份股表现显著弱于指数，更会带来额外的换购风险。

指数ETF换购过程中不遵循比例限制，会给现金认购持有人带来很大风险，特别是部分宽基指数允许大比例换购在指数ETF成份股中占比极低的个股，更易诱发风险。这是因为这部分个股流通性相对较差，市场表现一般也较弱，在换购过程中容易出现逆向选择问题，即预期可能表现更差的成份股股东会更愿意换购以降低自身的风险。在这种情形下，接受成份股股东超比例认购，就更容易造成现金认购持有人的重大损失，这种损失并不因换购成份股是否停牌而有所不同。

要解决这个问题，处理办法实际并不复杂，只要规定换购成份股的占指数ETF规模比重不得超过相应的成份股权重即可。这可能堵死了部分基金公司短期做大指数ETF规模的通路，也可能阶段性影响指数ETF的增速，但却是保护投资者利益不受侵害的必要举措。

此外，近两年市场出现了不少有特定目的的指数ETF产品。某些基金管理公司的指数ETF成份股设置很不合理，甚至有为了迎合部分上市公司股东而特意编制相关指数设计ETF的情形。对这种指数ETF，在其发行过程中，相关风险提示应当进一步加强，对此，监管部门应尽早制定相关换购规则，以维护市场公平。

根据投资方法的不同，ETF可以分为指数基金和积极管理型基金，国外绝大多数ETF是指数基金。这是因为成熟市场的资产管理业一直有这样一个理论，即长期来看积极投资很难战胜市场，长期绩效要低于市场的平均水平。目前国内推出的ETF也是指数基金。ETF指数基金代表一篮子股票的所有权，是指像股票一样在证券交易所交易的指数基金，其交易价格、基金份额净值走势与所跟踪的指数基本一致。因此，投资者买卖一只ETF，就等同于买卖了它所跟踪的指数，可取得与该指数基本一致的收益。

总之，ETF具有三大特点。

(1) 被动操作的指数基金，采取完全复制或抽样复制。

(2) 独特的实物申购、赎回机制，这是ETF最大的特色（但有"最小申购、赎回份额"的规定，比如 50 万份)。

(3) 实行一级市场与二级市场并存的交易制度。

正是由于同时存在证券市场交易和实物申购赎回机制，投资者可以在 ETF 市场价格与基金单位净值之间存在差价时进行套利交易。具体而言，当二级市场 ETF 交易价格低于其份额净值，即发生折价交易时，大的投资者可以通过在二级市场低价买进 ETF，然后在一级市场赎回(高价卖出)份额，再在二级市场卖掉股票而实现套利。相反，当二级市场 ETF 交易价格高于其份额净值，即发生溢价交易时，大的投资者可以在二级市场买进一篮子股票，在一级市场按份额净值转换为 ETF(相当于低价买入 ETF)份额，再在二级市场高价卖掉 ETF 而实现套利。折价套利会导致 ETF 总份额的减少，溢价套利会导致 ETF 总份额的扩大。但正常情况下，套利活动会使套利机会减少，因此套利机会并不多。

套利机制的存在，使得 ETF 避免了封闭式基金普遍存在的折价问题。

根据 ETF 跟踪某一标的市场指数的不同，可以将 ETF 分为不同的类型，如股票型 ETF、债券型 ETF、行业指数 ETF、成长型 ETF 和价值型 ETF 等。

目前国内还有两种 ETF 与上述概念有所差异，那就是跨境 ETF 和 ETF 联接基金。

跨境 ETF 是指以境外资本市场证券构成的境外市场指数为跟踪标的、在国内证券交易所上市的 ETF。从世界范围来看，跨境 ETF 规模占 ETF 总规模比重约 40%。由于不同市场 ETF 在外汇管理制度、交易制度、交易时差等方面存在差异，跨境 ETF 在申赎机制、套利机制、套利成本等方面与境内 ETF 又有不少差异。以恒生国企 ETF 为例，它与传统的 ETF 的区别主要有三点。一是由于我国实行外汇管制政策，现阶段的国内跨境 ETF 采用 100% 现金申赎、基金代为买卖成份股的方式代替传统 ETF 实物、现金结合的申赎方式。二是由于申赎的效率较低，必须注意汇率变动的风险。三是二级市场交易实行的是 T+0 交易制度。另外，国内投资者参与跨境 ETF 的投资有两种方式，既可以通过在一级市场申购、赎回，也可在二级市场买卖 ETF 份额。①大机构主要通过申购、赎回 ETF 参与。企业年金、保险公司等机构投资者直接在二级市场买卖恒生 ETF 可能受价格冲击影响较大，另外当恒生指数出现大幅涨跌时，由于深交所有 10% 的涨跌停限制，ETF 二级市场可能因涨跌停出现流动性缺失，遇到上述情况机构投资者可通过申购赎回参与恒生 ETF。②中小投资者主要通过在二级市场买卖 ETF 参与，中小投资者可以在深交所像买卖股票一样，使用人民币买卖恒生 ETF 份额，投资者无须换汇和开立港股账户。基金的交易日、交易时间与国内证券交易所的交易日、交易时间完全相同，符合境内投资者的投资习惯。

ETF 联接基金则是另一个概念，是指将绝大部分基金财产投资于某一 ETF(称为目标 ETF)，密切跟踪标的指数表现，可以在场外(银行渠道等)申购赎回的基金。根据中国证监会的规定，ETF 联接基金投资于目标 ETF 的资产不低于联接基金资产净值的 90%，其余部分应投资于标的指数成份股和备选成份股。并且，ETF 联接基金的管理人不得对 ETF 联接基金财产中的 ETF 部分计提管理费，这是为了避免向投资者双重收费，但是这样将加剧大基金管理公司、小基金管理公司之间的马太效应。ETF 联接基金有下面几个特征。①联接基金依附于主基金。联接基金和 ETF 是同一法律实体的两个不同部分，联接基金处于从属地位。②联接基金提供了银行渠道申购 ETF 的渠道，可以吸引大量的银行客户直接通过联接基金介入 ETF 的投资，增强 ETF 市场的交易活跃度。③联接基金可以提供目前 ETF 不具备的定期定额等方式来介入 ETF 的运作。④联接基金不能参与 ETF 的套利。⑤联接基金不是基金中的基金 (FOF)。联接基金完全依附于主基金，所有投资者通过主基金进行投资，而基金中的基金往往投资于不同基金管理人管理的多只基金。

我国最早的两只联接基金——华安上证 180ETF 联接基金和交银 180 治理 ETF 成立于 2009 年 9 月份。

3) LOF

LOF，中文全称为"上市型开放式基金"，是一种既可以在场外市场进行基金份额申购赎回，又可以在交易所市场进行基金份额交易和申购赎回的开放式基金，是我国本土化创新的一类基金产品。不过投资者如果是在指定网点申购的基金份额，想要上网抛出，须办理一定的转托管手续。同样，如果是在交易所网上买进的基金份额，想要在指定网点赎回，也要办理一定的转托管手续。

国内最早的 LOF 开始于深圳证券交易所，2015 年上海证券交易所也推出了 LOF。目前两市共有 LOF 约 160 多只。

LOF 是对开放式基金交易方式的创新，其更具现实意义。一方面，LOF 为"封转开"提供技术手段。对于封闭转开放，LOF 是一个继承了封闭式基金特点，增加投资者投资方式的解决方案，对于封闭式基金采取 LOF 方式完成封闭转开放，不仅是基金交易方式的合理转型，也是开放式基金对封闭式基金的合理继承。另一方面，LOF 的场内交易减少了赎回压力。此外，LOF 为基金公司增加销售渠道，缓解银行的销售瓶颈。

LOF 和 ETF 一样，都有费用相对低和存在套利机会的特点。两者都具备开放式基金可以申购、赎回和场内交易的特点，但两者存在本质上的区别。ETF 和 LOF 的区别如表 5-16 所示。

表 5-16 ETF 和 LOF 的区别

区别	ETF	LOF
申购、赎回的标的不同	与投资者交换的是基金份额与一篮子股票	LOF 的申购和赎回均采用现金形式

(续表)

区别	ETF	LOF
申购、赎回的效率不同,套利效率不同	股票ETF、债券ETF是即时确认,跨境ETF与黄金ETF是T日确认,T+1日可卖出或赎回	T+1日确认,T+2日后才可以卖出或赎回
对申购、赎回的限制不同	只有资金在一定规模以上的投资者(基金份额通常要求在50万份以上)才能参与	在申购、赎回上没有特别要求
基金投资策略不同	通常采用完全被动式管理方法,以拟合某一指数为目标	是普通的开放式基金增加了交易所的交易方式,它可以是指数型基金,也可以是主动型基金
投资仓位配比不同	拟合指数,通常仓位接近100%	为应对赎回,通常保有不低于10%的现金
在二级市场的净值报价频率不同	每15秒提供一个基金参考净值报价	净值报价频率要比ETF低,通常一天只提供一次或几次基金净值报价

7. QFII、RQFII、QDII

QFII、RQFII、QDII机制作为一种过渡性制度安排,都是在资本项目尚未完全开放的国家和地区,实现有序、稳妥开放证券市场的特殊通道。

1) QFII

QFII(Qualified Foreign Institutional Investors)是合格境外机构投资者的英文简称,QFII机制是指外国专业投资机构到境内投资的资格认定制度。

韩国、印度和巴西等市场的经验表明,在货币未自由兑换时,QFII不失为一种通过资本市场稳健引进外资的方式。在该制度下,QFII将被允许把一定额度的外汇资金汇入并兑换为当地货币,通过严格监督管理的专门账户投资当地证券市场,包括股息及买卖价差等在内各种资本所得经审核后可转换为外汇汇出,实际上就是对外资有限度地开放本国的证券市场。

2002年11月我国《合格境外机构投资者境内证券投资管理暂行办法》出台。2003年7月,QFII正式登上中国证券市场的舞台。

我国对QFII的管理主要有三个方面。其一是合格机构的资格认定问题,包括注册资本数量、财务状况、经营期限、是否有违规违纪记录等考核标准,以选择具有较高资信和实力、无不良营业记录的机构投资者。其二是对合格机构汇出入资金的监控问题。一般有两种不同的手段:一种是采取强制方法,规定资金汇出汇入的时间与额度;另一种是用税收手段,对不同的资金汇入汇出时间与额度征收不同的税,从而限制外资、外汇的流动。其三是合格机构的投资范围和额度限制问题。投资范围限制主要对机构所进入的市场类型以及行业进行限制。投资额度包括两方面：一是指进入境内市场的最高资金额度和单个投资者的最高投资数额 (有时也包括最低投资数额)；二是合格机构投资于单个股票的最高比例 (2016 年 9 月 30 日后，我国已取消 QFII、RQFII 的资产配置比例限制及额度控制)。

合格投资者在经批准的投资额度内，可以投资于下列人民币金融工具。
(1) 在证券交易所交易或转让的股票、债券和权证。
(2) 在银行间债券市场交易的固定收益产品。
(3) 证券投资基金。
(4) 股指期货。
(5) 中国证监会允许的其他金融工具。

合格投资者可以参与新股发行、可转换债券发行、股票增发和配股的申购。

2) RQFII

RQFII(RMB Qualified Foreign Institutional Investors) 是指人民币合格境外投资者。RQFII 可将批准额度内的外汇结汇投资于境内的证券市场。对 RQFII 放开股市投资，可从侧面加速人民币的国际化。

我国对 RQFII 的管理基本上和对 QFII 的管理内容是一致的，但最大的不同之处在于 RQFII 必须是：①境内基金管理公司、证券公司、商业银行、保险公司等的香港子公司，或者注册地及主要经营地在香港地区的金融机构；②在香港证券监管部门取得资产管理业务资格，并已经开展资产管理业务的机构。

2016 年 9 月 5 日，国家外汇管理局宣布对单家人民币合格境外机构投资者 (RQFII) 投资额度实行备案或审批管理。人民币合格投资者在取得证监会资格许可后，可通过备案的形式，获取不超过其资产规模或其管理的证券资产规模一定比例的投资额度；超过基础额度的投资额度申请，应当经国家外汇管理局批准。境外主权基金、央行及货币当局等机构的投资额度不受资产规模比例限制，可根据其投资境内证券市场的需要获取相应的投资额度，实行备案管理。

国家外汇管理局 2019 年 9 月 10 日下午宣布，今后，具备相应资格的境外机构投资者，只需进行登记，即可自主汇入资金开展符合规定的证券投资。此次外汇局出台的政策，可以归纳为三方面的"取消"：取消 QFII 和 RQFII 投资总额度；取消单家境外机构投资者额度备案和审批；取消 RQFII 试点国家和地区限制。这意味着，境外投资者参与境内金融市场的便利性将再次大幅提升，中国债券市场和股票市场也将更好、更广泛地被国际市场接受，预计将带来更多境外长期资本。

2020 年 5 月 7 日，中国人民银行、国家外汇管理局宣布《境外机构投资者境内证券期货投资资金管理划定》，明晰并简化境外机构投资者境内证券期货投资资金打点要求，进一步便利境外投资者参与我国金融市场。这是自 2019 年我国公布打消合格境外机构投资者 (QFII) 和人民币合格境外机构投资者 (RQFII) 投资额度限制后，相关政策的进一步细化和落地。

3) QDII

QDII(Qualified Domestic Institutional Investor) 是合格境内机构投资者的简称。QDII 机制是指在人民币资本项下不可兑换、资本市场未开放条件下，在一国境内设立，经该国有关部门批准，有控制地，允许境内机构投资境外资本市场的股票、债券等有价证券投资业务的一项制度安排。设立该制度的直接目的是"进一步开放资本账户，以创造更多外汇需求，使人民币汇率更加平衡、更加市场化，并鼓励国内更多企业走出国门，从而减少贸易顺差和资本项目盈余"，直接表现为让国内投资者直接参与国外的市场，并获取全球市场收益。

QDII 产品主要可分为保险系 QDII、银行系 QDII 及基金系 QDII，三个系列各有不同。其主要区别如下。

(1) 保险系 QDII 运作的是保险公司自己在海外的资产，一般不对个人投资者开放。

(2) 银行系 QDII 以前只能投资境外的固定收益类产品，但据银监会 2012 年 5 月发布的新规，可以投资境外股票，于是收益率有了显著上升。总体而言，其属于风险居中、收益也居中，认购门槛较高。

(3) 基金系 QDII，投资不受限制，可以拿 100% 的资金投资于境外股票，因此其风险和收益都比银行系 QDII 高得多。由于采用基金的形式发行，因此其认购门槛比银行系低得多，往往 1000 元即可起步。

对很多投资者来说，QDII 的最大意义是打开了投资海外市场的有效渠道，从而增加了一条有效分散 A 股市场投资风险的新渠道。此前推出的银行系 QDII 产品由于只能够投资固定收益的产品，大多数选择与汇率、结构性票据和指数等挂钩的策略，风险小，但是收益率偏低，对投资者的吸引力明显不足。

基金系 QDII 的投资范围更广泛。中国银监会规定了投资股市的资金不得超过理财产品总资产净值的 50%，这一限制摊薄了银行系 QDII 产品的可能收益率。而基金系 QDII 产品则没有这一限制，其理论上投资于股市的比例可以达到 100%。

与 A 股开放式基金相比，在回款时间上，基金系 QDII 可能会稍慢一些。这主要是由 QDII 产品采取本币募集、外币投资的形式决定的。

数据显示，在 QDII 基金投资总体区域分布中，中国香港地区仍是"大头"，占 QDII 基金投资的七成。对美国的投资市值占 QDII 基金投资市值的 20.31%。

通过 QDII 进行境外投资，除了要面临证券投资的一般风险 (包括市场风险、信用风险、流动性风险、利率风险及投资管理人风险等) 外，还要关注海外投资的特别风险，主要包括以下几种。

第一，汇率风险。境外证券投资基金是以人民币计价，但以美元等外币进行投资。美元等外币相对于人民币的汇率的变化将会影响本基金以人民币计价的基金资产价值，从而导致基金资产面临潜在风险。

第二，境外市场投资风险。境外投资要考虑各国汇率、税法、政府政策、对外贸易、结算、托管，以及其他运作风险等多种因素的变化导致的潜在风险。此外，境外投资的成本、境外市场的波动性均可能会高于本国市场，也存在一定风险。

第三，新兴市场投资风险。相比较成熟市场而言，新兴市场往往具有市场规模较小、发展还不完善、制度还不健全、市场流动性较差、市场波动性较高等特点，投资于新兴市场的潜在风险往往要高于成熟市场，从而导致资产面临更大的波动性和潜在风险。

第四，法律风险。由于各国或地区的法律法规方面的原因，导致某些投资行为受到限制或合同不能正常执行，从而有面临损失的可能性。

第五，政府管制风险。所投资国家或地区可能会不时采取某些管制措施，比如资本或外汇控制、对公司或行业的国有化、没收资产，以及征收高额税款等，从而有可能带来不利影响。

第六，政治风险。所投资的国家或地区政治经济局势变化（如罢工、暴动、战争等）或法令的变动，将对市场造成波动，从而可能会给投资收益造成直接或间接的影响。

第七，金融衍生工具投资风险。投资于金融衍生产品，包括期货、远期、掉期、期权以及其他结构性产品，由于金融衍生产品具有杠杆效应，价格波动较为剧烈，在市场面临突发事件时，可能会导致投资亏损高于初始投资金额。

此外还有会计核算风险、税务风险、证券借贷风险、初级产品风险等。

我国的QDII实施以来，获得了很大的发展，但投资收益波动较大。2016年以来，随着国外资本市场的活跃，许多QDII产品都获得了不菲的收益。但与此同时，尽管基金系QDII日益受到追捧，不少基金公司却面临巧妇难为无米之炊的尴尬。如今多数基金公司QDII额度都已经用完，只能暂停产品申购，等待相关部门批复新的QDII额度。即使部分基金公司还有一些剩余QDII额度，也会通过设立专户产品方式向少数高净值投资者或机构投资者销售，赚取约2%的通道费用。

8. 基金中基金（FOF）

FOF(Fund of Fund)是一种专门投资于其他证券投资基金的基金，有时也称作母基金。FOF并不直接投资股票或债券，其投资范围仅限于其他基金，通过持有其他证券投资基金而间接持有股票、债券等证券资产，它是结合基金产品创新和销售渠道创新的基金新品种。

根据2016年9月份公布的中国证监会《公开募集证券投资基金运作指引》，基金中基金是指，将80%以上的基金资产投资于经中国证监会依法核准或注册的公开募集的基金份额的基金。

FOF具有一定的优势。一方面，FOF将多只基金捆绑在一起，投资FOF等于同时投资多只基金，但比分别投资的成本大大降低了；另一方面，与基金超市和基金捆绑销售等纯销售计划不同的是，FOF完全采用基金的法律形式，按照基金的运作模式进行操作；FOF与其他基金一样，是一种可长期投资的金融工具。

根据标的基金种类不同，FOF可以分为以下四类：对冲基金的基金、共同基金的基金、私募股权投资基金的基金以及信托投资基金的基金。FOF作为资产管理行业发展到一定阶段的产物，自身具备分散风险、降低投资门槛等特点。

FOF起源20世纪80年代的美国，并在20世纪90年代开始得到了较为成熟的发展。1990年年底美国共有20只FOF，规模达14.26亿美元。到2015年年底，美国共有1404只FOF，资产规模达17216.22亿美元。

而数据显示，全球私募股权基金投资人构成中，FOF以39%的占比成为私募股权基金最大的投资者，其投资体量俨然已超过规模庞大的养老基金。

我国的第一只FOF诞生于2005年，由招商证券发行，主要投资于公募基金。此后，各大银行、券商等也分别开始发行FOF产品。与普通FOF不同，银行、券商发行的这些类公募基金FOF除了投资于其他公募基金外，基金资产还可以大量投资于二级市场。由于当时公募基金产品差异不大，且这些FOF真正投资公募基金的比例较低，致使投资收益与公募基金相比缺乏优势，加上后来政府对私募基金从事FOF投资的资格放开以及对银行理财产品投资范围的限制，此类FOF规模开始逐步缩减。

2014年7月7日，中国证监会颁布了《公开募集证券投资基金运作管理办法》，从法规的角度正式提出了公募基金FOF的概念，确立了公募FOF的法律地位。证监会于2016年9月23日公布《公开募集证券投资基金运作指引第2号——基金中基金指引》，奠定了公募基金FOF未来发展的法律基础，标志着FOF正式开启规范化发展阶段。

该指引指出以下几点。

(1) 基金中基金应当将80%以上的基金资产投资于其他公开募集的基金份额。

(2) FOF持有单只基金的市值不得高于FOF资产净值的20%，且不得持有其他FOF，同一管理人管理的全部基金中基金持有单只基金不得超过被投资基金净资产的20%。

(3) ETF联接基金持有目标ETF的市值，不得低于该联接基金资产净值的90%。

(4) 基金中基金不得持有具有复杂、衍生品性质的基金份额，包括分级基金和中国证监会认定的其他基金份额，中国证监会认可或批准的特殊基金中基金除外。

基金管理人不得对基金中基金财产中持有的自身管理的基金部分收取基金中基金的管理费。

基金托管人不得对基金中基金财产中持有的自身托管的基金部分收取基金中基金的托管费。

我国证券监管部门对私募FOF并不进行准入限制，而是采用登记备案制进行管理。登记备案制强调事中事后监管，相比于美国监管机构对对冲基金成立放任自流的态度，我国监管方式更有利于严厉打击以私募基金为名的各类非法集资活动。向基金业协会进行备案，也是我国私募基金行业自律的重要体现。

数据显示，美国共同基金中FOF规模占比超过10%，如果进行简单推算，未来中国公募FOF规模有望超过1万亿元。

9. MOM基金

所谓MOM基金，即"管理人的管理人(Manager of Mangers)基金"，是由MOM基金管理人通过长期跟踪、研究基金经理投资过程，挑选长期贯彻自身投资理念、投资风格稳定并取得超额回报的基金经理，以投资子账户委托形式让他们负责投资管理的一种投资模式。基金管理人自身则通过动态地跟踪、监督、管理他们，及时调整资产配置方案，来收获利益。简而言之，MOM基金是找最优秀的投顾组成团队、分配资金、操盘投资，既发挥团队力量，又不限制个人风格。MOM模式是一种较为新兴的资产管理策略，始于20世纪80年代，美国罗素投资集团是MOM的创始机构，在海外市场发展已相对成熟，在中国市场却刚刚起步。但由于它具有长期稳定、高于平均投资回报水平的特点，已经受到国内投资者的关注。

1) MOM基金与FOF的区别

一般人会把MOM基金和FOF混淆，两者的主要区别如下。

(1) 二者产品模式不同。

MOM基金与FOF虽然都是多管理人基金，但是MOM基金是将基金资产委托给其他基金经理进行管理；FOF以精选基金组合为投资对象，也就是说，MOM基金是管理人的管理人基金，FOF是基金中的基金，FOF是MOM模式的雏形。

(2) 二者组合对象不同。

MOM组合的是优质基金经理，FOF组合的是优质基金产品。具体而言，就是MOM从市场上精选符合需要的优质基金经理来管理MOM基金，而FOF则是在基金市场筛选优质基金。

(3) 二者管理费不同。

FOF投资于现有市场上的基金产品，容易出现双重收费，即标的基金收费一次，FOF再收费一次；嘉丰瑞德指出在MOM模式下，可变双重收费为单一收费，MOM通过专户、虚拟子账户运作，相对费率较低，流动性好，且MOM中两类基金经理共享管理费和业绩提成还利于投资者。

(4) 二者运作管理模式不同。

FOF 并不直接投资股票或债券，其投资范围仅限于市场上的其他基金，FOF 没有新设产品，而直接投资标的市场。MOM 通过精选市场顶尖私募管理人，既可以投资于证券市场，也可以投资于市场的其他基金，例如众星拱月 MOM 证券投资计划，通过创新的资产管理模式 MOM，精选市场顶尖私募管理人，投资于证券市场。

(5) 二者投资策略不同。

在投资策略上，FOF 更多将资产配置放在重要位置，FOF 整个产品层面的投资策略由产品的管理者负责制定，但具体到每只基金的策略是基金经理自己制定的。而 MOM 则更多放权给被雇佣基金经理，将基金经理配置放在突出位置。嘉丰瑞德认为 MOM 模式下的管理者对投资策略和风控的影响力和把控都更强，因为 MOM 产品的管理者负责制定产品的整体投资策略并把控风险，而且选择优质基金管理者负责具体的操作和执行，起辅助作用。

(6) 基金经理职责不同。

FOF 基金经理负责大类资产配置决策，制定基金在各类资产基金上的配置比例；挑选并购买投资各类资产的子基金。而 MOM 模式下，其基金经理负责大类资产配置并挑选、分配基金资产给其他被雇佣基金管理人，同时监督被聘用基金经理后续表现并及时进行调整。

综上所述，FOF 和 MOM 都是一种组合投资产品。FOF 俗称"基金中基金"，我们也可以把它戏称为"基中基"，按照同样的逻辑，我们可以将 MOM 基金戏称为"人中人"，第一个人是指 MOM 基金的基金经理，第二个人是指基金经理挑选出来管理资产的投资管理人。

2) MOM 基金的优点

MOM 基金的优点如下。

(1) 长期稳健。MOM 基金是一种稳健型产品，其特性是根据不同的市场环境，对多种操作风格的管理人进行切换和对冲，在分散风险的同时也平滑收益，所以，MOM 基金并不是短跑冲刺型选手，只有把时间拉长，优势才会明显体现出来。

美国的历史数据表明，在单一的年度排名中，MOM 基金过去十年中只有一年是第一名，但是如果把时间拉长到六七年，十几个类型的产品收益排名第一的都是 MOM 基金。目前国内大多 MOM 产品成立时间都很短，有的甚至达不到一个观察周期，因此现在评判国内 MOM 基金的业绩还为时尚早。

(2) 精英荟萃。MOM 基金会根据投资的具体情况，挑选合适的顶尖私募资金管理人组成优秀的基金管理团队，运用成熟的管理理念和前沿的投资策略，帮助客户实现资产的长期保值与增值。但 MOM 基金管理费较高，同时也需要深厚的人脉资源和行业数据，只有一些实力雄厚的大机构才有资本发行 MOM 基金。

(3) 多元化管理。MOM 基金多元化的管理模式是指"基金经理多元化和产品风格多元化"。MOM 基金挑选多位顶尖的基金经理,实现基金经理多元化;而多个基金经理可以构建多元化的投资组合,实现产品风格多元化,获得最佳的投资方案,从而让投资者获得更平稳持续的投资回报。

(4) 分散风险。由于 MOM 基金的私募资金管理人在投资上实现多元化,风险得以分散,能够有效平抑净值波动风险,使得投资风险大大降低。此外,MOM 基金不依赖单一策略,投资策略可以采用有期现套利、新股认购、二级市场阳光私募等多种不同的投资策略结构。MOM 基金的策略分散化使收益更加稳定,在增加交易机会的同时能进一步规避风险,同时也大大提高了资金的使用效率。

3) MOM 基金的缺点

MOM 基金的缺点如下。

(1) 起投金额高。现在市场上券商和基金子公司几乎很少发行 MOM 基金产品,更多的是一些私募机构在发行 MOM 基金产品,而私募基金的一大特点就是起投金额比较高,通常是 100 万元。较高的起投金额,使资金量不是特别大的投资者无法参与到 MOM 基金当中。

(2) 流动性低。MOM 基金与 FOF 一样,都不是每天可以开放赎回,首次封闭期通常是一年或一年半,之后每半年或一年开放一次赎回,流动性不如开放式公募基金高。但较长的开放赎回周期从另一方面来看也可以是其一个优点,这使得投资管理人不用考虑每日的资金赎回情况,更有利于充分发挥自己的投资水平。

(3) 收益率缺乏冲击力。资产类别的分散使得 MOM 基金的收益率比较平稳,但资产类别的分散也使得收益率缺乏一个爆发点。MOM 基金获得的更多是一个市场平均水平或略高于平均水平的收益,当遇到股票市场疯狂的时候甚至不会跑赢大盘指数,但当遭遇股灾的时候产品净值回撤也会相对较小。所以,究竟是优点,还是缺点,要看从哪个方面来看。

MOM 基金的好坏关键是要看基金经理挑选投资管理人的能力和投资管理人的投资水平,这时就需要投资者重点关注基金经理主动管理的能力和投资管理人的从业经历、历史业绩、市场的适应性等方面,应选择那些既有基金投资管理实践经验,又有丰富的基金管理理论背景的基金经理和投资管理人。

10. 量化基金

量化基金是指按照量化投资策略管理的基金。量化基金主要通过数学方法,从数据中捕捉机会。简单来说,量化基金就是由"电脑+人脑"而构建,基金经理的投资理念与电脑结合,运用量化模型选股,避免基金经理情绪、偏好等因素对投资组合的干扰,较大限度地进行理性投资。

一般来说，量化基金采用的策略包括：量化选股、量化择时、股指期货套利、商品期货套利、统计套利、期权套利、算法交易、资产配置等。

对于量化投资中人与模型的关系，就好比中医与西医的关系。中医是通过望、闻、问、切，最后得出结果，这一过程很大程度上基于中医的经验和感觉，定性程度大一些；西医就不同了，先要病人去拍片子、化验等，这些都要依托于医学仪器，最后得出结论，对症下药，定量程度大一些。

其实，定量投资和传统的定性投资本质上是相同的，二者都是基于市场非有效或是弱有效的理论基础，而投资经理可以通过对个股估值、成长等基本面的分析研究，建立战胜市场、产生超额收益的组合。不同的是，定性投资管理较依赖对上市公司的调研，以及基金经理个人的经验及主观判断，而定量投资管理则是"定性思想的量化应用"，更加强调数据。

1) 量化投资的特点

量化投资一般来说有四个特点。

(1) 纪律性。所有的决策都是依据模型做出的。纪律性首先表现在依靠模型和相信模型。纪律性的好处很多，可以克服人性的弱点，如贪婪、恐惧、侥幸心理，也可以克服认知偏差。纪律化的另外一个好处是可跟踪。每一个决策都是有理有据的，是有数据支持的。

(2) 系统性。系统性具体表现为"三多"。首先表现在多层次，包括在大类资产配置、行业选择、精选个股三个层次上都有模型。其次是多角度，定量投资的核心投资思想包括宏观周期、市场结构、估值、成长、盈利质量、分析师盈利预测、市场情绪等多个角度。最后是多数据，就是海量数据的处理。

(3) 妥善运用套利的思想。定量投资正是在找估值洼地，通过全面、系统性的扫描捕捉错误定价、错误估值带来的机会。定性投资经理大部分时间在琢磨哪一个企业是伟大的企业，哪一个股票是可以翻倍的股票。与定性投资经理不同，定量基金经理大部分精力花在分析哪里是估值洼地，哪一个品种被低估了，买入低估的，卖出高估的。

(4) 靠概率取胜。这表现为两个方面。一是定量投资不断地从历史中挖掘有望在未来重复的历史规律并且加以利用。二是依靠一组股票取胜，而不是一个或几个股票取胜。

2) 投资量化基金的风险

投资量化基金的风险主要体现在以下几点。

(1) 量化模型质量产生的投资风险。投资模型本身的质量，是量化基金最核心的竞争力。对于中国这样的新兴市场，量化投资的关键是能否根据市场特点，设计出好的投资模型。然而，已有的量化基金中，大多只是简单地利用国外已公开的模型，或是用基公司自有的一些简单模型，在考察国内证券市场的有效性上普遍比较欠缺。

(2) 基金经理执行纪律打折扣所产生的道德风险。好买基金研究中心的一份报告指出，大部分量化基金在择时、行业配置和资金管理等方面并没有采用量化模型，更多是靠基金经理的主观判断。观察这些量化基金的契约和季度报告可以发现，基金要么不进行择时，要么根据主观经验进行择时，这在很大程度上无法体现出模型选股产生的效果。

(3) 量化模型滞后产生的风险。量化基金效果如何，无法脱离资本市场环境的成熟度。量化模型的运用有重要的前提条件，是必须在一个相对成熟稳定的市场中运行，这种市场环境下基于历史数据设计的模型才可能延续其有效性。国内股市曾经大起大落，市场结构和运行规律都发生过质变。在这种情况下量化模型有可能跟不上市场本身的改变，严格的量化投资也难以适应变化。可以说，早期的 A 股市场并不适合量化投资理念，而随着市场逐渐成熟，量化投资的优势才开始逐渐显现。近两年量化投资基金数量成倍增加，也是对这一趋势的反映。

3) 规避量化投资风险

规避量化基金投资风险也并非无章可循，只要做到以下几点，就可将风险降到最低。

(1) 震荡市适合选择量化基金。量化投资以先进的数学模型替代人为的主观判断，因借助系统强大的信息处理能力而具有更大的投资稳定性，极大地减少了投资者情绪波动的影响，可以避免在市场极度狂热或悲观的情况下做出非理性的投资决策。

(2) 选择规模相对较大的量化基金公司。一般来说，量化投资模型更适合大资金运作。

(3) 价值型市场下首选量化投资基金。量化基金并非在所有市场都能有效战胜非量化基金。研究表明量化投资基金业绩具有很强的轮动特点。大部分量化投资基金具有很强的价值投资偏好，因此，他们在价值型市场下表现良好，1998—1999 年是成长型市场，量化投资基金大部分跑输传统型基金。2001—2005 年是价值型市场，量化投资基金普遍表现优异。

(4) 选择良好的量化基金管理团队至关重要，这是量化基金能取得优良业绩的最关键因素。就如同同样采取基本面研究的基金来说，有的基金业绩好，有的基金业绩差，量化基金也是如此，只有拥有良好量化技术的管理团队，才能获得良好的业绩。

11. 对冲基金

对冲基金，也称避险基金或套期保值基金，原意是指金融期货和金融期权等金融衍生工具与金融工具结合后以营利为目的的金融基金，是"风险对冲过的基金"。但经过几十年的演变，对冲基金已失去其初始的风险对冲的内涵，对冲基金的称谓亦徒有虚名。对冲基金已成为一种新的投资模式的代名词，即基于最新的投资理论和极其复杂的金融市场操作技巧，充分利用各种金融衍生产品的杠杆效用，承担高风险，追求高收益的投资模式。

现在的对冲基金有以下几个特点。

(1) 投资活动的复杂性。近年来结构日趋复杂、花样不断翻新的各类金融衍生产品如期货、期权等逐渐成为对冲基金的主要操作工具。这些衍生产品本为对冲风险而设计，但因其低成本、高风险、高回报的特性，成为许多现代对冲基金进行投机行为的得力工具。对冲基金将这些金融工具配以复杂的组合设计，根据市场预测进行投资，在预测准确时获取超额利润，或是利用短期内中场波动而产生的非均衡性设计投资策略，在市场恢复正常状态时获取差价。

(2) 投资效应的高杠杆性。典型的对冲基金往往利用银行信用，以极高的杠杆借贷在其原始基金量的基础上几倍甚至几十倍地扩大投资资金，从而达到最大限度地获取回报的目的。对冲基金的证券资产的高流动性，使得对冲基金可以利用基金资产方便地进行抵押贷款。一个资本金只有1亿美元的对冲基金，可以通过反复抵押其证券资产，贷出高达几十亿美元的资金。这种杠杆效应的存在，使得在一笔交易后扣除贷款利息，净利润远远大于仅使用1亿美元的资本金运作可能带来的收益。同样，也恰恰因为杠杆效应，对冲基金在操作不当时往往亦面临超额损失的巨大风险。

(3) 筹资方式的私募性。对冲基金的组织结构一般是合伙人制。基金投资者以资金入伙，提供大部分资金但不参与投资活动；基金管理者以资金和技能入伙，负责基金的投资决策。由于对冲基金在操作上要求高度的隐蔽性和灵活性，因而在美国对冲基金的合伙人一般控制在100人以下，而每个合伙人的出资额在100万美元以上。由于对冲基金多为私募性质，从而规避了美国法律对公募基金信息披露的严格要求。由于对冲基金的高风险性和复杂的投资机理，许多西方国家都禁止其向公众公开招募资金，以保护普通投资者的利益。为了避开美国的高税收和美国证券交易委员会的监管，在美国市场上进行操作的对冲基金一般在巴哈马和百慕大等一些税收低、管制松散的地区进行离岸注册，并仅限于向美国境外的投资者募集资金。

(4) 操作的隐蔽性和灵活性。对冲基金与面向普通投资者的证券投资基金不但在基金投资者、资金募集方式、信息披露要求和受监管程度上存在很大差别。在投资活动的公平性和灵活性方面也存在很大差别。证券投资基金一般都有较明确的资产组合定义，即在投资工具的选择和比例上有确定的方案，如平衡型基金指在基金组合中股票和债券大体各半，增长型基金指侧重于高增长性股票的投资。同时，共同基金不得利用信贷资金进行投资，而对冲基金则完全没有这些方面的限制和界定，可利用一切可操作的金融工具和组合，最大限度地使用信贷资金，以获取高于市场平均利润的超额回报。由于操作上的高度隐蔽性和灵活性，以及杠杆融资效应，对冲基金在现代国际金融市场的投机活动中担当了重要角色。

提起对冲基金，往往有一股神秘感，犹如蒙娜丽莎的微笑，看得到却又猜不透。过往诸如索罗斯的量子基金、西蒙斯的文艺复兴基金、达里奥的桥水基金等对冲基金业界的翘楚已然成为传说。而伴随国内资本市场的逐渐发展，以及开放力度的不断加强，国内的对冲基金行业迅速萌发和壮大，可谓"旧时王谢堂前燕，飞入寻常百姓家"。

目前国内优质对冲基金多为量化基金，主要采用下列两类策略。①市场中性策略，又称 Alpha 策略，通过做多一篮子股票做空股指期货的方式控制组合敞口，获取多头部分相对股票的超额收益。多头部分使用量化算法选股。②CTA(管理期货)策略，通过在期货市场中进行多空操作获利，主要策略分为趋势类策略和套利类策略两类，前者捕捉大宗商品的上涨下跌趋势，后者捕捉不同品种、合约间的价差套利机会。

我国第一只对冲基金诞生于 2011 年，且发展出了公募型对冲基金，大量运用量化模式进行投资，所以一般称之为量化对冲基金。2015 年"股灾"后，我国在 2016 年暂时停止了公募量化对冲基金的受理，但从 2019 年开始，又重新受理。

资管新规下，银行理财向净值化方向转型，量化对冲基金作为较为稳健的投资品种，可以弥补这块市场空缺。2018 年下半年以来，量化私募较受银行青睐，规模出现明显增长。

量化对冲基金有巨大的发展机会，在丰富投资者可投基金品种上，量化对冲基金起到有益的补充作用，但量化对冲基金受制于衍生品交易量及模型容量限制。

12. 阳光私募基金

私募基金有很多种，比如证券类、股权类、创投类等。在证券投资私募基金中，有一类私募基金比较知名，那就是阳光私募基金。阳光私募基金是由专业的投资公司发起，由私募公司发行，资金实现第三方银行托管，证券交由证券公司托管，在银保监会、证监会、中国证券投资基金业协会等的监管下，主要投资于股票市场的高端理财产品。

与私募股权基金相比，二者最大的不同在于投资对象的不同，阳光私募基金主要投资于二级证券市场，而私募股权基金则主要投资于未上市的公司股权。

与一般的私募基金相比，阳光私募基金的最大特点是其运作模式和公募基金基本相同，资金由银行托管，证券由交易券商托管，投资指令由在证监会和基金业协会备案的投资顾问及私募管理人完成，通过这样的结构可以充分保证阳光私募基金的资金和证券的安全。

可见，阳光私募基金主要涉及五方当事人：一是委托人，即信托计划的合格投资者；二是受托人，即信托公司；三是投资顾问，即投资公司或资产管理公司；四是负责资金托管的托管银行；五是负责证券托管的证券公司。

阳光私募基金运作中主要涉及三层法律关系。第一层法律关系，是存在于投资者与信托公司之间基于信托合同而产生的信托关系。在信托法律关系中，投资者是委托人，信托公司是受托人。一般情况下，信托合同中，通常会约定投资者是一般受益人，而投资公司或资产管理公司是特定受益人，特定受益人有权根据信托合同获得超额业绩提成。投资者与信托公司之间的权利义务关系，按双方签订的信托计划合同约定执行。同时，由受益人组成的受益人大会行使对受托人监督的职能，以确保阳光私募基金的运作符合投资者的利益。第二层法律关系，是存在于投资公司或资产管理公司与信托公司之间的投资顾问关系。在这种法律关系中，投资公司或资产管理公司接受信托公司的聘任，向信托公司提供证券组合、交易建议书、公司研究报告、宏观经济分析报告、证券市场分析报告、投资策略报告、信托产品投资运行情况报告及风险控制与净值管理报告或根据信托公司要求提交其他报告或服务等。第三层法律关系，是存在于信托公司、银行以及证券公司之间的三方托管关系。信托公司将集合资金信托计划募集的资金交由银行托管，而投资的证券则由证券公司托管。同时，托管人对信托公司有监督权，当信托公司违反法律法规、保管协议操作时，有权通知信托公司纠正，当出现重大违法违规或发生严重影响信托财产安全的事件时，托管人应及时报告银监会。

但是，需要明确的一点是投资者与投资顾问、证券公司及银行之间，没有直接的法律关系。

1) 阳光私募基金的特征

阳光私募基金具有以下鲜明的特征。

(1) 风险较大。阳光私募基金比起公募基金来说一般资金规模较小，有利于资金的进出和投资策略的快速调整，容易抓住转瞬即逝的投资机会，决策速度快。当然，根据《信托公司集合资金信托计划管理办法》，其不得承诺保本及最低收益，因此，风险也很大，风险管控力度相对较弱。

(2) 基金管理人收益与基金业绩挂钩。阳光私募基金固定管理费用很少，一般为2%。基金管理人主要收益来自超额业绩提成，所以具有良好的激励机制。通常，基金管理人收取20%超额业绩提成。但该超额业绩提成只有在私募基金净值每次创出新高后才可以提取。因此，不同于公募基金还要考虑每季度、半年以及年终的排名，阳光私募基金需要追求绝对的正收益，对下行风险的控制相对严格。只有投资者赚到钱，基金管理人才能赚到超额业绩提成。这从根本上保证了基金管理人的利益和投资者的利益是一致的，最大限度地保护投资者的利益，所以某种程度上来讲基金管理人和客户是共同的利益体。当然，也只是某种程度上，因为其并不和客户共同承担亏损，至少还有基本的认购费和管理费可以赚。

(3) 认购门槛较高，且认购费用不低。认购阳光私募基金，一般在100万元以上，多则达到三四百万元。对于个别上亿元的巨额资金，投资顾问公司则推出大客户专项管理服务。一般情况，阳光私募基金认购费用为认购信托计划金额的1%。

(4) 投资比例灵活。阳光私募基金，不像公募基金有最低仓位的限制，它的投资比例可以在0～100%，可通过灵活的仓位选择以规避市场系统风险。阳光私募基金规模通常在几千万至1个亿。相对于公募基金，总金额比较小，操作更灵活。同时，在需要时，私募基金可以集中持仓一两个行业，及五六只股票，更有利于基金经理主动管理能力的发挥。

(5) 流动性限制。阳光私募基金一般会有6到12个月的封闭期。成立之后的6个月内，不能赎回，6个月之后赎回需缴纳手续费，12个月之后赎回不用缴纳手续费。当然，也有的阳光私募基金甚至以2到3年为封闭期，每个封闭期结束后，只有半个月左右的开放期，以供投资者申购、赎回和转换等。

(6) 信息披露较少。通常每周、每两周或每月公布一次净值，没有强制的季度信息披露要求，相比公募，私募的信息披露较少。私募基金公布的净值不仅已经扣除私募管理人的提成，而且已经扣除固定管理费、银行托管费、律师顾问费等其他费用，是客户实际所得。私募基金净值可以在相应的信托公司网站、私募管理人网站，以及独立第三方的基金研究机构网站上查询到。

当然了，相对于一般的私募基金，阳光私募也有一定的优势。首先，阳光私募由正规金融机构发行，它的投资运作比较规范，发行机构对产品有一定的风控标准。其次，阳光私募基金的投资顾问在投资水平上有较高标准，而且从业时间久、经验丰富。很多私募基金经理都是来自公募基金行业的明星基金经理，还有的是民间低调的操盘高手、实力派。从历史数据来看，私募基金的绝对收益相对较高。最后，阳光私募资金和公募基金一样，由第三方银行托管，管理人只能下指令，不能直接碰投资人的钱，这就杜绝了管理人跑路、胡乱投资的风险。

2) 阳光私募基金的形式

阳光私募证券基金一般存在三种形式："开放模式""结构模式"和"云南模式"。

(1) 开放模式。所谓开放模式，即基金认购者需要承担所有投资风险及享受大部分的投资收益，私募基金公司不承诺收益。私募基金管理公司的盈利模式一般是收取总资金2%左右的管理费和投资盈利部分的20%(佣金收入)，这种收费模式俗称"2-20"收费模式(2%管理费+20%盈利部分提成)。这种"2-20"收费模式是私募基金国际流行的收费模型。国内有时候也称之为"深圳模式"。

(2) 结构模式。"结构模式"的阳光私募基金，就是指将受益人分为不同种类，进行结构划分，比如将受益人划分为优先受益人和一般受益人，特别受益人和一般受益人，以此为基础来分配利益。这种模式以上海模式为典型。

(3) 云南模式。云南模式是指信托公司发行的信托计划中，受托人与管理人为一人，信托公司作为信托计划受托人的同时,也是管理人,无投资顾问公司,这一定程度上降低了信息不对称的风险。因为此模式只有云南国际信托有限公司一家采用,故称云南模式。这种模式,当管理人与投资者利益不一致时,投资者利益往往被牺牲,而且,这种模式下内幕交易发生的概率更高。

3) 阳光私募基金的误区

投资于阳光私募基金,一定要注意以下四大误区。

(1) 短期排名靠前的阳光私募基金就是好基金?

通常打开一些阳光私募基金的销售网站,经常会看到近三个月排名、近一个月排名、近半年排名的一些优秀基金。很多投资者就会根据这些排名进行购买。这是非常不科学的。

由于阳光私募基金的特性,暂时的排名靠前可能由于其投资风格激进,甚至有着偶然的运气因素,并不绝对意味着具备投资价值。

投资者可以通过专业人士的帮助来找到那些成立时间较长(3年以上),收益良好的阳光私募基金进行投资,不要单纯锁定短期排名靠前的基金。

(2) 明星基金经理管理的阳光私募基金一定好?

很多阳光私募基金在推介材料中都会用较大篇幅去宣传基金经理强大的过往背景和实力,通常很多私募基金经理都是从公募基金"私奔"而来的。但是由于私募的运作机制以及操盘的规则还是和公募略有不同的,比如失去强大投研团队支持,需要更多精力考虑公司运营等问题,投资业绩可能会受到影响,所以并不能迷信明星公募基金经理,尤其是一些刚刚"私奔"的基金经理,建议观察一段时间再做决定为好。

(3) 阳光私募公司规模越大,投资能力越强?

阳光私募公司资产管理的规模越大,并不一定意味着公司的实力越强,反之亦然。

阳光私募公司的管理规模需要与其投资策略、投研团队、基金经理的企业管理能力等多方面相匹配。例如趋势投资、套利投资的策略,随着基金规模扩大,收益空间反而会逐渐减小。阳光私募公司的管理规模和投资能力其实并无绝对关系。

(4) 净值高的阳光私募基金上涨空间小于净值低的私募基金?

阳光私募基金净值的高低与其未来的收益空间并不存在因果关系,不同的净值水平仅反映了目前该阳光私募基金净资产的市场价值。真正决定阳光私募基金未来收益高低的是基金经理的投资能力。

因此,"净值高的基金未来收益空间小、净值低的基金未来收益空间大"只是一种错觉。

5.4 投资基金的监管

5.4.1 监管体系

根据《中华人民共和国证券法》《中华人民共和国证券投资基金法》的规定，中国证监会是我国基金市场的监管主体，依法对基金市场主体及其活动实施监督管理。基金业协会作为行业自律组织，对基金业实施行业自律管理。另外，证券交易所负责组织和监督基金的上市交易，并对上市交易基金的信息披露进行监督。

1. 中国证监会的职责

中国证监会依法履行下列职责。

(1) 制定有关证券投资基金活动监督管理的规章、规则，并行使审批、核准或者注册权。

(2) 办理基金备案（私募基金的备案已经授权给基金业协会）。

(3) 对基金管理人、基金托管人及其他机构从事证券投资基金活动进行监督管理，对违法行为进行查处，并予以公告。

(4) 制定基金从业人员的资格标准和行为准则，并实施监督。

(5) 监督检查基金信息的披露情况。

(6) 指导和监督基金业协会的活动。

(7) 法律、行政法规规定的其他职责。

中国证监会依法履行职责，有权采取检查、调查取证、限制交易以及行政处罚等监管措施。

中国证监会领导干部离职后三年内，一般工作人员离职后两年内，不得到与原工作业务直接相关的机构任职。但经过中国证监会批准，可以在基金管理公司、证券公司、期货公司等机构担任督察长、合规总监、首席风险官等职务。

2. 基金业协会的职责

基金业协会的职责如下。

(1) 教育和组织会员遵守有关法律和行政法规，维护投资人合法权益。

(2) 依法维护会员的合法权益，反映会员的建议和要求。

(3) 制定和实施行业自律规则，监督、检查会员及其从业人员的执业行为，对违反自律规则和协会章程的，按照规定给予纪律处分。

(4) 制定行业执业标准和业务规范，组织基金从业人员的从业考试、资质管理和业务培训。

(5) 为会员提供服务，组织投资者教育，收集、整理、发布行业数据信息，开展行业研究、行业宣传、会员交流、国际交流与合作，推动行业创新发展。

(6) 对会员之间、会员与客户之间发生的基金业务纠纷进行调解。

(7) 依法办理私募基金管理人登记、私募基金产品备案。

(8) 根据法律法规和中国证监会授权开展相关工作。

证券交易所享有交易业务规则的制定权，这是其自律管理职能的重要内容。根据《中华人民共和国证券法》的规定，证券交易所依法可以制定上市规则、交易规则、会员管理规划等。根据《证券投资基金监管职责分工协作指引》的规定，证券交易所负责对基金在交易所内的投资交易活动进行监管，负责交易所上市基金的信息披露监管工作。

基金份额在证券交易所上市交易，应当遵守证券交易所的业务规则。

证券交易所设有基金交易监控系统，对投资者买卖基金的交易行为以及基金在证券市场的投资运作行为的合法合规性进行日常监控，监控涉嫌违法违规的交易行为，并监控基金财产买卖高风险股票的行为等。

证券交易所在监控中发现基金交易行为异常，涉嫌违法违规的，可以根据具体情况，采取电话提示、警告、约见谈话、公开谴责等措施，并同时向中国证监会报告。

5.4.2 对基金机构的监管

1. 对基金管理人的监管(择要举例)

根据《中华人民共和国证券投资基金法》的规定，基金管理人由依法设立的公司或者合伙企业担任。而担任公募基金的基金管理人的主体资格受到严格限制，只能由基金管理公司或者中国证监会按照规定核准的其他机构担任。

按照基金合同约定，私募基金可以由部分基金份额持有人作为基金管理人负责基金的投资管理活动(即 MP)，并在基金财产不足以清偿其债务时由其对基金财产的债务承担无限连带责任(当然，也可以由其他具有相应资质的公司或者合伙企业管理，但不能是自然人)。

经中国证监会批准，基金管理公司可以设立子公司，经营特定客户资产管理业务、基金销售业务，以及中国证监会许可的其他业务。

基金管理人的董事、监事和高级管理人员，应当熟悉证券投资方面的法律、行政法规，具有3年以上与其所任职务相关的工作经历。高级管理人员还应当具备基金从业资格。

基金管理公司不得聘用从其他公司离任未满3个月的基金经理从事投资、研究、交易等相关业务。

基金经理管理基金未满1年的，公司不得变更基金经理。如有特殊情况需要变更的，应当向中国证监会及相关派出机构书面说明理由。

基金管理人的董事、监事、高级管理人员和其他从业人员，其本人、配偶、利害关系人进行证券投资，应事先向基金管理人申报，并不得与基金份额持有人发生利益冲突。公募基金的基金管理人应当建立董事、监事、高级管理人员和其他从业人员进行证券投资的申报、登记、审查、处置等管理制度，并报中国证监会备案。

公开募集基金的基金管理人及其董事、监事、高级管理人员和其他从业人员不得有下列行为：

(1) 将其固有财产或者他人财产混同于基金财产从事证券投资。
(2) 不公平地对待其管理的不同基金财产。
(3) 利用基金财产或者职务之便为基金份额持有人以外的人牟取利益。
(4) 向基金份额持有人违规承诺收益或者承担损失。
(5) 侵占、挪用基金财产。
(6) 泄露因职务便利获取的未公开信息，利用该信息从事或者明示、暗示他人从事相关的交易活动。
(7) 玩忽职守，不按照规定履行职责。
(8) 法律、行政法规和国务院证券监督管理机构规定禁止的其他行为。

2. 对基金托管人的监管

公募基金必须有托管人，但私募基金可以有，也可以没有托管人。

基金托管人与基金管理人不得为同一机构，不得相互出资或者持有股份。

基金托管人应当履行下列职责：

(1) 安全保管基金财产。
(2) 按照规定开设基金财产的资金账户和证券账户。
(3) 对所托管的不同基金财产分别设置账户，确保基金财产的完整与独立。
(4) 保存基金托管业务活动的记录、账册、报表和其他相关资料。
(5) 按照基金合同的约定，根据基金管理人的投资指令，及时办理清算、交割事宜。
(6) 办理与基金托管业务活动有关的信息披露事项。
(7) 对基金财务会计报告、中期和年度基金报告出具意见。
(8) 复核、审查基金管理人计算的基金资产净值和基金份额申购、赎回价格。
(9) 按照规定召集基金份额持有人大会。
(10) 按照规定监督基金管理人的投资运作。
(11) 国务院证券监督管理机构规定的其他职责。

基金托管人发现基金管理人的投资指令违反法律、行政法规和其他有关规定，或者违反基金合同约定的，应当拒绝执行，立即通知基金管理人，并及时向国务院证券监督管理机构报告。

基金托管人发现基金管理人依据交易程序已经生效的投资指令违反法律、行政法规和其他有关规定，或者违反基金合同约定的，应当立即通知基金管理人，并及时向国务院证券监督管理机构报告。

3. 对基金服务机构的监管

从事公募基金的销售、销售支付、份额登记、估值、投资顾问、评价、信息技术系统服务等基金服务业务的机构，应当进行注册或备案。

基金管理人可以办理其募集的基金产品的销售业务。商业银行、证券公司、保险公司、期货公司、证券投资咨询机构、独立基金销售机构、保险代理公司、保险经纪公司符合一定条件的，均可以向中国证监会申请注册为基金销售机构。

基金销售机构必须向投资人充分揭示投资风险，并根据投资人的风险承担能力销售不同风险等级的基金产品。

基金投资顾问机构及其从业人员，不得以任何方式承诺或者保证投资收益。

5.4.3 对公募基金活动的监管

1. 对基金公开募集的监管

公开募集基金应当经中国证监会注册。未经注册，不得公开或者变相公开募集基金。公开募集基金，包括向不特定对象募集资金、向特定对象募集资金累计超过200人，以及法律、行政法规规定的其他情形。

基金管理人应当自收到注册文件之日起6个月内进行基金募集。

基金份额的发售，由基金管理人或者其委托的基金销售机构办理。

基金募集期限届满，封闭式基金募集的份额达到准予注册规模的80%，开放式基金募集的份额超过准予注册的最低募集份额，并且基金份额持有人人数符合中国证监会的规定，属于募集基金成功。

若基金募集失败，基金管理人应当以其固有财产承担因募集行为而产生的债务和费用，并在基金募集期限届满后30日内返还投资人已缴纳的款项，并加计银行同期存款利息。

2. 对基金公开销售的监管

根据《证券投资基金销售管理办法》的规定，基金销售机构在销售基金和相关产品的过程中，应当坚持投资人利益优先原则，根据投资人的风险承受能力销售不同风险等级的产品，把合适的产品销售给合适的基金投资人。

基金销售机构应当建立基金销售适用性管理制度。在办理基金销售业务时应当根据反洗钱法规相关要求识别客户身份。

基金宣传推介材料，应当事先经基金管理人负责基金销售业务的高级管理人员和督查长检查，出具合规意见书。销售机构应当对宣传推介材料的内容负责，并不得有下列情形。

(1) 虚假记载、误导性陈述或者重大遗漏。

(2) 预测基金的证券投资业绩。

(3) 违规承诺收益或者承担损失。

(4) 可能使投资人认为没有风险的或者片面强调集中营销时间限制的表述。

(5) 登载单位或者个人的推荐性文字。

基金管理人和销售机构应当在基金合同、招募说明书或者公告中载明收取认购费、申购费、赎回费、转换费和销售服务费等费用的标准及计算方法等。

3. 对公募基金投资于交易行为的监管

基金管理人运用基金财产进行证券投资，除中国证监会另有规定外，应当采用资产组合的方式。

资产组合的具体方式和投资比例，依照法律和中国证监会的规定在基金合同中约定。采用资产组合投资方式是分散投资风险、保持基金财产适当流动性和收益稳定性的重要手段。

(1) 基金财产应当用于下列投资：①上市交易的股票、债券；②国务院证券监督管理机构规定的其他证券及其衍生品种。

(2) 基金财产不得用于下列投资或者活动：①承销证券；②违反规定向他人贷款或者提供担保；③从事承担无限责任的投资；④买卖其他基金份额，但是中国证监会另有规定的除外；⑤向基金管理人、基金托管人出资；⑥从事内幕交易、操纵证券交易价格及其他不正当的证券交易活动；⑦法律、行政法规和国务院证券监督管理机构规定禁止的其他活动。

2020年6月开始，公募基金可以参与申购新股，亦能投资于新三板市场。

事实上，在此之前，已有不少公募基金管理公司以专户产品的形式在新三板投资，公募基金也有参与新三板市场的意愿。

4. 对公募基金信息披露的监管

基金管理人、基金托管人应当依法披露基金信息，并保证所披露信息的真实性、准确性和完整性。

公开披露基金信息，不得有下列行为。

(1) 虚假记载、误导性陈述或者重大遗漏。

(2) 对证券投资业绩进行预测。

(3) 违规承诺收益或者承担损失。

5. 对基金份额持有人的监管

公募基金的基金份额持有人按其所持基金份额享受收益和承担风险。

基金份额持有人大会应当有代表 50% 以上基金份额的持有人参加，方可召开。但因参加基金份额持有人大会的持有人的基金份额低于前款规定比例而重新召集的基金份额持有人大会应当有代表 1/3 以上基金份额的持有人参加，方可召开。

基金份额持有人大会就审议事项做出决定，应当经参加大会的基金份额持有人所持表决权的 50% 以上通过。但是，转换基金的运作方式、更换基金管理人或者基金托管人、提前终止基金合同、与其他基金合并，应当经参加大会的基金份额持有人所持表决权的 2/3 以上通过。

第六章 保险基础知识

- 保险概述
- 保险合同及主体
- 常见的保险合同形式
- 财产保险
- 人身保险

本章学习目标

01 了解保险的意义与概念，掌握保险的重要性

02 学习掌握保险合同等各方主体及其解读

03 了解常见的保险合同及其特点

04 学习掌握什么是财产保险和人身保险

> **本章简介**
>
> 本章介绍了中国保险行业的基本概念及市场,从风险控制的角度讲解了学习和掌握保险的意义;介绍了保险的基本原则与各方主体;还介绍了常规的保险合同,并对经典案例进行解读;另外还详细介绍了财产保险与人身保险的意义。

6.1 保险概述

6.1.1 保险与风险管理

保险产生于风险管理的需要,而风险的本质就是不确定性。对于一个组织或者个体而言,由于不能完全预测事项发生与否及其相关影响,那就产生了不确定性。风险是指某个事件发生的不确定性。如果某一事件的发生存在两种或两种以上可能,我们就认为该事件存在风险。对于每个人来说,风险的发生是不确定的。

风险多种多样,可以根据不同的方法进行分类。比如,根据风险产生的原因,其可以分为自然风险、社会风险、政治风险、经济风险和技术风险等;根据标的其又可以分为人身风险、财产风险、责任风险和信用风险等。虽然我们很难彻底阻止风险的发生,但可以采取有效的方法来应对。作为风险管理的重要工具,保险以其独有的保障杠杆功能,搭起家庭财务规划的防火墙,可以抵御因意外或疾病而造成的短期大额支出,当风险来临时,家庭经济不会受到太大影响。

1. 保险的含义

根据《中华人民共和国保险法》的规定,保险,是指投保人根据合同约定,向保险人支付保险费,保险人对于合同约定的可能发生的事故因其发生所造成的财产损失承担赔偿保险金责任,或者当被保险人死亡、伤残、疾病或者达到合同约定的年龄、期限等条件时承担给付保险金责任的商业保险行为。

从法律角度看,保险是一种合同行为。投保人根据合同约定,向保险人支付保险费,保险人对合同约定的可能发生的事故因其发生所造成的财产损失或人身损失承担赔偿保险金责任。保险合同当事人双方在法律地位平等的基础上,签订合同,承担各自的义务,享受各自的权利。

从风险管理角度看,保险是风险管理的一种方法——风险转移,常常用于发生风险较低,但是一旦发生会带来较大损失的风险。这种风险管理方法将众多的个人或单位结合起来,将个体的风险分摊到投保的群体内,起到分散风险、补偿损失的作用。

从经济角度看,保险是集合同类风险单位以分摊意外损失的一种经济制度,是分摊意外事故损失的一种有效的财务安排。投保人根据合同约定，向保险人支付保险费，实际上是将其面临的不确定的大额损失转变为确定性的小额支出。保险人则是为面临风险的被保险人提供保险经济保障，有利于提高投保人抵抗风险的能力。

2. 风险管理的方法

风险管理，是指通过对风险的识别、估测和评价，选择合适的风险管理技术，以减少风险负面影响的决策及行动过程。风险管理一条总的原则是：以最小的成本获得最大的保障。风险管理的方法也被称为风险管理技术，一般情况下，家庭风险管理方法包含以下四种。

(1) 风险规避。风险规避是指事先预料风险产生的可能性程度，主动避开损失发生的可能性。它适用于对付那些损失发生概率高且损失程度大的风险，比如考虑到游泳时有溺水的危险就不去游泳；比如在商业活动中，避免跟不熟悉的服务提供商签约等；再比如缩小项目工作范围以避免某些高风险的任务活动等。

虽然规避风险能从根本上消除隐患，但这种方法明显是一种消极的方法，因为避免风险也意味着丧失更大的机会或利润，而且并不是所有的风险都可以规避或应该进行规避，比如人身意外伤害，无论如何小心翼翼，这类风险总是无法彻底消除，再如因害怕出车祸就拒绝乘车，实际上是不可行的。

(2) 风险自留。风险自留是指对风险的自我主动承担，这种主动承担可能是理性的，也可能是非理性的。"理性"是指经正确分析，认为潜在损失较小，在承受范围之内，而且自己承担全部或部分风险比购买保险更经济合算；"非理性"是指对损失发生存在侥幸心理，或对潜在损失程度估计不足。所以，自留风险一般适用于对付发生概率小，且损失程度低的风险。

(3) 风险预防。风险预防是指在风险事件发生前，采取措施消除或者减少风险发生的可能性，风险事件发生时或者发生后，采取措施降低风险带来的损失。比如定期体检，虽然不能消除患重大疾病的风险，但可能发现早期症状，早做治疗，降低发病概率或减轻严重程度。这种方式在企业风险管理中又叫风险减轻策略，就是谋求降低不利风险发生的可能性和影响程度，把风险事件的后果和可能性减少到一个可以接受的范围。

(4) 风险转移。风险转移是指通过合理的安排，把自己面临的风险全部或部分转移给另一方。对于那些发生概率小而造成损失大的风险，风险转移是最合适的风险管理手段。转移策略并不消灭风险，但通常要向第三方付费用作为其承担风险的报酬。保险就是转移风险的重要工具。通过合同的方式将风险转嫁给另一个机构，将风险事件对财务影响的不确定性转化为确定，这种风险转移方式正是保险。

投保人付出的是保费，获得的是在保险合同约定的事故发生后保险公司给付（赔付）给被保险人（或受益人）保险金。对于个人而言，保险就是提前对未来可能发生的风险或一定发生的事件做出安排，一旦与风险不期而遇，不至于手足无措。

由此可见，保险是风险管理中风险转移的方法。在诸多风险管理方法中，只有保险能够使人们在遭遇风险后获得损失补偿。当然，并不是所有的风险都可以被保险承保，而是必须要满足以下五个基本要素。

第一，可保风险的存在。可保风险应满足以下条件：风险应当是纯粹风险，即风险一旦发生只有损失的机会，而无获利的可能；风险应当是意外，即风险的发生不能是投保人或被保险人的故意行为所致，也不可能预知；风险必须可测。

第二，多数经济单位的集合。保险需要满足赔付支出和保费收入的大体平衡。风险的存在使大量标的均有遭受损失的可能性，但不能使大多数保险标的同时遭受损失。

第三，公平合理的保险费率。保险费率为保险费占保险金额的比例，通常表示为保险产品的价格。保险费率的下限受保险事故发生概率等成本因素影响，上限受市场需求约束。

第四，保险基金的建立。保险基金是指保险人为保证其履行保险赔偿责任或给付义务而从保险费中预先计提的责任准备金。

第五，保险权利与义务的对等。保险是以保险合同形式成立的有偿双务合同。投保人与保险人互有权利和义务，并且受法律保护。

从以上内容，我们也可以看出，保险具有的几个基本特征：①经济性，保险属于经济活动；②互助性，保险体现"人人为我，我为人人"；③契约性，保险是合同行为；④科学性，保险需经过数理统计、计算，并运用概率论与大数定律进行计算。

6.1.2 保险的基本原则

保险的四项基本原则：最大诚信原则、保险利益原则、损失补偿原则、近因原则。这四项原则作为人们进行保险活动的准则，始终贯穿整个保险业务。

1. 最大诚信原则

最大诚信原则是保险的四项基本原则中最重要的一项原则。保险合同的双方当事人在签订和履行保险合同时，要真诚地向对方充分而准确地告知有关保险方面的所有重要事实，不允许存在任何虚假、欺骗或隐瞒的行为；在保险合同有效期内，要绝对信守合同订立的约定与承诺。否则，受到损害的一方，按民事立法规定可以此为由宣布合同无效，或解除合同，或不履行合同约定的义务或责任，直至对因此受到的损害要求对方赔偿。

最大诚信原则的主要内容包括告知、保证、弃权与禁止发言，具体如下。

(1) 告知是指投保人或被保险人在订立合同时，应当将与保险标的有关的重要事实如实向保险人陈述，以便保险人判断是否接受承保或以什么条件承保。

(2) 保证是指保险人在签发保险单或承担保险责任之前要求投保人或被保险人对某一事项的作为或不作为，某种事态的存在或不存在做出的承诺或确认。根据保证存在的形式，保证可分为明示保证与默示保证。明示保证与默示保证具有同等的法律效力，被保险人都必须严格遵守。

(3) 弃权是指合同一方放弃其在保险合同中的某项权利。

(4) 禁止发言是指合同一方既然已经放弃这种权利，今后就不得反悔，不得再向对方主张这种权利。此条主要用以约束保险人。关于这些要求，《中华人民共和国保险法》作了详细规定。

提到最大诚信原则，就不得不提经常被大家谈起的"不可抗辩条款"。不可抗辩条款是用于保护投保者的权益，而且规定过了两年后保险公司无权解除合同，那么，即使投保者没有如实告知，保险公司也必须按照合同理赔吗？答案是否定的。

最大诚信原则是保险合同签订的基础，所以如果投保人故意隐瞒既往病史或相关信息，且保险公司调查后可以举证证明，那么即使过了两年的时效，不可抗辩条款也不适用。

【案例1】[①] 赵某于2005年投保了一份重疾险，在投保前他已经患有慢性肾功能衰竭，但却未将此情况如实告知保险公司。2019年赵某因慢性肾功能衰竭发展到终末期尿毒症阶段而向保险公司索赔。保险公司经过调查后发现赵某在投保时有隐瞒病史的情况，所以发出拒赔通知书。赵某不服，以不可抗辩条款为由将保险公司告上法庭，但法院驳回了赵某诉讼的请求。

【案例2】李某于2005年投保了一份重疾险，在投保前他患过一次肺炎，但却未将此情况如实告知保险公司。2006年李某不幸罹患肺癌，他怕之前隐瞒的肺炎病史影响他的理赔，所以故意拖延至合同满两年后的2007年才以肺癌为由申请理赔。保险公司经过调查后发现李某在两年内已经患病，虽然他之前的肺炎和后面的肺癌没有必然联系，但是李某没有及时告知，所以保险公司拒赔。李某不服，以不可抗辩条款为由将保险公司告上法庭，但法院在调查后驳回了李某诉讼的请求。

这个例子中，虽然李某之前的肺炎和之后的肺癌间并没有直接的关系，但是违反了《中华人民共和国保险法》关于及时告知的相关规定，所以即使保险合同已经过了两年，不可抗辩条款也失效。

那么，不可抗辩条款还有用吗？当然有用，下面我们就来看一下不可抗辩条款适用的例子。

【案例3】周某于2011年投保了一份重疾险，在投保前他患过一次附睾炎，但却未

[①] 本节案例摘自多保鱼，网址：https://www.dby.cn。

将此情况如实告知保险公司。2015年周某不幸罹患胃癌并向保险公司申请理赔。保险公司经过调查后发现周某曾患过附睾炎并隐瞒此情况，所以保险公司以未如实告知为由拒赔。周某不服，以不可抗辩条款为由将保险公司告上法庭，最后周某胜诉。

上面的这个例子中，虽然周某之前患过附睾炎并未如实告知，但附睾炎和胃癌间并没有直接的联系，而且合同生效已经超过两年，所以法院最后判决周某胜诉，保险公司按合同赔偿。

其实，未如实告知的情况在签订保险合同时并不是偶然发生的。因为有时候投保者确实不知道未如实告知的内容与签订保险有关，或者未如实告知的内容连投保者自己都不知道。比如很多投保者缺乏医学常识，所以不知道以前的某次就医经历或诊断会如此重要，从而没有如实告知；再比如，投保人为父母投保，但父母习惯于不让孩子担心而未将一些身体不适的情况告诉孩子，所以投保者在投保时也会出现"未如实告知"的情况。

去鉴定未如实告知的性质是一件较麻烦的事情，所以如果发现有未如实告知的情况，应该立即通知保险公司，做一次补充告知。保险公司会根据投保者补充的情况做出具体的分析和判断，最后会通知投保者是否可以继续承保。虽然有解除合同的可能，但至少也做到了诚信原则，避免最后出现拒赔的损失。

总结一下，不可抗辩条款并不是所有超过两年的合同都可以支持。虽然它主要是用来约束保险公司的权利，保护投保人的利益，但明显违背最大诚信原则的未如实告知，依然会成为不可抗辩条款失效的原因。所以，两年不可抗辩的条款并不是谎言的保护伞，大家切记"最大诚信，如实告知"。

2. 保险利益原则

保险利益指的是在签订保险合同时或履行保险合同过程中，投保人和被保险人对保险标的必须具有的法律上的利益。其确立的条件必须是：合法利益、确定利益、经济利益、有利害关系的利益。所以，如果甲要给乙投保，那么他们两人之间必须要存在保险利益。

《中华人民共和国保险法》规定，人身保险的投保人在保险合同订立时，对被保险人应当具有保险利益，不具有保险利益的合同无效。可见，保险利益是保险合同成立的根本前提和条件，也是维持合同有效的重要条件之一，但不是保险给付的前提条件，比如，丈夫为妻子购买人身保险，之后即使两人离婚，保险合同仍然有效。

根据《中华人民共和国保险法》规定，在人身保险中，投保人对下列人员具有保险利益：①本人；②配偶、子女、父母；③前项以外与投保人有抚养、赡养或者扶养关系的家庭其他成员、近亲属；④与投保人有劳动关系的劳动者。

订立合同时，投保人对被保险人不具有保险利益的，合同无效。也就是说，只有符合法规中的条款，才具有保险利益，那么保险合同的签订才能合法合规。

另外，如果是意外险，则只能够给自己、配偶、父母或子女投保。因为，意外险的杠杆过高，如果扩大保险利益的范围，那么很有可能制造骗保事件；如果是年金险，由于其实际为一款理财产品，所以投保限制相对宽松，可隔代投保，爷爷奶奶、外公外婆均可作为投保人，且没有年龄限制。

3. 损失补偿原则

损失补偿原则，是指保险事故造成保险标的毁损，被保险人遭受了经济损失，保险公司应当承担补偿损失的责任。损失补偿原则主要包含两层含义。

(1) 有损失，就补偿；无损伤、不补偿。被保险人与保险人之间的保险合同订立后，只有保险事故发生造成保险标的损毁致使被保险人遭受经济损失时，保险人才有承担损失补偿的责任。

(2) 以实际损失为限，以保额为限，以保险标的可保利益为限。被保险人获得的补偿金额，仅以其保险标的遭受的实际损失为限，被保险人不能获得额外收益。在具体的实务操作中，上述三个限额同时起作用。因此，其中金额最少的限额即为保险赔偿的最高额度。

从道德层面上来看，损失补偿原则是为了维护保险双方的利益，从而防止道德风险的发生。

【案例4】老张前段时间生病住院，花费了3万多元。出院后想起自己曾投保过一份商业医疗险，保额200万元，老张心想自己能够获得保险公司的"巨额赔偿"，还算一个安慰。不过，在老张申请理赔后，只获得了2万多元的赔偿款。这让老张疑惑不解，不是保额200万元吗，怎么才赔2万元？

实际上，老张生病住院花费了3万余元，其购买的补偿型医疗险只能用于弥补其实际支付的医疗费用，再减去1万元的免赔额，所以最后赔付2万余元，而200万元的保额只是此份保险的赔偿上限。

损失补偿原则有三个派生原则，即重复保险分摊原则、代位追偿原则、委付原则。

在重复保险的条件下，为了避免被保险人因保险事故获得超额赔偿，因此采用顺序、限责和分摊等原则。

重复保险的分摊方法主要有保险金额比例责任制、赔偿金额比例责任制和顺序责任制三种。我国重复保险的分摊方法主要采用的是保险金额比例责任制。

代位追偿，是指因第三者对保险标的的损害造成保险事故时，保险人向被保险人赔偿保险金以后，在赔偿金额范围内取代被保险人的地位行使对第三者请求赔偿的权利。

委付原则，是被保险人在发生保险事故造成保险标的推定全损时，通过口头或书面形式，将保险标的物的一切权利连同义务移转给保险人而请求保险人赔偿全部保险金额的法律行为。保险人一旦接受委付，就不能撤销。由于委付是受损标的所有权的转移，因此，保险人接受了委付后，可以通过处理受损标的获得利益，而且所获利益可以大于其赔偿的保险金。

4. 近因原则

近因是指造成保险标的损失的最有效、最直接、起决定性作用的原因，而不是指在时间上或空间上最接近的原因。按照近因原则，当被保险人的损失是直接由于保险责任范围内的事故造成的，保险人才给予赔偿。反之，若造成保险标的损失的近因属于责任免除，则保险人不负赔付责任。这是因为现实中保险标的损失可能是由多种风险事故同时或连续发生造成的，而这些风险事故往往同时有被保风险、未保风险或除外风险，如果属于未保风险或者除外风险，则保险人不负赔偿责任。

【案例5】张女士2015年1月购买了某保险公司的意外伤害保险。当年9月的一天，张女士在马路上被一辆中速行驶的电瓶车轻微碰擦，感觉头晕胸闷，在送医院途中病情加重，后在医院不治身亡。医院死亡证明书指出死亡原因是心肌梗死。张女士家人向保险公司申请意外伤害理赔，保险公司以导致死亡的原因并非保险事故，不属于意外伤害为由，不予理赔。

根据近因原则分析：张女士被电瓶车碰是造成死亡原因的"诱因"，而不是"近因"，这个"诱因"如果发生在健康人身上，是不会导致死亡的，所以造成张女士身故的近因不是电瓶车的碰擦，而是自身的健康原因，所以保险公司不予赔偿符合近因原则。

6.1.3 保险的分类

根据不同的分类标准，保险可以分为很多不同的种类。根据经营方式的不同，保险可分为社会保险和商业保险；根据保险保障对象的不同，保险可以分为人身保险和财产保险；根据实施方式的不同，保险可以分为自愿保险和强制保险；根据承保风险的不同，保险可以分为单一风险保险和综合风险保险；根据承保方式的不同，保险可以分为原保险、再保险、共同保险和重复保险；根据保险单的独立性不同，保险可以分为主险和附加险；根据被保险人的数量不同，保险可以分为团体保险和个人保险。

还有一种分类方式，把保险分为"保人的""保物的""保财的"。"保人的"保险主要有意外险、重疾险、医疗险和寿险；"保物的"保险和我们普通人密切相关，主要有车险和家财险；"保钱的"保险即常见的理财险，包括：年金险、分红险、万能险、投连险，除了投连险以外都具有"保本功能"，适合作为家庭的中长期储蓄。

另外，根据保费是否返还，保险还可分为消费型保险和储蓄型保险两大类，如图6-1所示。

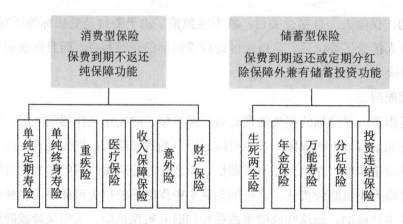

图 6-1 消费型保险和储蓄型保险

为便于掌握理解,这里着重介绍前两种分类标准下的保险概念。

1. 社会保险与商业保险

1) 社会保险

社会保险是社会保障制度的一个最重要的组成部分,不以营利为目的。我国社会保险主要包括养老保险、医疗保险、失业保险、工伤保险、生育保险,即俗称的五险。它的目标是尽可能让老百姓能获得一般水平的基本保障。对于大多数人来说,它的保障水平是远远不够的。另外,由于各地缴纳社保的基数和金额不同,导致社保往往只能在缴费地区才能享受。

需要指出的是,随着我国老龄化社会程度的加深,长期护理险也越来越受到重视,非常可能成为我国社会保险的"第六险"。长期护理险大约在 20 年前起源于美国,并在德、法等欧洲国家发展良好。在美国,长期护理险受到了许多家庭的热捧,占据了美国人寿保险市场不小的份额。我国长期护理险的试点工作始于 2016 年,人力资源和社会保障部印发《人力资源社会保障部办公厅关于开展长期护理保险制度试点的指导意见》,明确河北省承德市、吉林省长春市、黑龙江省齐齐哈尔市等 15 个城市作为试点城市。2020 年 5 月,在原有试点的基础上拟新增 14 个试点城市;2020 年 9 月,国家医保局正式发布《关于扩大长期护理保险制度试点的指导意见》。

长期护理险从给付条件标准来看,主要有以下几类:一是丧失日常活动能力,包括起床和睡觉,或起居活动、穿衣和脱衣等;二是具有医学上的必要性;三是认知能力障碍,如果被保险人被诊断为在某方面有认知能力障碍,就认为其需要长期护理。

2) 商业保险

商业保险则是指通过订立保险合同运营,以营利为目的的保险形式,由专门的保险企业按照商业原则来经营。保险公司对根据合同约定的可能发生的事故因其发生所造成的财产损失承担赔偿保险金责任,或者当被保险人死亡、伤残、疾病或达到约定的年龄、期限时承担给付保险金责任。

3) 社会保险与商业保险的联系与区别

社会保险和商业保险之间存在着千丝万缕的联系,从保险起源可以看出,社会保险正是在商业保险的基础上建立起来的。然而,由于社会保险提供的是基本生活保障,商业保险作为社会保险的一种补充,被广泛地运用于各个领域。

简单地从几个方面来看,商业保险与社会保险存在明显区别,具体如表 6-1 所示。

表 6-1 商业保险与社会保险的区别

比较范围	社会保险	商业保险
经营主体	政府职能部门及委托机构	保险公司
经营目的	不以营利为目的,只为人民提供基本生活保障	以营利为目的,独立核算,自主经营,自负盈亏
实施方式	具有强制性	非强制性,依照平等自愿原则
缴费主体	国家、企业、个人共同分担	投保人
保障范围	由国家事先规定,保障范围较窄,程度较低,一般只能保证基本的生活费用和医疗费用	由投、承保双方协商确定,可以满足消费者生存、发展、保障、投资等多层次需求

2. 财产保险与人身保险

按照保险保障对象的不同来划分,保险分为财产保险和人身保险两大类。

1) 财产保险

投保标的是财产,可保财产,包括物质形态和非物质形态的财产及其有关利益。广义的财产保险包括各种财产损失保险、责任保险、信用保险等。

(1) 财产损失保险。财产损失保险是以各类有形财产为保险标的的财产保险。其主要包括的业务种类有:企业财产保险、家庭财产保险、运输工具保险、货物运输保险、工程保险、特殊风险保险和农业保险等种类。

如果偶然的意外会对家庭及事业造成非常重大的影响,那么财产损失保险就变得非常有必要了。比如 2019 年的山东寿光水灾,让这个全国最大的蔬菜集散中心被摧毁,直接导致北京等地的蔬菜价格上涨。数据显示 14 万受灾大棚仅 120 个上了保险,如果能及早认识到保险的必要性,很多悲剧都不会发生了。

(2) 责任保险。责任保险是指保险人在被保险人依法应对第三人负赔偿责任,并被提出赔偿要求时,承担赔偿责任的财产保险形式。责任保险以被保险人对他人依法应负的民事赔偿责任为保险标的,在合同中无保险金额,但规定了赔偿限额,比如交强险,全称"机动车交通事故责任强制保险",就是责任保险的一种。

(3) 信用保险。信用保险是指权利人向保险人投保债务人的信用风险的一种保险,是一项企业用于风险管理的保险产品。其主要功能是保障企业应收账款的安全。在当今信用社会，公司之间经常会产生预先付款或者预先发货的情况，为了避免对方拒绝履行合同或清偿债务导致的财务损失，从而有了信用保险。

2) 人身保险

人身保险是以人的生命或身体为保险标的，在被保险人的生命或身体发生保险事故或保险期满时，依照保险合同的规定，由保险人向被保险人或受益人给付保险金的保险形式。人身保险按照保险责任可以分为人寿保险、健康保险和意外伤害保险等。

关于人身保险，后面还有专门的章节做更加详尽的介绍，这里不再赘述。

6.2 保险合同及主体

保险产品并不是实物形式的商品，而是虚拟形式的产品，其载体就是保险合同。保险合同作为具有法律约束力的协议，既是保险功能得以落实的手段，也是当事人发生纠纷时人民法院或仲裁机构用以明断是非、公正裁决的重要依据。

6.2.1 保险合同的特征

《中华人民共和国保险法》规定，保险合同是投保人与保险人约定保险权利义务关系的协议。根据保险合同的约定，收取保险费是保险人的基本权利，赔偿或给付保险金是保险人的基本义务；与此相对应的，交付保险费是投保人的基本义务，请求赔偿或给付保险金是被保险人的基本权利。当事人必须严格履行保险合同，否则除法定例外以外，必须承担违约责任。因此，保险合同具有如下鲜明的特征。

(1) 有偿合同，即因为享有一定的权利而必须偿付一定代价的合同。

(2) 双务合同，即合同双方当事人相互享有权利、承担义务的合同。

(3) 射幸合同，即合同的最终效果在订约时不能确定，只有当合同中约定的条件具备或合同约定的事件发生时才履行，具有一定的偶然性的合同。

(4) 附和合同，即内容不是由当事人双方共同协商拟订，而是由一方当事人先拟订，另一方当事人只是做出是否同意的意思表示的一种合同。

(5) 诚信合同，即由于保险双方信息的不对称性，对诚信的要求远远高于其他合同的一种合同。

6.2.2 保险合同的主体

签订保险合同是当事人双方都必须参与的，合同的存在可以更有力地保障双方的利益。保险合同的主体，包括保险合同当事人、保险合同关系人和保险合同辅助人。

1. 保险合同当事人

1) 保险人

保险人专指保险公司，也称承保人，是与投保人订立合同，收取保险费，在保险事故发生时，对被保险人承担赔偿损失责任的人。保险人具有以下特征。

(1) 保险人仅指从事保险业务的保险公司，其资格的取得必须符合法律的严格规定。

(2) 保险人有权收取保险费。

(3) 保险人有履行承担保险责任或给付保险金的义务。

2) 投保人

投保人又称保单持有人，是指与保险人订立保险合同，并按照合同约定负有支付保险费义务的人。投保人可以是自然人，也可以是法人组织。投保人应具备下列两个要件。

(1) 具备民事权利能力和民事行为能力。保险合同与一般合同一样，当事人应具有权利能力和行为能力。

(2) 对保险标的须具有保险利益。在人身保险合同中，投保人对被保险人必须具有保险利益；在财产保险合同中，投保人对保险标的要具有保险利益。保险合同中的投保人可以是一方，也可以是多方，而再保险合同中的投保人必须由原保险人充当。

2. 保险合同关系人

1) 被保险人

被保险人指保险事故或事件在其财产或在其身体上发生而受到损失时享有向保险人要求赔偿或给付的人。被保险人可以是自然人、法人，也可以是其他社会组织，且具备下列特征。

(1) 被保险人是保险事故发生时遭受损失的人。一旦发生保险事故，被保险人将遭受损害。在财产保险中，因保险事故直接遭受损失的是保险标的，被保险人则因保险标的的损害而遭受经济上的损失。在人身保险中，因保险事故直接遭受损害的是被保险人本人的身体、生命或健康。

(2) 被保险人是享有赔偿请求权的人。由于人寿保险合同可以是为他人的利益而订立，因而投保人没有保险赔偿金的请求权，只有请求保险人向被保险人或受益人给付保险赔偿金的权利。

(3) 被保险人的资格一般不受限制，被保险人可以是投保人自己，也可以是投保人以外的第三人；被保险人也可以是无民事行为能力人，但是在人身保险中，只有父母才可以为无民事行为能力人投保。

2) 受益人

受益人是指在人身保险合同中由被保险人或投保人在保险合同中指定的在保险事故发生时享有保险金受领权利的人。受益人具有以下特征。

(1) 受益人独立地享有保险金请求权。

(2) 受益人由被保险人或者投保人指定。

(3) 受益人的资格一般没有限制，无须受民事行为能力或保险利益的限制；但是当投保人为与其有劳动关系的人投保人身保险时，不得指定被保险人及其近亲属以外的人为受益人。

受益人的受益权是直接根据保险合同产生的，可因下列原因消灭：受益人先于被保险人死亡或破产或解散；受益人放弃受益权；受益人有故意危害被保险人生命安全的行为，其受益权依法取消。

关于受益人的指定，投保人指定受益人未经被保险人同意的，人民法院应认定指定行为无效。有关受益人的约定包括姓名和身份关系，保险事故发生时身份关系发生变化的，认定为未指定受益人。

【案例6】A 与 B 为夫妻，A 以自己为被保险人投保，指定受益人为妻子，但中途 A 与 B 离婚了，由此受益人 B 的身份关系发生了变化，若 A 死亡，保险事故发生，则 B 并非为受益人，而应视为未指定受益人。从事实上也能推测出，A、B 离婚后，A 很大程度上不大会希望 B 继续成为受益人。

受益人仅约定为身份关系但没写具体人姓名，投保人与被保险人为同一主体的，受益人身份关系应根据保险事故发生时其与被保险人的关系确定；投保人与被保险人为不同主体的，受益人身份关系应根据保险合同成立时其与被保险人的关系确定。

【案例7】A 与 B 是夫妻，A 以 B 为被保险人投保，指定受益人为"配偶"。但中途 A 与 B 离婚了，B 与 C 结婚。若 B 死亡，保险事故发生，则受益人是 A 还是 C 呢？答案是 A，因为 A 是投保人，且配偶身份关系的变化是在订立合同时没有预见的，为保障投保人利益，应以签订合同时作为节点认定身份关系。

在保险合同存续期间，受益人可以变更，但必须经被保险人的同意，且必须通知保险人，否则该变更对其不发生效力。若发生被保险人在遗嘱中变更受益人但并没有通知保险人，则变更基本无效。

【案例8】A 投保了自己为被保险人、B 为受益人的人身保险，但 A 后又私下订立遗嘱指定 C 为受益人。当 A 死亡时，保险合同即转化为 B 对保险公司的保险金请求权。虽然此时遗嘱也生效了，但原保险合同的债权债务关系已经终止，C 也就不能再变更为受益人。

投保人、被保险人和受益人三者之间的关系是：投保人是出资买保险的人，被保险人是受保险合同保障享受保险金请求权的人，受益人是由被保险人指定在自己死后代为享有保险金请求权的人。投保人或被保险人必须对保险标的具有保险利益，但受益人不必如此。

受益人与继承人的区别：受益人享有的是受益权，是受让所得；而继承人享有的是遗产的分割权，是继承取得。受益人没有用其领取的保险金偿还被保险人生前债务的义务。但如果是继承人的话，则在其继承遗产的范围内有为被保险人偿还债务的义务。

3) 保单所有人

保单所有人，又叫"保单持有人"，指拥有保单各项权利的人，他可以与投保人、受益人为同一人，也可以是其他任何人，如被保险人的法定继承人。一般来说，被保险人与保单所有人为同一人的情况比较普遍。目前，我国的人寿保险合同中并没有保单所有人这一概念。

3. 保险合同辅助人

1) 保险代理人

保险代理人即保险人的代理人，指依保险代理合同或授权书向保险人收取报酬，并在规定范围内，以保险人名义代理经营保险业务的人。保险代理是一种特殊的代理制度，具体表现在以下几个方面。

(1) 保险代理人与保险人在法律上视为一人。

(2) 保险代理人所知道的事情，都假定为保险人所知道的。

(3) 保险代理必须采用书面形式。

保险代理人既可以是单位也可以是个人，但须经国家主管机关核准具有代理人资格。

2) 保险经纪人

保险经纪人是基于投保人的利益，为投保人和保险人订立合同提供中介服务，收取劳务报酬的人。保险经纪人的劳务报酬由保险公司按保险费的一定比例支付。

3) 保险公估人

保险公估人是指接受保险当事人委托，专门从事保险标的之评估、勘验、鉴定、估损、理算等业务的单位。

6.3 常见的保险合同形式

6.3.1 保险合同形式

保险人在保险合同订立后有签发书面保险凭证的义务。保险合同在实务当中主要有以下几种书面形式。

1. 投保单

投保单是指投保人向保险人申请订立合同的书面要约，由保险人事前准备，投保人需如实填写相关信息，以便保险人做出是否同意承保或收取多少保险费的决定。

投保单提交保险人之后，如果保险人审核承保不通过，则保险合同不能成立，投保单作废；如果保险人审核承保通过，保险合同成立，投保单随即作为保险合同的正式凭证，成为合同的一部分。

投保人在投保书上所应填具的事项一般包括以下几个。

(1) 投保人姓名（或单位名称）及地址。

(2) 投保的保险标的名称和存在地点。

(3) 投保险别。

(4) 保险价值及保险金额。

(5) 保险期限。

(6) 投保日期和签名等。

2. 暂保单

暂保单是指正式保险单签发之前，由保险人提供给投保人的临时保险单。由于承保过程中保险人审核投保单需要时间，而投保人在提交投保单时往往已经缴纳全部保险费，并有急需保险保障的可能，所以通过暂保单可以解决客户需求，暂保单具有与正式保险单同样的效力，只是有效期限较短，一般不超过 30 天。正式保险单签发后，其内容归并于保险单，暂保单失去效力。如果保险单签发之前保险事故就已发生，暂保单所未载明的事项，应以事前由当事人商定的某一保险单的内容为准。

3. 保险单

保险单，简称保单，是指保险合同订立之后，保险人向投保人签发的有关保险合同的正式书面凭证，具有法律效力。保险单应该将保险合同的内容全部详尽列出。因为各类保险合同保险标的和涉及的危险事故不同，所以保险单在具体内容上以及长短繁简程度上亦有所不同，但在明确当事人权利义务方面，是一致的。

保险单并不等于保险合同，仅为合同当事人经口头或书面协商一致而订立的保险合同的正式凭证而已。只要保险合同双方当事人意思表示一致，保险合同即告成立，即使保险事故发生于保险单签发之前，保险人亦应承担保险给付的义务。如果保险双方当事人未形成合意，即使保险单已签发，保险合同也不能成立。但在保险实践中，保险单与保险合同相互通用。

保险单的做成交付是完成保险合同的最后手续，保险人一经签发保险单，则先前当事人议定的事项及暂保单的内容尽归并其中，除非有诈欺或其他违法事情存在，保险合同的内容以保险单所载为准，投保人接受保险单后，推定其对保险单所载内容已完全同意。保险单除作为保险合同的证明文件外，在财产保险中，于特定形式及条件下，保险单具有类似"证券"的效用，可作成指示或无记名式，随同保险标的转让。在人身保险中，投保人还可凭保险单抵借款项。

4. 保险凭证

保险凭证，又称小保单，是保险人向投保人签发的，用以证明保险合同已经成立或者保险单已经出具的书面凭证，它是一种简化了的保险单，与保险单具有同等的法律效力。凡保险凭证中没有列明的事项，则以同种类的正式保险单所载内容为准，如果正式保险单与保险凭证的内容有抵触或保险凭证另有特订条款时，则以保险凭证为准。

5. 批单

批单，又叫背书，是保险双方当事人协商修改和变更保险单内容的一种单证，也是保险合同变更时最常用的书面单证。批单实际上是对已签订的保险合同进行修改、补充或增减内容的批注，一般由保险人出具。

6. 其他书面形式

其他书面形式，具体包括保险协议书、电报、电传等形式。其中，保险协议书是重要的书面形式。

保险合同是格式合同，一般情况下都是书面的，但保险合同不属于《中华人民共和国民法典》规定的必须是书面形式的合同之一，所以从某方面来说，保险合同可以是别的形式。现实生活中也有非书面形式的例子，比如很多保险公司的网上保险超市，只要通过电话确认一下，相关的意外保险即可生效。当然，为了保障权益，还是应该尽可能采用书面形式。

6.3.2 保险合同主要条款

保险合同的条款分为主要条款和特约条款，基本条款是指保险法律明确规定保险合同应记载的事项，是保险合同的主要内容。特约条款是指在基本条款之外，投保人与保险人根据险种特性和主体实际需要，针对具体事项通过协商一致而达成的特别约定的条款。

1. 保险合同记载事项

保险合同应该记载下列事项。

(1) 保险人的名称和住所。

(2) 投保人、被保险人的姓名或者名称、住所，以及人身保险的受益人的姓名或者名称、住所。

(3) 保险标的。

(4) 保险责任和责任免除。

(5) 保险期间和保险责任开始时间。

(6) 保险金额。

(7) 保险费以及支付办法。

(8) 保险金赔偿或者给付办法。

(9) 违约责任和争议处理。

(10) 订立合同的年、月、日。

2. 投保注意事项

作为消费者，我们应该清楚每一份保险都只是对特定的保险事故承担责任，保险并不是"百保箱"，为保护自身权益，请在选择保险产品和投保过程中，注意以下事项。

(1) 要准确了解自己所购买保险产品的功能，是不是能解决自己的风险需求。

(2) 要履行如实告知义务，真实准确填写投保单，避免保险事故发生后因自己隐瞒风险而造成保险人拒赔或免赔的后果。

(3) 认真研读保险条款，特别关注保险责任或除外责任条款，清楚自己的权利。

(4) 投保单的当事人和关系人必须亲笔签名，代签名不被法律认可。

6.3.3 关于人身保险权益关系问题的说明

1. 投保人与被保险人之间的利益关系

投保人订立大额人身保单合同时，对被保险人应具有保险利益，否则不予赔付。根据《中华人民共和国保险法》规定，投保人对本人，配偶、子女、父母，与投保人有抚养、赡养或者扶养关系的家庭其他成员、近亲属，与投保人有劳动关系的劳动者具有保险利益。被保险人同意投保人为其订立合同的，视为投保人对被保险人具有保险利益。订立合同时，投保人对被保险人不具有保险利益的，合同无效。因而，投保人只能为具有保险利益的人投保。

2. 现金价值

保单的现金价值是投保人在保险合同早期支付的超过自然保险费的积累，属于投保人的个人财产。例如：投保人应每年支付10万元保费，共支付5年，投保人一次性支付50万元的保费，则保险现金价值＝总保费－应扣减的所有保费。比如，第二年保险的现金价值 =50-10×2=30(万元)。

在寿险(死亡险)中，若被保险人在保险期间死亡，保险事故发生，保险的现金价值应当全部转化为保险金，属于受益人，投保人不再享有现金价值。如果保险公司不知道保险事故发生，已向投保人返还了现金价值，而受益人依据保险合同要求保险人给付保险金，则保险人仍需要给付保险金，不能以保险责任已解除为由进行抗辩。保险人支付的现金价值只能要求投保人返还不当得利。

若保险事故尚未发生而投保人死亡，则投保人的继承人继承保险合同，享有保险合同的现金价值。

3. 保单中各种财产权益的归属

保单中各种财产权益的归属如下。

(1) 现金价值和保单分红是投保人的财产权益，不用于清偿被保险人或受益人的债务。

(2) 年金、医疗保险赔偿金、大病保险赔偿金是生存受益人的财产，生存受益人一般默认为被保险人，因此上述财产不用于抵偿投保人或者死亡受益人的债务。

(3) 人寿保险死亡赔偿金属于死亡受益人的财产，不用于抵偿被保险人的债务。

4. 保险合同的解除与转移

投保人可以解除保险合同，无须被保险人或者受益人同意，但被保险人或者受益人已向投保人支付相当于保险单现金价值的款项并通知保险人的，投保人不得解除，但可通过被保险人或受益人支付保险单现金价值来实现保险合同的转移。

6.4 财产保险

财产保险是指投保人根据合同约定，向保险人交付保险费，保险人按保险合同的约定对所承保的财产及其有关利益造成的损失承担赔偿责任的保险。《中华人民共和国保险法》规定，财产保险业务，包括财产损失保险、责任保险、信用保险、保证保险等保险业务。

财产保险的可保财产包括物质形态和非物质形态的财产。以物质形态的财产作为保险标的的，通常称为财产损失保险，例如，飞机、卫星、大型工程、汽车、船舶、厂房、设备以及家庭财产保险等。以非物质形态的财产及其相关利益作为保险标的的，通常是指各种责任保险、信用保险等，例如，公众责任保险、产品责任保险、雇主责任保险、职业责任保险、出口信用保险、投资风险保险等。

但是，并非所有的财产都可以作为财产保险的保险标的。只有根据法律规定，符合财产保险合同要求的财产及其相关利益，才能成为财产保险的保险标的。

财产保险的分类有：家庭财产保险、企业财产保险、运输工具保险、货物运输保险、工程保险、责任保险及信用保证保险，如图 6-2 所示。

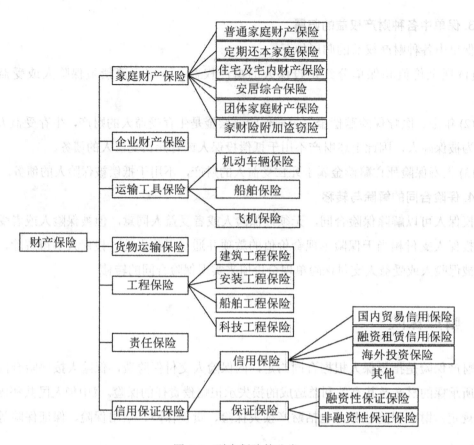

图 6-2　财产保险的分类

6.5　人身保险

人身保险是以人的生命或身体机能为保险标的，在被保险人的生命或身体发生保险事故或保险期满时，依照保险合同的规定，由保险人向被保险人或受益人给付保险金的保险形式。

6.5.1　人身保险的特征

1. 定额保险

人身保险的最突出特征是保险标的即人的生命、健康不能估价，因此，它不是对物质损失进行的补偿，而是给予被保险人及其家庭约定金额的经济帮助。

2. 长期保险

人身保险通常为长期保险，尤其是人寿保险，往往是长期合同，保险期间一般在5年以上，甚至终身。而保险费会受利息、通货膨胀、费用率等因素的影响，保险给付又受死亡率的影响。

3. 采用均衡保险费法

人身保险的赔付概率随着年龄的增长而增长，因此，采用均衡保险费法计算保险费。

4. 具有储蓄性

对于投保人而言，交纳人身保险的保险费不仅可以获得保险保障，还可以收回全部或部分保险金额，回报大于投资，所以具有储蓄性。

5. 对保险金额进行测定评价

人的生命价值没有客观测定标准，因此，只能由投保人根据自身需要自报保险金额，保险公司按投保人的经济情况、工作性质、生活标准、缴付保费能力等因素加以衡量。如果认为合理，即可接受承保；如认为金额过高，可以协商修改或拒保。人身保险合同经当事人协商可以附加意外死亡的双赔条款，被保险人非因一般疾病而是因意外伤害事故死亡时，可以得到双倍保额的保险金。

6. 保险利益的特殊性

由于人身保险的保险标的是无价的，因此人身保险的保险利益是无限的。在人身保险中，保险利益至上是订立保险合同的条件，但并不是维持保险合同效力与保险人给付保险金的条件。只要投保人在投保时对被保险人具有保险利益，即使投保人与被保险人的关系发生了变化，也不影响保险合同的效力。

6.5.2 人身保险的分类

人身保险的产品种类繁多，但按照保障范围可以划分为意外伤害保险、健康保险和人寿保险。

1. 意外伤害保险

意外伤害保险是指以被保险人的身体为保险标的，以意外伤害而导致被保险人身故或残疾为给付保险金条件的一种人身保险。

"意外伤害"包含意外和伤害两层含义。伤害是指人的身体受到侵害的客观事实。"意外"必须同时符合四个条件：外来的、突发的、非本意的、非疾病的。比如，某人坐在家里沙发上突然猝死，对于家人来说"非常意外"，但并不属于意外伤害保险定义的意外事件。

1) 意外险的特点

(1) 以死亡给付和残疾给付为主要内容，其派生责任包括医疗费用给付、误工给付、丧葬费给付和遗属生活费给付等责任。一般情况下，人身意外伤害保险以意外死亡和意外残疾为主要承保责任，而由于意外伤害造成的医疗费用支出和误工给付则属于健康保险承保范围。

(2) 有些意外伤害可以以特别约定的方式承保，比如被保险人在从事登山、跳伞、滑雪、拳击等剧烈的体育活动或比赛中遭受的意外伤害。

(3) 设有责任期限，被保险人在保险期限内遭受意外伤害，即便是治疗期超过了保险期限，但责任期限尚未结束，都应当根据责任期限结束时刻被保险人的残疾程度，给付残疾保险金。

(4) 费率厘定特殊，与被保险人的年龄、性别、健康状况无关，而与被保险人的职业、工种、所从事工作的危险程度有关。

(5) 采取定额给付的形式，且无超额投保和不足额投保问题。

(6) 短期限居多，意外险的保险期限有一年期、多年期和临时性几种，其中以一年期最为常见，临时性意外险常常为旅游保险、单次航空意外险、游泳池人身意外险等。

(7) 承保条件较宽，高龄也可投保，不必进行体检，且身体疾病不属于意外伤害保险的保障范围。

(8) 限定范围，并不是所有的意外伤害都可承保，比如被保险人在犯罪活动中所受的意外伤害、在寻衅斗殴中所受的意外伤害、酒醉或吸食毒品后发生的意外伤害、被保险人自杀行为造成的伤害等。

2) 人身意外伤害保险的种类

(1) 意外伤害死亡残疾保险。这是最基本的类型。只要人身意外伤害发生的时间是在保险有效期内，即使后续治疗时间已超过了保险有效期，也属于保险责任赔偿范围。在我国，保险公司开发人身意外伤害保险产品时，通常倾向于在普通意外伤害保障的基础上，增加一些其他保障，如增加意外烧烫伤赔偿、特定意外事故保障，以及一些意外伤害医疗保障等。

(2) 指定交通工具意外伤害保险。在保险期内乘坐保险合同指定的交通工具，包括飞机、轮船、汽车造成意外事故致被保险人死亡或残疾，保险人应承担赔付责任。这其实属于旅游意外伤害保险的一种。

(3) 意外伤害医疗保险。投保人向保险人缴纳保险费，当被保险人在保险期内遭受人身意外伤害需要治疗时，保险人给付被保险人医疗保险金。一般不单独承保，而是作为附加险承保，其赔付不仅包括住院治疗费用，还包括因意外伤害而发生的门诊医疗费用。

(4) 意外伤害停工保险。其是以被保险人因遭受人身意外伤害，暂时丧失劳动能力而不能工作作为给付保险金条件。一般也是作为附加险承保，主要在于补偿被保险人因遭受人身意外伤害暂时不能工作而减少的劳动收入。

(5) 特定职业意外伤害保险。这需要特殊的技术及丰富的承保和理赔经验。目前我国最常见的就是建工险、矿工险等，并基本是以团体意外伤害保险的渠道来承保。

(6) 待记名式意外伤害保险。保险人无法对被保险人进行选择，也无法通过对高风险个体收取额外费用进行风险补偿和风险控制。比如，一些公路旅客意外伤害保险、公园门票中包含的在公园游玩期间发生意外事故的保险等。

2. 健康保险

健康保险是以被保险人的身体为保险标的，保障被保险人在出现疾病或意外事故所致伤害时的直接费用或间接损失获得补偿的一种人身保险。其主要业务种类有医疗保险、疾病保险、收入保障保险和护理保险等。目前，单位为员工缴纳的社保中，就有基本医疗保险和养老保险。

1) 健康保险的条件和范围

健康保险的保险责任与被保险人面临的健康风险是密切相关的，承保的是人因不健康造成的损失和风险。但是，健康保险承保的疾病是有条件限制的，并不是什么疾病都可承保。健康保险承保的疾病需要满足以下条件：疾病必须是由于明显的非外来原因造成的；必须是非先天的原因造成的；必须是非常存的原因造成的。

值得注意的是，生育和自然衰老都不属于疾病，不属于健康保险的保障范围，但因其引发的其他疾病则属于健康保险的保障范围。

健康保险除具有人身保险的特征外，由于存在道德风险，因此具有许多独特的规定。

(1) 保险金额定额给付，即在投保时投保人与保险人约定，一旦被保险人罹患合同中约定的疾病就必须按照保险金额赔付。

(2) 适用补偿原则，即花费多少医疗费用就赔付多少，收入损失多少就赔付多少，被保险人获得的补偿不能高于其实际损失。

(3) 不能指定受益人，健康保险保障的是被保险人的身体，是以被保险人生存为前提。

(4) 承保标准严格，不仅要考察被保险人的家族史、既往病史、职业、年龄等因素，而且投保金额较高和年龄较长的被保险人还需要进行体检方可承保。当被保险人由于职业变更造成风险程度增加或减少时，保险人有权要求增加保险费或降低保险费，也可以减少保险金额或增加保险金额。

(5) 设有观察期。为防止已罹患疾病的被保险人恶意投保，通常健康保险合同在保险合同成立后，并不立即承担保险责任，而是等待一段时间后保险合同才生效。观察期因险种不同而不同，从30天到180天不等。在观察期内，即使罹患疾病或发生医疗费用或收入损失，保险公司都不予赔付。

(6) 规定免赔额。为防止道德风险，健康保险中的医疗保险均要求被保险人先自付一小部分医疗费用，超出部分再由保险人赔付。

(7) 按比例赔偿，健康保险中的医疗保险对超出免赔额医疗费用设有一个赔付比例，一般在60%~90%之间，其余部分由被保险人承担。

(8) 除外责任，包括战争、军事行动、自杀、生育、整形和变性手术、违法行为等。

(9) 续保的特殊性。健康保险的续保分为保证续保和条件续保两种。对于长期健康保险，大多采用保证续保的方式进行，即只要被保险人继续交费，合同就继续有效，直到规定的年龄；对于短期的健康保险，则大多采用条件续保的方式，即续保时，被保险人必须符合合同规定的条件，否则保险人有权拒绝或要求变更保费或保险责任。

(10) 期内发生式，即以被保险人因病入院或发生疾病当年的保险期内的保险金额为赔付金额，对已经发生尚未处理完的保险事故，仍按原来合同期限承担保险责任。

(11) 转换和协调给付。团体健康保险的被保险人在脱离团体后购买个人医疗保险时，无须提供可保证明。同时当被保险人购买了两份以上健康保险单而发生理赔时，被保险人可以优先申请理赔其中一份保单，再向第二份保单的保险人申请理赔余下的保险金，防止被保险人通过重复保险获得不当得利。

2) 健康保险的分类

健康保险可以分为疾病保险、医疗保险、失能收入损失保险和护理保险。目前，我国市场上销售的健康保险主要为疾病保险和医疗保险。

健康保险根据理赔方式可分为费用补偿型保险和定额给付型保险。费用补偿型保险，在发生合同约定保险事故时，最高理赔金额以保险金额为限，以实际发生费用为限；定额给付型保险，在发生合同约定保险事故时，一般是按合同约定赔付保险金额，与实际费用支出多少无关。

(1) 疾病保险，是指以保险合同约定的疾病的发生为给付保险金条件的保险。目前我国的疾病保险多为重大疾病保险和癌症保险。

重大疾病保险按保险期间划分，可以分为定期重大疾病保险和终身重大疾病保险两类。①定期重大疾病保险为被保险人在固定的期间内提供重大疾病保障，有的还提供等额的身故和高度残疾保障，固定期间按年数确定或按被保险人年龄确定。②终身重大疾病保险形式有两种：一种是为被保险人终身提供重大疾病保障，直至被保险人身故；另一种是指定一个"极限"年龄，当被保险人健康生存至这个年龄时，保险公司给付与重大疾病保险金额相等的保险金，保险合同终结。终身重大疾病保险大都含有身故保险责任，费率比较高，缴费方式多样。

按照给付方式划分，健康保险可分为提前给付型重大疾病保险、附加给付型重大疾病保险、按比例给付型重大疾病保险和回购式选择型重大疾病保险等。①提前给付型重大疾病保险一般为产品组合中的附加险，主险是两全保险或终身寿险。如果被保险人罹患保单所列重大疾病，被保险人可以将一定比例的重大疾病保险金提前领取，用于医疗或手术费用等开支，如被保险人死亡/高残，将由受益人领取剩余比例的死亡/高残保险金。②附加给付型重大疾病保险的保险责任通常也包含重大疾病和死亡/高残两类责任，但其发生时重大疾病保险金给付后不影响死亡/高残保险金的给付，且有确定的生存期间要求。此种产品的优势在于死亡/高残保障始终存在，不因重大疾病保障的给付而减少死亡/高残保障，但缺点在于保费相对昂贵，定价风险偏高，生存期的确定易招致理赔纠纷。③按比例给付型重大疾病保险针对重大疾病的种类而设计，主要考虑按发生率、死亡率、治疗费用等因素将重大疾病进行分类。被保险人患某一类重大疾病时，将按照重大疾病保险金额的一定比例给付。④回购式选择型重大疾病保险，针对提前给付型重大疾病保险因领取重大疾病保险金而导致死亡保障降低的不足而设计的，规定保险公司给付重大疾病保险金后，如被保险人在某一特定时间后仍存活，可以按照一固定费率买回原保险金额的一定比例(如25%)，使死亡保障有所增加；如被保险人再经过一定的时间仍存活，可再次买回原保险总额的一定比例。

癌症保险，实际上也是重大疾病保险的一种形式，但只针对被保险人患恶性肿瘤提供保障，其补偿方式可以是对癌症采用定额给付，也可以是对癌症治疗费用进行补偿给付。前者按保单约定的固定金额进行给付，后者又分为两种，即明细费用定额型和每日费用限额型。明细费用定额型对每一种类型的费用都有约定的保险金给付额度，这些费用包括药费、手术费、化疗费、放疗费、输血费和护理费等，每日费用限额型则对治疗期间每天的费用提供约定的日额保险金。

(2) 医疗保险，是指以保险合同约定的医疗行为的发生为给付保险金条件，为被保险人接受诊疗期间的医疗费用支出提供保障的保险。

医疗保险包括门诊医疗保险、住院医疗保险、手术医疗保险、住院津贴保险、综合医疗保险等险种。目前我国的医疗保险多以保障住院、手术、意外医疗为主，常见的形式有定额给付型医疗保险和费用补偿型医疗保险。

定额给付型医疗保险的保险金给付，不以被保险人的实际医疗费用支出为计算依据，只要发生保险条款约定的保险事故，保险公司就会按预先确定的金额赔付保险金，而不管实际花费多少，具有目标人群广泛、比较容易控制风险、理赔手续比较简单、理赔纠纷较少等优点，很受市场欢迎。

费用补偿型医疗保险，是根据被保险人发生的实际医疗费用进行赔付，有的包含门诊和住院医疗责任，有的仅包含住院医疗责任。费用补偿型医疗保险的特点是，不管大病小病，只要在指定医院门诊或住院部治疗发生的合理医疗费用，都可以按保险合同的规定报销，报销时一般会先扣除免赔额和在其他保险公司已经赔付的部分。目前，费用补偿型医疗保险中多为住院医疗保险，主要有"一般住院费用型医疗保险"和"分项限额住院费用型医疗保险"两类。前者的形态比较简单，保险公司对超过免赔额部分的住院医疗费用按约定的赔付比例给付保险金，最高给付额以保险金额为限。后者的主要特点是将住院医疗费用细分为若干项，每一项医疗费用设置相应的保险金额，即单项医疗费用的最大给付额以其单项保险金额为限。

(3) 失能收入损失保险，是指因保险合同约定的疾病或者意外伤害导致工作能力丧失，被保险人在一定时期内收入减少或者中断为其提供保障的保险。但不承担被保险人因疾病或意外伤害所发生的医疗费用。

残疾是失能保险中非常重要的概念。导致残疾的原因有先天性的残障、后天疾病遗留、意外伤害遗留等。对先天性残疾，失能保险不给付保险金；对非先天性残疾，失能保险只对满足保单规定定义的，才可以给付保险金。保险公司通常还规定，残疾的鉴定应在治疗结束后，由保险公司指定或认可的医疗机构进行。如果被保险人自遭受疾病或意外伤害180天后治疗仍未结束，则按照第180天的身体情况进行鉴定。

失能保险包括免责期间、给付期间和保险金三个基本要素。

免责期间的设定目的在于，除外一些不连续的疾病或受伤，其所致失能可能只有几天。此外免责期间允许中断，如被保险人在短暂恢复后再度失能，可将两段失能期间合并计算免责期间。

给付期间，是失能保单支付保险金的时间。一般来说，失能保险的给付期间不会区分是生病致残还是受伤致残，甚至可提供终身给付。

保险金，一般是每月提供某一固定金额的保险给付。一般来说，失能保险所提供的保险金会低于被保险人在伤残以前的正常收入水平，不一定能完全补偿被保险人因伤残而导致的收入损失，但也不能太低，否则达不到保障目的，因此，保险金应与被保险人伤残前的收入水平有一定的联系。

(4) 护理保险。护理保险是为因年老、疾病或伤残而需要长期照顾的被保险人提供护理服务费用补偿的健康保险，一般的医疗保险不提供这样的保障。护理保险的保险人可为被保险人提供上门护理、社区护理、护理机构护理、医院护理等护理服务，或者直接赔付一定金额的护理服务保险金。国外按照从高到低的级别，一般可提供医护人员看护、中级看护、照顾式看护和居家看护四个等级。这种保险产生于20世纪70年代的美国，是当时社会老龄化发展下的时代产物。目前，我国保险市场上也推出了部分护理保险产品，如"太平盛世附加护理健康保险""安安长期护理健康保险""中意附加老年重大疾病长期护理健康保险"等。但这些险种基本上都是针对老年人的护理问题，并且是作为其他人身险的附加险出现，其运作方式与养老类保险大同小异，和真正意义上的护理保险还有较大的差距。

3. 人寿保险

人寿保险是以被保险人的寿命为保险标的、以被保险人的生存或死亡为给付保险金条件的一种保险。在全部的人身保险业务中，人寿保险占绝大部分。人寿保险承保的风险可以是生存，也可以是死亡，还可以同时承保生存和死亡，因此人寿保险可以分为死亡保险、生存保险和两全保险。

1) 死亡保险

死亡保险，包括定期人寿保险和终身人寿保险两种。

(1) 定期人寿保险，是指有一定有效期的寿险。如果被保险人在约定期限内死亡，保险公司会按照约定，付给受益人保险金；如果被保险人在保险期限届满时仍然生存，保险合同终止，保险公司没有给付义务，已交保费亦不退还。此险往往为期不长，一般出现于被保险人短期内担任一项有可能危及生命的临时工作，或短期内因被保险人的生命安全而有可能影响投保人的利益。定期人寿保险的保险费很低，投保人只需花费低廉保费就可得到较大的保障，因而深受欢迎。

定期寿险在保险实务中会以多种形态出现。普通定期寿险，以年数表示期限。特殊定期寿险，以特定年龄表示期限。平准式定期寿险，被保险人在保险期内任何时候死亡，受益人领取的保险金都相同。递减式定期寿险，受益人领到的保险金随着保单年度的增加而递减。递增式定期寿险，受益人领到的保险金随着保单年度的增加而递增。每年更新的定期寿险，每年签发新的保单，按新的年龄收取保费，年龄越大，保费越高。

(2) 终身人寿保险，保险合同中不规定期限，是永久性的保障。保险责任从保险合同生效后一直到被保险人死亡之时为止。由于人的死亡是必然的，因而终身寿险的保险金最终必然要支付给受益人。由于终身寿险保险期长，故其费率高于定期寿险，并有储蓄的功能；且终身寿险的现金价值比定期寿险高，若投保人中途退保，可获得相当数额的现金价值。

终身寿险在保险实务中常见的有以下几种：普通终身均衡缴费寿险，即终身分期交付保费，一直到被保险人死亡；限期交费终身寿险，即在规定期限内分期交付，期满后不再交付，但仍享受终身保障；趸交终身寿险，即在投保时一次交清全部保险费；保费不确定的终身寿险，即设定一个保费的上限，在保单生效的前几年，保费要远低于这个上限，而保单生效几年后的缴费金额也将在这个限度内，具体的缴费数额将根据公司业务的经营状况而定；当期假设终身寿险，即用最新的市场利率和死亡率调整保单的现金价值以及每期应缴保费的非分红终身寿险，亦称为利率敏感型终身寿险；等等。

2) 生存保险

生存保险是保险合同约定期间内或期满时，被保险人存活才能给付。若在保险期间内死亡，所缴保险费不退还。

生存保险除了一般的定期生存保险如子女教育金、婚嫁金保险外，其主要类型是年金保险。购买生存保险的投保人往往会担心在保险期间内死亡，无法领取到足够的保险金，损失保险费，所以单纯的生存保险并不多见。一般生存保险大都与其他险种结合办理，例如生存保险可与年金保险结合成为现行的养老金保险，生存保险与死亡保险结合成为两全保险。

3) 两全保险

两全保险可以理解为生存保险和定期死亡保险的组合,当被保险人在保险期间内死亡时,可以领取死亡保险金;若在约定期间内(或满期时),被保险人仍生存,则可以领取生存保险金(或满期生存保险金)。由于两全保险不仅可以使被保险人享受生存利益,同时也可以使受益人得到保障,因此是目前市场上最常见的商业人寿保险。

两全险可叫"混合寿险""生死混合保险"或"储蓄保险"。保险选定年期越短,则储蓄的成分愈大;年期愈长,则保险的成分越大。

在保险实务中,两全保险经常出现以下形态。

(1) 普通两全保险,即不论保险人在期内死亡还是期满生存,保险人给付的保险金均相同。

(2) 期满双倍两全保险,即被保险人如果生存至期满,保险人给付保险金的两倍,在期内死亡,只给付保险金额(侧重生存保障)。

(3) 两全保险附加定期寿险,即被保险人生存至期满,给付保险金额,期内死亡,以保险金额的多倍进行给付(侧重死亡补偿)。

(4) 联合两全保险,承保两人或多人的生命,即任何一人最先死亡,保险人给付全部保险金,保险合同终止。

4) 年金保险

所谓年金保险指在被保险人的生存期间,每年给付一定金额的生存保险金。凡被保险人在生存期间均能按期领取年金的为终身年金保险;仅以某一特定期间为限,并在此期间仍以被保险人的生存作为领取年金的条件的为定期生存年金。年金给付期间不论生存与否均需给付年金,所以称之为确定年金。

除了传统人寿保险以外,还有新型人寿保险,如分红保险、万能保险和投资连结保险等。新型人寿保险在传统人寿保险功能之外,还具有一定的投资功能。这些具有投资功能的人身保险与年金保险都具有理财功能,所以又称为理财型的人寿保险。

5) 团体人寿保险

团体人寿保险是指一份保险合同向一个团体中的多个被保险人提供人寿保险保障的保险。团体人寿保险有以下特点。

(1) 被保险人拥有一份共同的总保险合同,保单的投保人一般为雇主。

(2) 由于营销费用和管理费用低,费率低于个人保险费率。

(3) 保险人更关注团体的可保性,不太计较个人的可保性。

(4) 保费厘定根据行业特征及以往理赔数据使用经验费率法。

(5) 投保的团体必须满足一定的条件,包括投保团体不能是单纯为取得保险为目的而组织起来的，团体中参保人数不得低于团体人数的75%，最小的团体总人数不得低于3人，被保险人必须是能够全日制工作的在职人员并符合健康标准。

(6) 由于团体成员有流动性，所以团体保险的被保险人在保险期间内允许增减。

(7) 免体检。

现实中，对于人寿保险，通常会提供很多附加险产品供投保人选择。最为普遍的附加险产品有：豁免保险费保险、意外伤害保险、重大疾病保险、长期护理津贴保险和残疾收入保障保险等。

4. 年金保险

2015年，修订后的《人身保险公司保险条款和保险费率管理办法》首次将年金保险从人寿保险中分离出来，将其作为与人寿保险并列的险种。

年金保险按交费方式分为趸交产品和期交产品，按年、半年、季或月给付保险金。根据不同的分类标准年金保险可以分为不同的类型。

1) 按给付保险金的限期分类

按给付保险的限期不同，年金保险可以分为以下两种。

(1) 终身年金保险，亦称"养老年金保险"或"养老金保险"。一般投保人是单位或团体，被保险人是该单位或团体的在职人员。按保险合同规定，投保人汇总交付保险费，直到被保险人到达规定退休年龄。保险人对已退休的被保险人按期或一次给付保险金，当被保险人死亡，保险终止。

(2) 定期年金保险，按保险合同规定，投保人或被保险人在合同期内交纳保险费，保险人以被保险人在合同规定的期限内生存为条件，承担给付保险金的责任，规定的期限届满或被保险人死亡，保险终止。

2) 按年金给付起始时间分类

按年金给付起始时间不同，年金保险可以分为以下两种。

(1) 即期年金保险，是指年金给付的起始时间为首期保险费缴付之后，第一个保单周年日或之前开始给付的年金保险。

(2) 延期年金保险，又称递延年金保险，是指年金给付的起始时间通常为保险费全部缴付完一段时间后才开始领取的年金保险。年金开始领取前为年金累计期，年金领取期间为年金给付期。

3) 按年金给付条件分类

按年金给付条件不同，年金保险可以分为以下三种。

(1) 生存年金保险，又叫不确定年金保险，是以被保险人的生存作为年金的给付条件，即以特定的人生存为条件按期进行给付的年金保险，如终身年金保险。

(2) 确定年金保险，是指在确定的年金给付期间以确定的形式给付款项的年金保险。

确定年金的给付期间由投保人和保险人事前确定，与被保险人的生死无关，其支付金额仅以预定投资收益率为基础，通常不考虑死亡率。

(3) 有最低给付保证的生存年金保险，是生存年金和确定年金的组合，保证在一定时期内，以确定年金的方式给付，如果被保险人在超过保障给付期间仍然生存，则保险公司仍定期继续给付直至被保险人身故。

4) 按年金产品设计类型分类

按年金产品设计类型不同，年金保险可以分为五种。

(1) 非分红型年金保险，是指保险费的缴付金额、年金领取条件及每期年金领取额都固定的年金保险产品。

(2) 分红型年金保险，是指在保险费的缴付金额、年金领取条件及每期年金保证领取额都确定的基础上，保险公司还会根据实际运营结果给付红利，通常在年金领取期一起发放。

(3) 万能型年金保险，是指保险公司定期宣布结算利率，年金账户价值以结算利率累积增长，在年金累积期间内，投保人可以定期或不定期地缴付保险费。从约定的年金领取日开始，保险公司根据当时的年金账户的实际累积金额计算当期可以领取的金额，并从年金账户自动扣除给付被保险人。

(4) 投资连结型年金保险，是指将保单年金账户中的资金分配到投资连结保险投资账户中，通过投资连结保险投资账户的增值来累积资金的年金保险产品。在年金累积期内，投保人可以定期或不定期地缴付保险费。

(5) 变额年金保险，是指保单利益与连结的投资账户投资单位价格相关联，同时按照合同约定具有最低保单利益保证的人身保险。变额年金保险可以简单理解为：变额年金保险 = 投资连结保险 + 最低保证，兼具投资连结保险产品与传统年金保险产品的特点。

5) 按保费支付方式分类

按保费支付方式不同，年金保险可以分为以下两种。

(1) 正向缴费年金保险，即传统的先缴付保险费累积养老金，然后再领取的年金保险产品。

(2) 反向抵押养老保险，是一种将住房抵押与终身养老年金保险相结合的创新型商业养老保险业务，即拥有房屋完全产权的老年人，将其房产抵押给保险公司，继续拥有房屋占有、使用、收益和经抵押权人同意的处置权，并按照约定条件领取养老金直至身故，老年人身故后，保险公司获得抵押房产处置权，处置所得将优先用于偿付养老保险相关费用。

6) 按被保险人的人数分类

按被保险人的人数不同，年金保险可分为以下四种。

(1) 个人年金保险，是指被保险人只有一人的年金保险，通常此种年金保险的被保人就是年金受领人。

(2) 联合年金保险，是指被保险人为两人或两人以上的年金保险，其中任何一人死亡时，保险人即停止给付年金。

(3) 联合生存者年金保险，是指当联合年金的被保险人全部生存时，年金全数给付，若有一人死亡，年金按比例减少，直到最后一人死亡时停止给付年金。

(4) 联合最后生存者年金保险，是指无论联合年金的被保险人中有无死亡，年金都如数给付，直到所有被保险人死亡时为止。

7) 按年金给付的主要用途分类

根据年金给付的主要用途不同，年金保险可以分为：教育年金保险、收入年金保险和养老年金保险。其中，养老年金保险是最主要的一种，在没有特别说明年金用途时，年金保险一般都指的是养老年金保险。用年金保险的方式提供老年生活保障，可以促使人们在年轻时有计划地支出，避免浪费，同时获得年金收入，包括本金及其利息等。而且，根据国际惯例，保险给付是免税的，可作为税收筹划的重要手段。

5. 投资型人寿保险

投资型人寿保险主要有分红保险、万能保险和投资连结保险三种。分红保险是根据保险公司绩效分红的，银保监会规定保险公司至少应将可分配盈余的 70% 分配给客户，但保险公司仍有一定的分配自由度，目前已不是最主流。万能保险为大家创造了储蓄型理财新通道，是按月复利滚存计算，实际年利率高于表面利率。投资连结险更多体现了投资类产品特性，投资类是没有保底利率的，但是作为中长期投资，兼顾了平稳和较高收益。

1) 分红保险

分红保险是指保险公司将其实际经营成果优于定价假设的盈余，按一定比例向保单持有人进行分配的人寿保险产品。从本质上看，分红保险应属于传统保险业务。保险公司的利润来源于卖保险的利润和保费投资后的超额收益。

分红型寿险产品在定价时，主要以预定死亡率、预定利率和预定费用率三个因素为依据。保险公司的利润主要来源于这三个假设和实际经营中的死差益、利差益和费差益。

死差益：被保客户实际死亡率小于（大于）预定死亡率时，产生死差益（损），比如寿险产品定价的依据是假设 1% 的人有可能在 75 岁前死亡，而实际上只有 0.5% 的人死亡，那么保险公司就有了死差益。

利差益：保险公司实际投资收益率高于（低于）规定利率时，产生利差益（损），比如保险产品定价时假定每年投资收益为 2.5%，但是实际上当年投资收益为 3.5%，那么保险公司当年就有了利差益。

费差益：保险公司实际经营费用小于（大于）预计营业费用时，产生费差益（损），比如某保险公司在产品定价时，假设每年经营成本为1000万元，而事实上由于采取了一些财务控制措施，当年度经营成本只用了800万元，那么保险公司当年度就有了费差益。

一般来说，实际死亡率和预定死亡率不会有太大差异，公司经营费用和预算也不会有太大偏差，所以保险公司最主要的利润来源其实是利差益。

分红保险具有两部分收益：第一是固定收益，这是按合同领取的；第二是浮动分红，这取决于保险公司的投资方向和运作水平，和保险公司的经营状况有直接关系。同时，分红的多少也取决于客户每年投入保费的多少和产品选择的不同。相对来讲，保障类分红产品分红会少一些，而银行专门销售的理财类分红会多一些，这是保险公司承担的风险不同的结果。

分红保险的分红会随着银行利率的调整而相应调整，并且是随着市场的通货膨胀而水涨船高的。

依据保险的功能，分红保险可以分为投资型分红保险和保障型分红保险两类。

投资型分红保险以银保产品为代表，主要为一次性缴费的保险，通常为5年或10年期。它的保障功能相对较弱，多数只提供人身死亡或者全残保障，不能附加各种健康险或重大疾病保障。在给付额度上，意外死亡一般为所交保费的两到三倍，自然或疾病死亡给付只略高于所缴保费。比如某保险公司的银保分红产品，在一年内身故只退回保险费；一年以后疾病身故则按保额赔偿；意外身故则按保额3倍赔偿。

保障型分红保险主要是带分红功能的普通寿险产品，如两全分红保险和定期分红保险等。这类保险侧重人身保障功能，分红只是作为附加利益。以两全分红保险为例，在固定返还生存金的同时，还有固定保额的身故或全残保障，红利将按照公司每年的经营投资状况分配，没有确定额度。保障型分红保险通常都可作为主险附加健康险、意外险和重大疾病保险，能形成完善的保障计划。保险费用比较高，具有确定的利益保证和获取红利的机会。

红利分配有两种方式：现金红利法和增额红利法。

现金红利法，即直接以现金的形式将盈余分配给保单持有人。目前国内大多保险公司采取这种方式。在现金红利法下，保单持有人一般可以选择将红利留存公司累计生息、以现金支取红利、抵扣下一期保费、购买缴清保险等方法支配现金红利。购买缴清保险是指红利被视为缴清保险的趸交保费，实际上是增加原保单的保险金额，当保险事故发生时，受益人可获得额外的保险给付。

增额红利法，即在整个保险期内，以增加保单现有保险金额的形式分配红利，保单持有人只有在发生保险事故、期满或退保时才能真正拿到所分配的红利。增额红利由定期增额红利、特殊增额红利和末期红利三部分组成：定期增额红利每年采用单利法、复利法或双利率法将红利以一定的比例增加保险金额；特殊增额红利只在一些特殊情况下如政府税收政策的变动时将红利一次性地增加保险金额；末期红利一般为已分配红利或总保险金额的一定比例，将部分保单期间内产生的盈余递延至保单期末进行分配，减少了保单期间内红利来源的不确定性，使每年的红利水平趋于平稳。

在增额红利法下，保单持有人处理红利的唯一选择就是增加保单的保险余额，并且只有在保单期满或终止时才能获得红利收入，保单持有人选择红利的灵活性较低。此外在增额红利分配政策下，红利分配基本上由寿险公司决定，缺乏基本的透明度。

分红保险涵盖了终身寿险、两全保险以及年金保险三类人寿保险产品形式，即分红型终身保险产品、分红型两全保险产品和分红型年金保险产品。

2) 万能保险

万能保险并非"万能的保险"，而是一种兼具保障和投资两大功能的人寿保险产品。投保人将保费交到保险公司后，会分别进入两个账户：一个是风险保障账户，用于保障；另一个是投资账户，用于投资。除去保障账户之外的保险费都会进入投资账户用于投资，投保人也可以随时追加保费进入投资账户，保障账户的保额多少由投保人自己设定，并且可以进行调整。

万能保险的优势为：缴费灵活、保额可调整、领取灵活、保障范围灵活和收益有保底。

(1) 缴费灵活。投保人可任意选择或变更交费期，可以在未来收入发生变化时缓交或停交保费，也可以过三五年或更长时间之后再继续补交保费等，还可以一次或多次追加保费，只要保单价值大于零，保单就不会失效。

(2) 保额可调整。投保人可以在一定范围内自主选择和调整保险金额，如果选择一段时间后降低保险金额，所需要的风险保费也会相应下降，这样进入投资账户的金额就会增加。

(3) 领取灵活。万能保险保单账户价值领取方便，保单价值领取方便，客户可以随时领取保单价值金额，作为子女的教育金、婚嫁金、创业金，也可以用作自己或家庭其他成员的医疗储备金、养老储备金等。

(4) 保障范围灵活。万能保险除了身故保障外，一般还可以通过附加险的方式，提供重大疾病保障、意外伤害保障等可选保障。

(5) 收益有保底。万能保险投资账户有保底收益，具有一定投资功能。

万能险的不足为：①费用高，包括初始费用、风险保费、退保费用、保单管理费、账户管理费等；②实际收益不确定，保底收益之上部分的收益是不确定的。

客户可以根据自身的需要或偏好，合理搭配万能保险各项功能的组合。如果偏重理财功能，则可以减低保障额度，从而提升账户增值的速度。如果偏重保障功能，可以根据需要增加保险金额。也可以在保单持有的不同阶段来调整两种功能的占比，如年轻客户在保单持有前期选择较低保障水平，从而实现账户的有效累计；当随着年龄增长保障需求加大的时候，账户价值也足以支付较高的保障水平，则可以调高保障，从而真正实现产品的"万能"功能。

保险公司所公布的万能保险收益，只包括投保者所缴的保费中投资部分，而不是整体缴纳费用。因为除了保障费用，要被扣除的包括初始费用、风险保险费、保单管理费、贷款账户管理费、附加险保险费，有的公司还要收取部分领取手续费和退保手续费。因此，头几年万能保险的整体收益不会很高。

3) 投资连结保险

投资连结保险简称投连险，顾名思义就是保险与投资挂钩，是一种寿险与投资相结合的新型寿险产品，可以将其理解成保险与证券投资基金的组合。投资连结保险设有不同的投资账户，每个账户的投资组合不同，收益率就不同，投资风险也不同。由于投资账户不承诺投资回报，保险公司在收取资产管理费后，所有的投资收益和投资损失均由客户承担。因此投资连结保险适合于具有理性的投资理念、追求资产高收益同时又具有较高风险承受能力的投保人。

我们可以从以下几个角度来理解投资连结保险。

(1) 投资账户设置。投资连结保险均设置单独的投资账户。保险公司收到保险费后，按照事先约定，将保费的部分或全部投入投资账户，并转换为投资单位（相当于基金中的份额）。投资单位有一定的价格，保险公司根据保单项下的投资单位数和相应的投资单位价格计算其账户价值。投资连结保险都会开设几个风险程度不一的投资账户，如有的险种根据不同的投资策略和可能的风险程度开设有三个账户：基金账户、发展账户、保证收益账户。投保人可以自行选择保险费在各个投资账户的分配比例。

基金账户的投资策略为采用较激进的投资策略，通过优化基金指数投资与积极主动投资相结合的方式，力求获得高于基金市场平均收益的增值率，实现资产的快速增值，让投资者充分享受基金市场的高收益。

发展账户的投资策略为采用较稳健的投资策略，在保证资产安全的前提下，通过对利率和证券市场的判断，调整资产在不同投资品种上的比例，力求获得资产长期、稳定的增长。在基金品种的选择上采取主动投资的方式，关注公司信誉良好、业绩能保持长期稳健增长、从长远看市场价值被低估的基金品种。

保证收益账户的投资策略为采用保守的投资策略，在保证本金安全和流动性的基础上，通过对利率走势的判断，合理安排各类存款的比例和期限，以实现利息收入的最大化。

(2) 保险责任和保险金额。中国保监会规定投资连结保险产品必须包含一项或多项保险责任。投资连结保险作为保险产品，其保险责任与传统产品类似，不仅有死亡、残疾给付等基本保险责任，一些产品还加入了豁免保险费等保险责任。

(3) 保险费。投资连结保险的交费机制具有一定的灵活性。

(4) 费用收取及透明度。与传统的非分红保险及分红保险相比，投资连结保险在费用收取上相当透明。保险公司详细列明了扣除费用的性质和使用方法，投保人在任何时候都可以通过计算机终端查询其保险单的保险成本、费用支出以及独立账户的资产价值。

(5) 并不"保险"。投资连结保险的收益来自投保人通过保险公司向股市、债券、货币等资本市场进行投资所获的利得。和万能保险有最低保险收益不同的是，投资连结保险收益率并无保障，风险由投保人自己承担。

保险公司可以创造性地将投资连结技术发展、运用到各种类型的产品中。尽管很难列出所有具体投资连结保险产品，但概括起来，可以用产品保障部分的特点，将投资连结产品按照两全或终身寿险，以及年金进行划分。按照投保人性质划分，投资连结保险可以分为个人投资连结保险和团体投资连结保险。

4) 分红保险、万能保险、投资连结保险的主要区别

(1) 分红保险：除了具有基本保障功能之外，保险公司每年还根据分红保险业务的实际经营情况向客户分配红利。分红保险主要投资渠道包括国债、企业债、长期协议存款、大型基础设施建设债券等，不与股市直接挂钩，是投资理财保险中最为稳健的一类。

但有两种情况不适合购买分红保险：一是短期内有大笔开支的家庭，因为分红保险不是银行存款和基金产品，变现能力较差，如果中途退保，投保人只能取回保单的"现金价值"，连保费本金都难保本；二是收入不稳定的家庭，因为分红保险的交费金额和交费时间是固定的，收入不稳定的家庭购买容易变成负担。

(2) 万能保险：交费灵活，通常承诺保底收益。万能保险的保费用于两部分，一部分用来购买基本保障，一部分用来投资，可以灵活变更保障额度、交费方式、交费期间。交同样的保费，万能保险账户净值比分红保险的"现金价值"高。如果交费期间急用大笔现金，需要通过退保等方式筹钱，万能保险的损失要比分红保险少得多。因此万能保险更适合家底较薄、父母缺少大病基金的年轻人士。

(3) 投资连结保险：集保障和投资于一体。保障主要体现在被保险人保险期间身故，会获得保险公司支付的身故保障金。投资方面是指保险公司使用投保人支付的保费进行投资，获得收益。投资连结保险和购买基金一样风险自担，不保本，所以适合风险承受力较强、具有一定股票投资经验的客户购买，而且尽量要持有5年以上(5年内退保会收取手续费)。同时操作投资连结保险不能像操作基金那样在短时间内频繁买入和赎回，投资连结保险尤其不适合炒股能力较弱的老年人购买。

第二篇
科学规划与应用（初级）

第七章 理财与投资规划概述

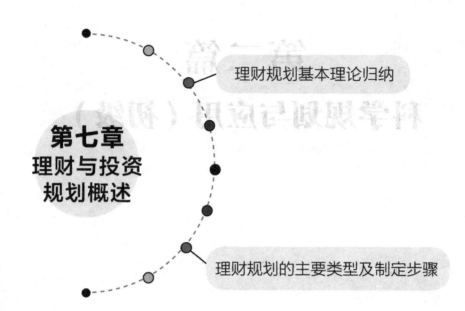

- 理财规划基本理论归纳
- 理财规划的主要类型及制定步骤

本章学习目标

01 了解理财规划是什么及其方法

02 学习掌握什么是动态资产配置

03 了解掌握理财规划分类

> **本章简介**

本章主要介绍的是如何对理财进行科学的规划；详细阐述了通过静态与动态的组合形成最适合的资产配置；介绍了理财规划的主要类型及制定步骤。

个人理财与家庭理财，本身是一件非常主观的事，但由于金融体系快速发展，金融产品复杂度日益激增，普通投资者很难充分理解其中风险，随着投资理论的发展与数学工具的介入，理财变成了一件非常专业的事。

对理财进行科学的规划，有两重含义：其一，根据人群年龄、家庭情况、个人偏好等因素，进行全面、综合的思考，并在合适的金融产品中进行选择与定期调整，这是从财富管理的经验积累与理性逻辑分析中得来，通常称为生命周期理论；其二，根据马可维兹均值—方差模型、线性规划方法等多种数学模型，对不同理财目标进行数学计算，并得到较为科学的结果。

7.1 理财规划基本理论归纳

规划论，又称为"数学规划"，是运筹学的一个分支，是研究对现有资源进行统一分配、合理安排、合理调度和最优设计以取得最大经济效果的数学理论方法。例如某项确定的任务，怎样以最少的人力、物力去完成；或是对给定的人力、物力要求能最大限度地发挥作用从而能够完成尽可能多的任务。一般来讲，规划论可以归结为：在满足既定目标的要求下，按照某一衡量指标寻求最优方案的问题。将必须满足的既定目标的要求称为约束条件，将衡量指标称为目标函数，用数学语言来描述也就是：求目标函数在一定约束条件下的极值问题。规划论主要包括线性规划、非线性规划、整数规划、动态规划、组合规划、随机规划和多目标规划等，在经济管理、工程设计和过程控制等方面有广泛应用。

7.1.1 静态规划：线性和非线性规划方法论

线性规划(Linear programming, LP)，是运筹学中研究较早、发展较快、应用广泛、方法较成熟的一个重要分支，它是辅助人们进行科学管理的一种数学方法，研究线性约束条件下线性目标函数的极值问题的数学理论和方法。线性规划广泛应用于军事作战、经济分析、经营管理和工程技术等方面，为合理地利用有限的人力、物力、财力等资源做出最优决策，提供科学的依据。运用线性规划的数学模型主要包括以下三个步骤。

(1) 列出约束条件及目标函数。

(2) 画出约束条件所表示的可行域。

(3) 在可行域内求目标函数的最优解及最优值。

而非线性规划则是一种求解目标函数或约束条件中有一个或几个非线性函数的最优化问题的方法。非线性规划是 20 世纪 50 年代才开始形成的一门新兴学科。1951 年 H. W. 库恩和 A. W. 塔克发表的关于最优性条件（后来称为库恩－塔克条件）的论文是非线性规划正式诞生的一个重要标志。20 世纪 80 年代以来，随着计算机技术的快速发展，非线性规划方法取得了长足进步，在信赖域法、稀疏拟牛顿法、并行计算、内点法和有限存储法等领域取得了丰硕的成果。

7.1.2 动态规划：动态资产配置

动态规划 (Dynamic Programming，DP) 是运筹学的一个分支，是求解决策过程最优化的过程。20 世纪 50 年代初，美国数学家贝尔曼 (R. Bellman) 等人在研究多阶段决策过程的优化问题时，提出了著名的最优化原理，从而创立了动态规划。动态规划的应用极其广泛，包括工程技术、经济、工业生产、军事以及自动化控制等领域，并在背包问题、生产经营问题、资金管理问题、资源分配问题、最短路径问题和复杂系统可靠性问题等中取得了显著的效果。

动态规划理论在投资理财规划中的应用主要表现为动态资产配置。动态资产配置是根据资本市场环境及经济条件对资产配置状态进行动态调整，从而增加投资组合价值的积极战略。动态资产配置的目标在于，在不提高系统性风险或投资组合波动性的前提下提高长期报酬，收益率各不相同的资产管理战略将使不同类型投资者的效用（或舒适程度）最大化。动态资产配置方法的主要优点在于，在投资期内进行多期规划，可以全面考虑诸如交易限制和比例限制等因素，更具灵活性。

7.1.3 组合规划：组合最优化

组合规划又称组合最优化，是在给定有限集的所有具备某些特性的子集中，按某种目标找出一个最优子集的一类数学规划。初期，它所研究的问题，如广播网的设计、旅游路线的安排、课程表的制定等，都是网络上的一些极值问题。后来，对这些问题进行概括和抽象，在理论上研究了拟阵中一些更一般的组合最优化问题及算法。其主要研究内容有：线性组合最优化问题；网络上的最优化问题；独立系统和拟阵（拟阵是组合优化中一个基本而重要的概念，许多组合问题都可转化为拟阵问题）。贪心算法是求拟阵的最优独立集的简单算法；交错链算法是求解最优问题的基本算法。对问题算法的分类也是一类主要研究内容。某些算法具有多项式时间复杂度，如贪心算法、交错链算法，称之为多项式时间算法，能用多项式算法求解的问题为 P 问题。还有一类问题从求解的计算量角度看有如下共性：①它们都未找到多项式算法；②若其中的某一个问题存在多项式算法，则这一类的所有问题也都有多项式算法。人们在求解这类问题时，往往采用"启发式"算法，不能保证求得最优解，但常常能求得较好的近似解。

组合最优化是通过对数学方法的研究去寻找处理离散事件的最优编排、分组、次序或筛选等问题的优化方法。组合最优化实际上就是从有限个离散状态中选取最好的状态，我们称这种优化问题为组合优化问题。现实中的大量优化问题就是从有限个状态中选取最好的状态，因此，大量的实际优化问题是组合优化问题。最优化问题一般分为两大类：一类是具有连续型的变量；另一类是具有离散型的变量。后一类被称为组合最优化，组合优化问题有时又称为离散优化问题。实际上，上述组合优化问题是一个规划问题。解决这类优化问题的方法有各种规划（线性、非线性、目标、整数、随机、模糊）、遗传算法、退火算法、搜索算法、拉格朗日松弛算法等。

组合最优化的特点就是可行解集合为有限点集。由直观可知，只要将定义域 D 中的有限个点逐一判别是否满足约束，并比较目标函数的大小，就可以得到该问题的最优解，这就是枚举法。对于某些优化问题可以通过枚举法得到最优解，这在问题规模较小时是十分有效的，也是非常全面的。但对于复杂的问题，枚举法显然是无法接受的。每一个组合最优化问题都可以通过枚举的方法求得最优解，然而枚举是以时间为代价的，有的枚举时间还可以接受，有的则不可以接受。

有的优化问题是有实时性要求的，如作战决策、天气预报等。因此，在这种情况下，对于优化问题还要附加时间性要求，比如典型的旅行商问题，若采用枚举法，则计算时间如表 7-1 所示。

表 7-1 旅行商问题

城市数	24	25	26	27	28	29	30	31
计算时间	1s	24s	10m	4.3h	4.9d	136.5d	10.8a	325a

（注：s 表示秒；m 表示分；h 表示小时；d 表示天；a 表示年。）

对于这种问题至今为止还没有找到一种求最优解的算法，而这些组合最优化问题又有非常强的实际应用背景。因此，人们不得不尝试采用一些并不一定能保证可以求得最优解的算法来求解组合最优化问题，我们称之为启发式算法。

组合最优化包含了许多常用的但一般很难处理的著名问题，像最短路问题、最小树问题、匹配问题和旅行售货员问题，也都属于组合最优化问题。

7.1.4 生命周期理论：基于生命周期的资产配置规划

生命周期理论是进行个人（或家庭）投资（或理财）规划的重要理论基础，与投资理财规划相关的主要包括个体生命周期和家庭生命周期。

1) 个体生命周期

卡特和莫麦戈得里将个人发展纳入家庭中，提出了具有创见性的个体心理发展阶段模型。个体生命周期主要划分为以下九个阶段。

(1) 婴儿期（0～2岁），在这一阶段，个体共情和协调情感反应得到发展。

(2) 儿童早期（2～6岁），在这一阶段，个体相互依存有了进一步认识，儿童早期接近尾声时，个体获得了共情、关系性，以及有关依存的知觉和直觉的能力。

(3) 儿童中期（6～11、12岁），在这一阶段，个体的道德得到发展，包括智力逻辑和良心逻辑的发展。

(4) 青春前期（女孩11～13岁，男孩12～14岁），在这一阶段，个体寻找自己的声音，是真实性发展的开始，有能力清晰地理解关系，认识到关系中的不正当会对此表示反感。

(5) 青春期（13、14～21岁），在这一阶段，个体会寻找认同，在社会、父母和同伴的压力下，年龄、性别和种族等刻板印象问题继续内化到观点和感受中，学习在关注自己与关注他人之间寻找平衡，不再人云亦云。

(6) 成年早期（21～35岁），在这一阶段，个体获得发展与参与深度关系的能力，个体将对家庭的关心和职业的关注放在同等重要的位置，发展一个核心的自我，将关于关系、直觉以及道德良心的发展有意识地结合在一起，在自己与他人之间建立真正的亲密关系。

(7) 成年中期（35～50、55岁），在本阶段，真正力量出现，个体变得更加意识到他人的存在，在平衡多重任务中能够反思自己的优先需要，能够更多地参与社会活动。

(8) 成年晚期（50、55～75岁），在本阶段，睿智时代开始，个体重新利用互相依存的智慧，为他人提供帮助，将自己的价值观传授给他人，重新倾向于精神原则，并且追求生命、情感和精神方面的和谐。

(9) 老年期（75岁以上），在这一阶段，个体经历悲伤、丧失、重新振作、反思和成长，这是一个反思自己一生的阶段，会重新赏析和接受自己。

2) 家庭生命周期

将正常的家庭生命周期划分为以下五个阶段：单身期、家庭形成期、家庭成长期、家庭成熟期及退休期。各个阶段的资产配置应有不同侧重点。其中，单身期承担风险的能力强，此时财务目标不在于短期获得多少，而在于积累收入及投资经验，可为自己考虑意外和医疗保障。家庭形成期在投资方面可稍偏向积极的风格，但需兼顾稳健原则，确保家庭的消费支出。同时配备必要的保险，以规避不确定的风险给家庭带来的影响。家庭成长期的理财重点是合理安排这些家庭支出，做好现金流管理。此阶段风险承担能力减弱，在逐渐增加稳健型资产配置的同时，由于此阶段负担是最重的，相应的保险需求也是最大的。所以这个时期财务需求最主要的是配置好保障类保险，其次是子女教育金，最后再考虑自己的养老金。家庭成熟期是人生中财富积累的高峰期，也是财务上最轻松自由的时期。此时期的财务目标是巩固个人和家庭的资产，增强投资，考虑给孩子准备婚嫁金，以及为自己规划退休养老生活。退休期应倾向于稳健资产配置，在保障自己个人养老品质后，剩余的资产提前进行合理传承规划，避免各种风险因素造成不完整的传承。

7.2 理财规划的主要类型及制定步骤

理财规划是针对公司、个人或家庭发展的不同时期，依据收入、支出状况的变化，制定财务管理的具体方案，从而有利于实现各个阶段的目标和理想。

理财规划又可分为公司理财规划和个人理财规划。公司理财规划是指企业为了达到既定的战略目标而制定的一系列相互协调的计划和决策方案，包括投资决策、融资决策、成本管理、现金流管理等。个人理财规划又称私人理财规划，是指个人或家庭根据家庭客观情况和财务资源(包括存量和增量预期)而制定的旨在实现人生各阶段目标的一系列互相协调的计划，包括职业规划、房产规划、子女教育规划、退休规划等。

个人投资理财规划主要可以分为以下四种类型。

1. 资产增值规划

资产增值规划以实现个人或家庭资产的保值增值为目标，主要包括投资规划和房屋规划等。

2. 风险管理规划

风险管理规划以防范个人或家庭因意外、疾病等带来的各种风险为目标，包括保障规划等。

3. 成本规划

成本规划以有效降低个人或家庭的财务成本为目标，包括税务规划等。

4. 未来规划

未来规划以个人或家庭中长期子女教育、职业生涯发展、个人养老、财富传承等为目标，包括教育规划、职业生涯规划、退休规划、财富传承规划等。

7.2.1 制定个人理财规划的一般步骤

制定个人理财规划主要分为以下五个步骤。

第一步，清理自己的资产状况，包括你目前有多少资产，多少负债，以及你未来收入的预期又是多少，知道你有多少财可以理，这是最基本的前提。在国外，理财师的工作主要也是根据客户的收入、资产、负债等数据，按照其设定的目标进行生活方案的设计并帮助实施。不要以为自己没多少钱，不值得清理。现实生活中，很多人对自己的财务状况并不清楚，过日子也不懂得精打细算。其实，这也非常简单，尝试自己制作两张家庭财务报表，就会对自己的财务状况一目了然，这同时也对我们普通家庭合理安排收支非常有帮助。

一般来讲，家庭理财报表通常包括收支表、资产负债表两张表。收支表通常由收入、支出和结余三部分构成。目前我们个人或家庭的收入通常包括工薪收入、兼职收入、存款利息收入、股票投资收入、租金收入、其他收入等。而支出的项目就要因人而异了。不同收入水平的家庭或个人会有不同的开支项目，但一般来讲也就是包括这样几类：生活必需品支出、教育支出（有小孩的家庭）、银行按揭支出（住房贷款、汽车贷款等）、投资支出，以及消遣娱乐交往支出等。每个家庭可以按照自己的收入支出构成进行分类和统计。但是无论是消费性支出还是投资性支出，总的原则是支出要小于收入，不能出现长期性的透支，否则经济上绷得太紧，自己的生活就会面临很大的压力。结余就是收入减去支出的部分。收支表和企业的损益表类似（资产＝负债＋所有者权益）。编制一张收支表既可以让我们对当月或当年的收入和支出一目了然，又可以对当年的现金结余做到心中有数。不仅如此，我们还要对跨年度的收入和支出项目进行比较，看哪些项目高了，哪些项目低了，想想背后的原因，考虑一下高或低对自己或整个家庭生活的影响是正面的还是负面的，正面的影响在来年如何保持，负面的影响有多大，自己能否承受以及如何克服。总之要积极扩大收入来源，节约或减少，或坚决剔除不必要的支出。有心的朋友还可以在每年年初，对自己和家庭当年的收入进行一个展望，也就是做一个预算，这样就更好了。把预算的数字填在相应的项目下，一个季度、半年或一年来进行一个比较，看看差异在什么地方，寻找背后的原因以及解决的对策，那效果就更好了。

第二步，明确自己的理财目标。设定这个目标是非常关键的，否则，我们的理财就是盲目的，无的放矢。然而现实中许多人甚至不清楚自己在未来的几年有一个什么样的目标。比如五年内买车或买房，或资产达到多少，这些都可以算作具体的理财目标。同时量化你的目标，需要多少金额，预计花费多长时间。

第三步，清楚你的风险偏好是什么样的，应该做到客观的分析而不是凭借主观的好恶。不要做不考虑任何客观情况的风险偏好的假设，比如说很多人把钱全部都放在股市里，其实他没有考虑到他有父母、子女，没有考虑到家庭责任，这个时候他的风险偏好就偏离了他能够承受的范围。

第四步，做战略性的资产分配，然后是投资品种、投资时机的选择。

第五步，做绩效的跟踪，绩效也就是投资的效果如何。市场是不断变化的，我们的财务状况、收入水平也在不断变化，我们应该经常对我们的投资绩效做一个评估，把我们的财理一下。这样就可能达到财务安全、资产增值甚至财务自由的境界。目前，比较流行的理财手段有储蓄、保险、国债、股票、基金、期货、外汇、房地产、珠宝、邮票、古玩字画、钱币及拍卖品等。无论哪种理财手段，都有其自身的特点及不可替代性。这其中无所谓孰好孰坏，风险与收益并存。到底选择哪种投资组合，一定要根据自身实际情况、自己的风险承受能力来决定。不同的人应当制订不同的理财计划。

7.2.2 制定家庭理财规划的一般步骤

制定家庭理财规划方案首先要测试风险偏好，以"稳"为主。

1. 测试你的风险偏好

风险偏好是指为了实现目标，投资者在承担不确定的风险时所持的态度。这就涉及客户风险偏好的分类，一般来说客户风险偏好分为：非常进取型、温和进取型、中庸稳健型、温和保守型和非常保守型。

2. 做好收支明细表

了解自己的消费习惯，做出相对合理的预算跟储蓄计划，这是所有人财富积累的基础。花半个小时静下心来好好整理自己的收入支出明细，找出固定和刚性支出，算出自己比较有把握的储蓄额，确定好以后固定下来，接下来按照预算严格执行。也许你会难以坚持，最好的方案就是强制储蓄。做收支明细表对很多人来说都是很烦琐、很痛苦的事情，但是，我们需要通过这个过程来了解自己，找到适合自己的储蓄方式。

3. 制定资产负债表

资产负债表可以显示家庭目前的财务状况。家庭资产负债表在理财中有着十分重要的作用，如在优化家庭消费结构、帮助家庭资产快速增值、建立个人信用评价体系等方面发挥重大的作用。目前大家比较熟悉的投资渠道有活期、货基、理财产品、股票、基金(不包含货基)、贵金属、外汇、期货、国债、定期存款等。因为资产配置会考虑到理财产品的风险，这里按照资金的流动性和安全性来划分一下。第一类，流动资产，也就是风险低、流动性强、收益低的投资渠道，如活期、货基，以及期限在一个月以内的理财产品，参考年化收益在3%左右。第二类，低风险长期资产，流动性要差一些，收益略高些，如债基、国债、定存，以及期限在一个月以上的理财产品。第三类，高风险资产，长期收益高，流动性不可测，因为有可能套牢，如股票、股基、贵金属、外汇、期货等。

4. 预测收入

首先应该预测在既定时间段内的可支配收入，通常为一个月，只计算确定的收入，对于各种分红、礼品或者预料之外的收入不应该考虑在内。若收入没有规律，可以根据以往的收入水平和当前的收入预期进行预测，调低你的收入预期能帮助你避免消费过度以及其他经济困境。当然，每个家庭的情况千差万别，收入来源也有很大差异，不同的收入模式应该有不同的现金规划方式。家庭收入是家庭财务循环的源头活水。

5. 规划紧急备用金

手头到底应该留多少现金取决于持有现金的成本。把钱放在手头总会有利息损失，损失越大，你的持有成本就越高。紧急准备金可以在家庭人员面临失业、工作能力的丧失、医疗或意外灾害等各种风险时帮助家庭渡过难关。家庭理财方案应该以"稳"为主，因为家庭支出比较大，抗风险能力较弱。总之，要合理配置家庭的资产，首先要明确家庭抗风险能力，在对家庭的财务状况进行分析基础上，综合规划资产。资产配置是因各个家庭不同而异的，不存在绝对最佳标准，按需求配置资产才是最恰当的理财方式。

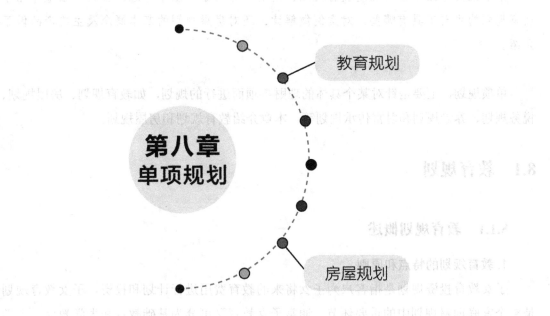

第八章
单项规划

教育规划

房屋规划

本章学习目标

01
了解教育规划、教育规划的主要工具

02
学习掌握教育规划的成本收益分析

03
了解掌握房屋规划的主要流程、房产投资的主要类型等

> **本章简介**

本章主要介绍了如何制定教育规划，清晰地介绍了其基本概念；较为详细地介绍了教育规划的主要工具有哪些，对案例做解读，还对房屋规划的基本概念及主要产品做了介绍。

单项规划，主要是针对某个具体的理财事项而进行的规划，如教育规划、房屋规划、税务规划、养老规划和财富传承规划等。本章介绍教育规划和房屋规划。

8.1 教育规划

8.1.1 教育规划概述

1. 教育规划的特点和原则

子女教育投资规划是指客户为子女将来的教育费用进行计划和投资，子女教育规划是整个家庭理财规划中的重要环节，通常子女教育又可分为基础教育和大学教育。大学教育费用普遍较高，对其进行理财规划的需求也最大。教育规划与家庭其他理财规划有显著的区别，其特点如下。第一是时间无弹性。子女一般到了18岁就要念大学，除去子女幼儿阶段的开销以外，能准备教育金的时间大致为小学到中学（约12年）。第二是费用无弹性。教育费用相对固定且会逐年递增，无论家庭收入与资产如何变动，基本负担不会减少。以上特点充分表明，家庭成员在规划子女教育费用时一定要遵循"目标合理、提早规划、定期定额、稳定投资"的原则。第三是子女的资质存在不确定性。子女教育投资规划比起可以由自己完全决定的退休规划与购房规划更难掌握。子女出生时很难知道这个子女在独立前会花掉父母多少钱，这与子女的资质、注意力与学习能力有关，而这些是无法事先完全准确判断的。

制定教育规划的主要原则包括以下几个方面。

第一是宁可多准备，届时多余的部分可留作自己的退休准备金。如果父母以需住宿的普通大学做教育经费的准备，但子女考上离家近的学费低廉的重点大学，或子女个性独立以寒暑假兼职赚取学费，或子女成绩优秀可申请到奖助学金补助等，那么准备好的钱也可以当作父母未来的退休经费，降低退休后对子女的依赖程度。因为对国内目前的普通家庭而言，很难兼顾退休经费与子女教育经费规划。那么培养子女独立性，且父母子女之间能为对方着想的话，也有可能以有限的投资与储蓄，在父母的退休经费与子女的教育经费间取得平衡。在求学阶段完全依赖父母教育投资规划资助的子女也应有感恩之心，父母的资助可能使自筹退休经费的部分降低，尤其是留学深造方面的资助。所以可以把这部分的资助当作向父母借贷的助学金，在完成学业踏入社会工作后，分期摊还给父母，或在父母退休后负担起赡养父母的部分责任。

第二是宁可宽松准备，父母的期望与子女的能力可能有所差距。在小学、中学阶段，子女尚未定性，应从较宽松角度使准备的教育经费可满足未来子女不同的选择。在留学深造方面，更应与已成年的子女沟通，是否愿意工作几年后才计划出国留学：一方面以社会历练来确定自己的深造意愿，一方面自筹部分出国深造经费，可以减轻父母的负担。

第三是利用子女教育年金或 10～20 年的储蓄险准备部分子女教育经费。由于储蓄险具有保证给付但报酬率不高的特性，所以购买的保险额度能支付大学的学杂费即可，进一步深造及住宿费部分还是以报酬率较高的基金来准备。当子女考上大学时，至少这部分的学费已以保险强迫储蓄的方式准备好，不会因经费的问题阻断子女的上进心，造成无法弥补的遗憾。即使投资获利不如预期，已上大学的子女也可以利用勤工俭学或兼职的方式，来筹措住宿或继续深造的经费。准备子女高等教育经费的阶段，与准备自己退休经费的黄金时期高度重叠，应避免顾此失彼，一般情况下，43～54 岁为支付子女高等教育经费的高峰期，但此时也是自己准备退休经费的黄金期。有些父母为了送子女出国念书，耗费的资源更多，没有留下足够的金钱为自己准备退休经费。因此有远见的父母，不妨利用子女的名义，在其年幼时在银行做定期定额投资储蓄，由父母的账户拨付，开始累计 10 年以后的高等教育基金。在子女 18 岁准备念大学时先把这笔经费筹足，才不会动用到往后为自己累积退休经费的目标储蓄额。

2. 制定教育规划的流程

第一是确立子女培养目标。父母需要列出对子女教育的期望目标，特别是接受高等教育的程度，比如，是期望子女本科（或专科）毕业就参加工作，还是要进一步攻读硕士研究生、博士研究生学位，是在国内接受高等教育，还是要到海外留学，如果去海外留学，目标国家和目标院校有哪些。

第二是估算教育费用。根据家庭子女数量、年龄等因素，以及确定的子女培养目标，计算家庭未来在子女教育方面需要的总体资金投入，以及所需投入资金的时间分布情况。一般而言，子女在学前教育及义务教育阶段，如果选择公立学校，整体投入较为有限；如果选择私立学校，则整体费用投入水平较高。在高等教育阶段的教育金投入，与教育程度以及是否留学等选择存在较大关系。同时，还需考虑到通货膨胀等因素的影响，根据当前不同阶段教育成本估算一定的费用增幅，来充分准备教育金投入。

第三是教育费用的筹措和安排。根据家庭资产负债表及主要成员的收入情况，估算家庭现在及未来资金在应对未来子女教育金方面是否存在缺口，如存在缺口则需制订未来筹措教育金的计划和措施，如能满足需求，这也需要通过相关金融工具，提前预留专项教育金，并力争实现教育金的保值增值。

8.1.2 教育规划的成本收益分析

1. 教育金需求分析

我国教育体系主要包括学前教育阶段、义务教育阶段(小学、初中、高中)、高等教育阶段(大学本科、研究生等),具体各学习阶段、学制与学习年限、招生对象如表8-1所示。

表8-1 中国教育体系各学习阶段、学制与学习年限、招生对象

学习阶段	学制与学习年限	招生对象
幼儿园	3年	招收3岁以上学龄前儿童
小学和初中	九年义务制教育	小学入学年龄是6~7岁;初中入学年龄是12~13岁
职业初中	3~4年	
普通高中	3年	入学年龄为15~16岁
技工学校	3年	
职业高中	2~3年,少数为4年	入学年龄为15~16岁
中等专业学校	一般为4年,也有3年或者2年的	招收初中毕业生,入学年龄为15~16岁
大学	全日制为4年或5年,有些医科院校为7年或8年	入学年龄一般为18~19岁
专科学校	2年或3年	入学年龄一般为18~19岁
研究生	硕士学习年限为2~3年;博士学习年限一般为3年	硕士研究生的入学年龄规定不超过40周岁;博士研究生的入学年龄规定不超过45周岁

2. 教育金投资的收益情况分析

人力资本投资的报酬率直接体现为不同学历子女毕业后的工资收入水平。从薪资水平上看,学历对于薪资的影响毋庸置疑,学历越高,薪资待遇水平也相对越高。这也是为什么越来越多的学生选择考研或者考名校。一个体面的工作与较高的薪资不仅关乎面子,更决定了其生活质量。在现实中,高等教育具有较高的个人边际利益,个人收益率通常高于社会收益率,家庭的高等教育支出也常常能够给受高等教育的家庭成员带来未来收益。因此,高等教育投入规划也就成为家庭必须考虑的一件事情。

2019届不同学历毕业生薪酬情况如图8-1所示。

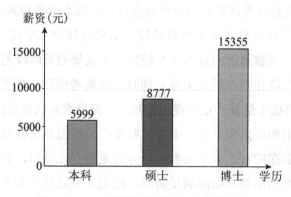

图8-1 2019届不同学历毕业生薪酬情况

8.1.3 教育规划的主要工具

1. 教育储蓄

教育储蓄是指按国家有关规定在指定银行开户存入规定数额资金用于教育目的的专项储蓄。由于储蓄金额有限，使用时需组合搭配教育保险或是基金定投等方式进行积累，以达到预期目的。

2. 政府债券

个人可以用证券账户进行国债逆回购，优势是低风险，产品期限较多，可根据资金使用期限自由选取。

3. 教育保险

教育保险相当于将短时间急需的大笔资金分散逐年储蓄，投资年限通常最高为18年，所以越早投保，家庭的缴费压力越小，领取的教育金越多。目前，市面上的少儿教育金保险主要有三种：一是纯粹的教育金保险，可以提供高中和大学期间的教育费用，有的还可提供初中教育经费；二是专门针对某个阶段教育金的保险，通常是针对初中、高中或者大学的某个阶段，主要以附加险的形式出现；三是不仅能提供一定的教育费用，还可以提供以后创业、婚嫁、养老等生存金的保险。因此，家长在选择教育金保险时要从实际的教育费用需求出发。

4. 基金（股票）定投

这一投资方式可以平摊投资成本，降低整体风险。它有自动逢低加码、逢高减码的功能，无论市场价格如何变化总能获得相对比较低的平均成本，但对基金的选择要慎重，最好是能获得一个相对稳定的收益。

5. 子女教育信托基金

对于收入较高的家庭，可以将其财产所有权委托给受托人（如信托机构），使受托人按照信托协议的约定为受益人（如孩子）的利益或特定目的，管理或处分信托财产。子女教育信托，就是由父母委托一家专业信托机构帮忙管理自己的一笔财产，并通过合同约定这笔钱用于将来孩子的教育和生活。子女教育支出具有可预见性、周期性和长期性，对于一般工薪家庭来说，如果等到需要时才开始筹措，就显得比较吃力，因此必须通过细水长流的方式，利用金钱的复利效应，在相当长的一段时间内逐渐累积起一笔可观的教育储备金。

8.1.4 教育规划案例分析

1. 年收入 50 万元家庭的子女教育规划[①]

1）案例介绍

胡先生，40岁，国企中层管理人员，月收入1.80万元，年终奖2.00万元，月生活

---

① 本案例及图表引自《大众理财顾问》，2018-07-04。

支出 0.35 万元；胡太太 36 岁，私企管理人员，月收入 1.60 万元，年终奖 1.80 万元，月生活支出 0.40 万元；孩子 11 岁，月生活支出和学杂费等共计 0.30 万元。

胡先生家庭拥有两套房产，其中自住房市价 310.00 万元，无贷款；出租房市价 180.00 万元，余 38.00 万元贷款未还清，每月还贷 0.28 万元，每月收取租金 0.30 万元。私家车价值 18.00 万元，每月养车费用 0.22 万元。胡先生为孩子进行了教育投资，每月支出 0.30 万元进行基金定投，目前已积累 2.20 万元。活期存款 12.00 万元，定期存款 110.00 万元。胡先生和胡太太除社保外，还各自购买了保额 20.00 万元的重疾险，每年各支付保费 0.60 万元。此外，他们每年会拿出 2.00 万元用于旅游等支出。对于理财规划，除了希望为孩子准备 100.00 万元教育基金，胡先生还希望在 40 岁这一年，在理财方面达成"不惑"。

2) 家庭财务状况诊断

胡先生家庭资产负债表及收入支出表分别如表 8-2 和表 8-3 所示。

表 8-2 胡先生家庭资产负债表

资产	金额/万元	占比/%	负债	金额/万元	占比/%
现金及活期存款	12.00	1.90	房屋贷款	38.00	100.00
定期存款	110.00	17.40	其他贷款	0	0
基金	2.20	0.35			
自用房产	310.00	49.03			
投资性房产	180.00	28.47			
家用车	18.00	2.85			
资产合计	632.20 万元		负债合计	38.00 万元	
家庭净资产	594.20 万元		负债/总资产	6.01%	

表 8-3 胡先生家庭收入支出表

收入	金额/万元	占比/%	支出	金额/万元	占比/%
男方月收入	1.80	48.65	男方月支出	0.35	18.92
女方月收入	1.60	43.24	女方月支出	0.40	21.62
房租月收入	0.30	8.11	孩子月支出	0.30	16.21
—	—	—	贷款月支出	0.28	15.14
—	—	—	家用车月支出	0.22	11.89
—	—	—	投资月支出	0.30	16.22
月收入总计	3.70 万元		月支出总计	1.85 万元	
月结余			1.85 万元		
男方年终奖	2.00 万元		保险年支出	1.20 万元	
女方年终奖	1.80 万元		其他年支出	2.00 万元	
年收入合计	48.20 万元		年支出合计	25.40 万元	
年结余	26.40 万元		留存比例	54.77%	

从表 8-2 来看，家庭负债占资产的比重为 6.01%，家庭财务很安全，风险评级为低风险。胡先生家庭正处于成熟期，这段时期家庭成员的工作能力、经济状况都达到高峰状态，理财的重点是为退休做准备。

从表 8-3 来看，夫妻二人的月总收入为 3.40 万元（男方月收入 + 女方月收入）。其中，男方月收入占比 48.65%；女方月收入占比 43.24%，双方同时构成家庭经济支柱。胡先生家庭的月总支出为 1.85 万元。其中，日常生活支出为 1.05 万元（男方月支出金额 + 女方月支出金额 + 孩子月支出金额），占比 56.76%；贷款月供为 0.28 万元，占比 15.14%。家庭日常支出占月收入比重为 28.38%（日常生活支出 ÷ 月收入总计），低于 50%，表明家庭控制开支能力较强。胡先生家庭的贷款占月收入的比重为 7.57%（贷款月支出 ÷ 月收入总计），低于 40%，家庭的财务风险较低，处于较为安全的水平。从年结余来看，胡先生家庭每年可结余 26.40 万元，留存比例为 54.77%，储蓄能力较强。

3) 理财规划分析

通过盘点胡先生的家庭财务情况，可梳理出胡先生家庭四个基本规划的情况，从而更好地对其家庭资产进行配置。

(1) 应急准备。胡先生家庭每月的生活费用为 1.05 万元，每月需要偿还房贷 0.28 万元。建议胡先生准备 6 个月的生活费用和房贷月供款，即 7.98 万元作为应急准备金。这部分资金可以按 1∶5 的方式配置，第 1 个月的应急资金用活期存款的方式预留，后 5 个月的应急资金购买货币基金。

(2) 长期保障。胡先生和胡太太除有社保外，还购买了商业保险，不过胡先生夫妇的长期保障相对于其目前的收入状况来说缺口仍较大。胡先生的年收入 23.60 万元，其重疾险保额仅仅能覆盖其约 1 年的收入，且无法覆盖房屋贷款余额。

保费支出一般应控制在收入的 10%～15%。因此，胡先生的年保险费用支出可控制在 2.36 万元～3.54 万元，胡太太的年保费支出可控制在 2.10 万元～3.15 万元。由于两人各自已经缴纳保险费用 0.60 万元，因此胡先生应增加 1.76 万元～2.94 万元保费支出，胡太太应增加 1.50 万元～2.55 万元保费支出。

(3) 子女教育。尽管胡先生已经为孩子进行了教育金的储备，但其储备金额远远不够。虽然胡先生目前有足够的定期存款能用作教育费用，但这种资产配置的长期收益低，家庭财富的增长受到限制。假设通胀率为 3%，如果希望在孩子上大学前准备 100 万元教育金，需每月定投 1.14 万元。

(4) 退休养老。假设通胀率为 3%，胡先生夫妇退休时家庭每月的生活费用在 1.30 万元左右。胡太太比胡先生退休的时间早，因此当胡太太退休时，25 年的养老费用在 394.54 万元左右。如果其中的 50% 由社保满足，另外 50% 自己筹备，则胡先生家庭可通过每月定投 0.42 万元的方式筹备养老金。

4) 家庭资产配置

上述基本规划完成后，胡先生每年仍有结余 2.25 万元，说明上述规划在现有财务资源基础上完全能够实现。

从胡先生目前的资产配置来看，活期存款和定期存款比例偏高，这使家庭财富的增长受到限制。另外，定期存款额高于房屋贷款额，出现收益率倒挂现象。因此，建议胡先生根据自己的风险承受能力对资产进行重新配置。通过对胡先生的风险 DNA 进行测试，其家庭属于保守型投资者。根据胡先生的风险承受能力，可以测算出胡先生的金融资产中最优投资组合为：无风险资产占 85.48%，高风险资产占 14.52%。

胡先生家庭的金融资产总额为 124.20 万元，按上述比例配置，可将 106.00 万元仍配置在活期和定期存款上，18.00 万元配置在股票或股票型基金上。考虑到定期存款的收益率比贷款利率低，建议胡先生现在即用定期存款偿还贷款。偿还贷款后的可投资金融资产总额为 86.20 万元，可将 74.00 万元配置在活期存款和定期存款上，12.00 万元配置在股票或股票型基金上。

具体方案操作如下。

(1) 从活期存款中留出 8.00 万元作为应急准备金，其中 1/5 以活期存款保留，4/5 购买货币基金。

(2) 胡先生可增加 1.76 万元～2.94 万元，胡太太可增加 1.50 万元～2.55 万元，用于购买重疾险、寿险、意外险，以增加长期保障。

(3) 每月投资需从 0.30 万元增加到 1.14 万元，用于筹备教育基金。

(4) 每月可再投资 0.42 万元用于筹备养老金，建议单独设立一个账户，以便与教育基金账户相区分。

(5) 建议用部分活期存款和定期存款偿还房屋贷款。

(6) 偿还贷款后，从定期存款中拿出 12.00 万元投资股票或股票型基金。

2. 新婚夫妇的子女教育规划[①]

1) 案例介绍

(1) 理财需求。

余先生，28 岁，余太太，28 岁，夫妻二人在大学期间相恋，毕业后一起在深圳工作。目前夫妻二人结婚 2 年，儿子今年 1 岁，一家三口定居深圳。

(2) 财务概况。

收支：余先生家庭税后年收入 24 万元，年支出 14 万元。

社保和公积金：夫妻二人均有社保和公积金，养老金账户总额 5 万元，公积金账户总额 7 万元。

---

① 本案例及图表引自《大众理财顾问》，2019-06-18。

保险支出：余先生及妻子各配置了保额 50 万元的重疾险，每年保费合计 6100 元，交费期限 30 年，均为终身保障；定期寿险保额 240 万元，每年保费合计 3072 元，均保障至 60 岁；意外险 50 万元，每年保费合计 250 元，保障期限 1 年。

2) 理财目标

养育子女：夫妇二人的孩子今年 1 岁，他们希望通过资产配置保证孩子大学前 (18 岁前) 每年的生活费。

子女教育：夫妇二人计划在孩子 18 岁时送他出国留学，完成 4 年大学和 2 年硕士的学业。

购车：未来有闲钱时再做考虑。

3) 理财建议

对于余先生家庭，理财师对其财务状况进行了诊断。由于其家庭无负债，理财规划的弹性较大。经过与余先生详细沟通，理财师了解到，余先生希望在家庭财力有保障、保证家庭生活品质的情况下，让孩子到国外接受高等教育。

理财师针对余先生家庭子女教育、保险保障和购车三个方面的理财目标给出了一些可行建议。

(1) 子女教育规划。

子女教育这一理财目标是余先生家庭最看重的，余先生将其列为第一优先规划，这项规划可归为中长期理财规划。从余先生家庭来看，其教育规划可分为两个部分：一部分是孩子大学前每年的基本生活费用；另一部分是 6 年国外留学的教育金。

据余先生介绍，孩子上大学之前所需的费用相对固定，每年的基本花销约 5 万元。因此，这部分支出可通过流动性较强的货币基金和短期银行理财产品进行配置，其中 2 万元购买货币基金，以应对各项随机教育支出，另外 3 万元择机购买期限在 1～3 个月的短期银行理财产品。

而对于出国留学的教育金，则建议通过每月定投的方式达成这一投资期限较长的理财目标。

在配置的过程中，首先需要了解出国留学的费用情况。以留学英国为例，每年的学费、生活费合计约 30 万元，6 年共需要 180 万元。假设通胀率为 3%，则 18 年后余先生夫妇所需筹备的教育金总费用在 306 万元左右。

在投资期限较长、追求长期收益，而且资金使用有一定弹性的情况下，建议选择公募基金作为投资工具。公募基金是由具备专业投资能力的基金公司的基金经理优选市场上的优质股票作为投资标的，因此具有分散投资风险的作用。

另外，在基金投资方面，建议以定投的方式购买基金。定投是在每月或每周，以固定的时间点买入固定金额基金的一种投资方式。定投的主要优势在于不需要考虑买卖时点，避免人为的主观判断错误，无须为短期波动而改变长期投资策略。

定投基金的选择建议以指数型基金为主，尤其是宽基指数，因为投资行业指数、主题指数的风险波动比投资宽基指数高一些，还需要考虑所投行业或主题的特点及发展阶段等。投资行业或主题指数，需要投资者对该行业或主题有一定研究，但这对普通投资者而言是不现实的。

余先生可将家庭月收入的 1/3 作为定投资金，即每月投入 6000 元，连续定投 18 年。假设以某指数基金年化收益率 6% 来计算，到孩子出国前，本金收益总计可达 233.57 万元，距离 306 万元的教育金储备仍有一定缺口，因此余先生需要用其他闲置资金增加投入金额，或在后续家庭收入提升的情况下，适当地增加每月的定投金额。

(2) 保险保障规划。

在保障规划方面，分别从成人保险配置和子女保险配置两个方面入手进行分析。

一方面，成人保险配置。

由于余先生夫妇每年都有旅游计划，平时经常加班、出差，所以对重疾险、医疗险和意外险的投入必不可少。从其已有的配置来看，重疾险、意外险和寿险已经有对应的配置，在医疗险方面需要有一定的补充。

在成人医疗保险配置方面，余先生、余太太可以选择某可续保的医疗险，保额可达 200 万元，保障内容涵盖门诊医疗费用、住院医疗和就医绿色通道等，以两人的年龄来看，夫妻二人每年的保费均在 300 元左右，不会对家庭支出造成明显负担。

另一方面，子女保险配置。

保险的配置原则是家长优先，然后再考虑孩子。目前，余先生夫妇孩子的年龄为 1 岁，建议优先配置重疾险和意外险两个险种。

以某少儿定期重疾险为例，可保障 50 种重大疾病保险金 80 万元、8 种少儿特定重疾保险金 160 万元，以及 24 万元的轻症豁免，保障期限 30 年，交费期限 20 年，每年的保费金额约 1064 元。

在少儿意外险配置上，主要需防范意外烧烫伤、摔伤等，以某少儿门诊保为例，保障期限 1 年，每年保费 520 元。

从以上数据来看，余先生全家 1 年的保费支出合计 11606 元，占家庭年收入的 5%，属于合理范围。

(3) 购车规划。

余先生家庭的购车需求并不急迫，加之深圳的公共交通比较便利，余先生可在家庭收入提高后再考虑购车问题，因此购车暂不列入当下理财规划。

4) 案例总结

除以上三个方面的理财规划外，余先生夫妇的养老规划尚未开始，理财师建议，在中长期理财目标规划方面,随着其工作经验的积累,当工资收入提高后,应优先进行养老规划。

随着时间的推移,新婚夫妇组建家庭后财务和理财需求会产生变化,目前大多数"90后"家庭均处于需要建立理财观念、调整自身投资配置、选择更适合自身家庭理财工具的阶段。因此,对经济来源较稳定的家庭来说,通过保险、基金、银行理财等工具组建自己的投资规划,是较为稳妥的选择。

8.2 房屋规划

8.2.1 房屋规划概述

购房要配合负担能力,在一生中可随生涯阶段的改变而换房,这就是"房屋规划",如表 8-4 所示。

表 8-4 房屋规划

单位:万元

生涯阶段	购房情况	选购因素	家庭月收入	可负担房价
青春期(<30岁)	首次购房	房价、便利	0.8~1.2	50~80
中年前期(30~40岁)	第一次换房	学校、交通	1.2~2.0	80~150
中年前期(40~60岁)	第二次换房	环境、治安	2.0~3.0	150~250
老年期(>60岁)	第三次换房	养老、遗产	0.8~1.2	50~80

成家前或新婚族的首次购房,以一居室小面积为主,一般使用 3~5 年。当第一个小孩出生时,便可考虑换房,一般住 10 年以上。在中年期若能力足够,可考虑二次换房,以三居室以上为主,让已上中、大学的子女有较好的居住环境与较大的独立空间。退休后子女已独立居住,可换购较小面积但可兼顾医疗、休闲、景观的住宅,释放出部分资金满足自己居住以外的生活需求。

如果工作后 10 年的购房终值为 50 万元,购房 10 年后的换房终值为 100 万元(旧房按原价售出),所需储蓄或房贷年供额为多少?分三段计算。

第一段:25 岁开始工作,35 岁第一次购房,投资报酬率 8%,房贷利率 6%,贷款 20 年,贷款六成(即首付四成,20 万元)。计算购房前所需的年储蓄额,I=8%,n=10,PV=0,FV=200000,得出 PMT=13805(元)。

第二段:35 岁到 45 岁还贷款,计算购房后所需的年供额,I=6%,n=20,PV=300000,FV=0,得出 PMT=26155(元)。

第三段:45 岁换房,总价 100 万元,贷款 20 年,届时旧房房贷还有 10 年才能还清，房贷余额以年供额用房贷利率折现 10 年计算，I=6%，n=10，PMT=-26155，得出 PV=192503(元)。出售旧房后须先把原房贷还清，500000-192503=307497(元)，余下部分可当新房首付款。新房贷款额=1000000-307497=692503(元)。计算购新房后所需的年供额，I=6%，n=20，PV=692503，得出 PMT=60376(元)。因此，25~35 岁配置在购房上的年储蓄额应达到 13805 元，36~45 岁应提高至 26155 元，46~65 岁将其应提高至 60376 元，才能实现以上房屋规划。

1. 租房和买房的主要优缺点以及租房和买房决策的影响因素

房屋规划包括租房、购房、换房与房贷规划。房屋规划是否合适，对家庭资产负债状况与现金流量会产生重要的影响。租房和购房这两种居住方式各有优缺点，以下为具体的比较，如表 8-5 所示。

表 8-5 租房和买房两种居住方式的优缺点比较

	优点	缺点
租房	(1) 有可能使用更多的居住空间。 (2) 比较能够应对家庭收入的变化。 (3) 资金较自由，可寻找更有利的运用渠道。 (4) 有较大的迁徙自由度。 (5) 瑕疵或毁损风险由房东负担。 (6) 税较轻。 (7) 不用考虑房价下跌风险。	(1) 非自愿搬离的风险。 (2) 无法按照自己的期望装修房屋。 (3) 房租可能增加。 (4) 无法运用财务杠杆追求房价差价利益。 (5) 无法通过购房强迫自己储蓄。
购房	(1) 对抗通货膨胀。 (2) 强迫储蓄累积实质财富。 (3) 提高居住质量。 (4) 有增强信用的效果。 (5) 拥有心理满足感。 (6) 提供居住功能与资本增值的机会。	(1) 缺乏流动性：要换房或是变现时，若要顾及流动性可能要被迫降价出售。 (2) 维护成本高：装修虽可提高居住品质，也代表有较高的维护成本。 (3) 赔本损失的风险：房屋毁损风险、房屋市场价格整体下跌的系统风险与所居住社区管理不善造成房价下跌的个别风险。

租房、购房决策的影响因素主要包括以下六个方面。

(1) 房价成长率：房价成长率越高，购房越划算。

(2) 房租成长率：房租成长率越高，购房越划算。

(3) 居住年数：居住时间越长，购房越划算。

(4) 利率水平：利率水平越高，租房越划算。

(5) 房屋的持有成本：房屋持有成本越高，租房越划算。

(6) 租房押金：押金水平越高，购房越划算。

8.2.2 制定房屋规划的主要流程

制定房屋规划的主要流程如图 8-2 所示，具体如下。

(1) 投资者要对自身的需求、动机、支付能力进行把控。一般来说，个人投资需求主要取决于：空间需求，受家庭人口数影响；周边环境需求，主要受投资者对生活品质和质量的追求等。

(2) 把握自身情况后要为投资做好准备工作。其包括对房地产基础知识的了解以及交易市场基本情况的考察，进而通过对房租增长率、房价增长率、利率水平的了解，结合自身居住时限需求及负债能力分析，综合做出购房或租房决策。

(3) 确定是关于购房还是租房的规划。购房，要根据房产所处地段、类型、户型、空间、用途等进行选择，同时规划好购房款是全款支付还是贷款按揭；租房，要根据所租房产的整体情况，合理确定租期以及租金等，同时在签订租房合同时注意双方权益的划定情况。

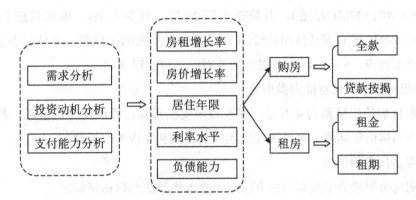

图 8-2　制定房屋规划的主要流程

8.2.3　购房及换房规划的基本情况

1. 制定购房规划的步骤、计算购房负担能力及其他购房相关成本

1) 制定购房规划的步骤

(1) 计算符合需求的房价现值。

居住面积＝目前家庭人口数×期待的人均居住面积（以人均 30 平方米计），购房单价与居住区域及所居住社区的安全、卫生、休闲功能等品质要求有关。总价现值＝居住面积×购房单价。例如小张拟购 90 平方米、单价 1 万元的房子，总价即为 90 万元。

(2) 考虑房价增长率。

如果一个人多年以后才有可能购房，就需要假设一个房价增长率。此增长率不宜太低，否则届时不是买不到所要的地段，就是买不到所需的面积。做这一假设时，可将其定在 4%～10% 的范围内（如小张假设的房价增长率为 5%）。

(3) 计算届时的房价。

假设小张在 5 年后购房，5 年后的购房目标终值为 $90\times(1+5\%)^5=115$（万元）。

(4) 考虑准备首付款及还贷所需的年储蓄。

表 8-6 为每准备万元首付款与还万元贷款所需的年储蓄（假设 5 年后购房，房贷期限 20 年）。

表 8-6　每准备万元首付款与还万元贷款所需年储蓄

单位：元

报酬率/利率	5%	6%	7%	8%	9%
首付款储蓄	1810	1774	1739	1705	1671
还贷款年供	802	872	944	1019	1095

在上例中，房产总价为 115 万元。首付款 =115×30%=34.5(万元)。若在准备首付款的 5 年中，平均投资报酬率可达 8%，则应有年储蓄额 =1705×345=58823(元)。贷款 =115×70%=80.5(万元)。若贷款年限 20 年，利率为 7%，购房后应有年供额 =944×805=75992(元)。购房后的贷款年供额高于购房前的年储蓄。若目前小张每年可储蓄 6 万元用来投资，5 年后收入若提高到 8 万元仍可实现规划。

(5) 依照实际的年储蓄能力做调整。

若小张目前的年储蓄为 4 万元，就要设定支出预算，设法提高储蓄额，若购房后年供额远高于购房前年储蓄，可以改变贷款成数，顺利实现购房规划。

2) 计算购房负担能力

计算购房负担能力主要有两种方法：年收入概算法与目标精算法。

(1) 年收入概算法。

购房前首付款的筹备与购房后贷款的负担，对家庭现金流与生活水准的影响长达十几年甚至 30 年。不要陷入低首付的陷阱，买自己负担不起的房子。计算房屋总价负担能力时，可以采用下述公式：可负担房价 =[(年收入×首付款比例)/房贷利率]/贷款成数。如年收入 10 万元，其中 30% 可用来交房贷。假设首付款的机会成本也以房贷利率计算，房贷利率 6%，贷款成数 70%，可负担房价 =[(10×30%)/6%]/70%=714(万元)，为年收入的 714 倍。前提是需先准备 214 万元的首付款。从这个简化公式可知：同样收入下，利率愈低，可负担的房价愈高；储蓄率愈高，可负担的房价愈高。一般人计算出来的可负担的房价上限为家庭年收入的 5～8 倍。

(2) 目标精算法。

可负担房屋总价 = 可负担的首付款 + 可负担的贷款。假设小林的年收入为 10 万元，预估收入增长率为 7%，目前净资产为 15 万元。30% 为储蓄首付款与负担房贷的上限，打算 5 年后购房，投资报酬率 8%，贷款年限 20 年，利率以 6% 计，其可以负担的房屋总价和房屋单价如下。

可负担首付款部分：PMT_1= 年储蓄上限 =10×30%=3(万元)，I=8%，n=5，

PV=-15，得出 FV=396.397(万元)。

可负担贷款部分：PMT2=3×(1+7%)^5=4.207(万元)，I=6%，n=20，FV=0，得出 PV=482.615(万元)。

可负担房屋总价 =396.897+482.615=879.012(万元)。

可负担房屋总价/需求面积=可负担房屋单价。

若小林一家3口，需求面积为90平方米，879/90=9.8(万元)。因此，小林可以到每平方米单价约1万元的区域去找房子。表8-7为小林可负担房屋总价的计算依据，表8-8为在总价固定的情况下，小林可选择的居住面积、房屋单价与适合区域。

表8-7 可负担房屋总价的计算依据

项目	参数
目前年收入	10万元
收入增加比例	7%
可负担的购房支出比例	30%
可配置的购房资产	15万元
投资报酬率	8%
预计几年后购房	5年
房贷利率	6%
房贷年数	20年
可筹自备款	396.397万元
年贷款负担能力	4.207万元
可负担贷款	482.615万元
可负担房屋总价	879.012万元

表8-8 总价固定情况下，小林可选择的居住面积、房屋单价与适合区域

总价/元	居住面积/平方米	房屋单价/元	适合区域
879012	70	12557	
	80	10988	
	90	9767	
	100	8790	
	110	7991	
	120	7325	
	130	6762	
	140	6279	
	150	5860	

一般说来，离市中心越远的房子越便宜，同样的总价可买较大的面积，住得舒服，

但是上下班的车程较久。若要买市中心附近的房子，同样的总价可以买到的面积就小了。因此，在确定总价后，如何平衡面积与地段的需求，就需购房者做出价值判断了。按照目前的房价，小林还买不起一二线城市市区的房子，只能在二线城市郊区或三线城市市区买房了。若小林在一线城市工作，只能靠父母支援或先租房，等过几年有购房能力时再买房。

3) 计算其他购房相关成本

除此之外，在一个完整的购房规划中，还要考虑中介费和装修费等现金流出的情况（而且这些费用通常无法通过贷款取得），其费用总额可占到购房总价的10%～15%，不可忽视。

(1) 中介费用。若通过中介公司购买二手房，买方通常要支付房价的1%～3%作为中介费。

(2) 装修费用。毛坯房的房价较低，但需要花更高的装修费用，适合想自己装修的购房者。购房后，装修费用的合理范围一般是每平方米500～1000元。一般情况下，房价越高，装修费也越高，可以房价的10%来估算装修费。

(3) 搬家费用。相比之下，搬家费用不算太高，1000～2000元预算应该足够。

(4) 房贷相关费用。房贷费用如估价费、保险费与律师费等，可以贷款总额的2%估算。

(5) 契税。契税由买方负担，自2016年起，个人首次购买90平方米及以下普通住房的，契税税率暂统一下调为1%。

综合起来，其他期初成本约占总价的1.5%左右，在购房规划中应与首付款一起计入期初开销中。如果是换房，且通过中介公司操作，那么卖出旧房、买入新房时都需要交纳中介费，这个也要考虑在内。

2. 换房规划

和购房一样，在换房之前，也需要根据自己的实际情况制订计划，比如计算换房能力，决定先卖后买还是先买后卖，等等。只有计划得当，才能保证换房的成功。

1) 换房能力概算

当一个人的收入随着工作经验的增加而上升，负担能力也相应提高时，就要考虑换房以满足孩子长大后的更大空间需求，这就是与生涯规划相匹配的房屋规划。换房时，需考虑旧房能卖多少钱。需筹自备款＝新房净值－旧房净值＝（新房总价－新房贷款）－（旧房总价－旧房贷款）。如果旧房值60万元，贷款尚有30万元，新房值100万元，拟贷款60万元，应筹自备款＝(100－60)－(60－30)＝10(万元)。此时要考虑的是手里有没有10万元的可变现资产，未来是否有负担60万元房贷的能力。以6%的利率来算，每月仅付利息就要4300元，因此月收入应在10000元以上才可考虑换房。购房不是理财的唯一目标，若把所有的资源全用来满足购/换房需求，就可能会影响子女教育金或退休金的筹措。此时，就要在准备充分前暂时租房。

2) 有关换房的决定

(1) 先卖后买。先卖后买要考虑以下几个方面。①要解决出售旧房后无房可住的问题。②除非买卖合约都已谈妥，只差几天可住旅馆，否则通常要租房居住。③因为租期不长，可能不到一年，谈租约时，可能不像一般签一年租约那样容易，或者每月租金可能较高。④如果旧房的购买方将该房用于出租，那么可以售后回租，卖旧房后仍住在里面，付给购房者租金，直到搬入新房为止。

(2) 先买后卖。先买后卖需要考虑以下几个方面。需要解决资金的周转问题。即使只隔几个月，也必须先借到一笔钱来缴首付款，而且需要负担资金成本。比如说旧房50万元，新房100万元，新房可贷款70万元，首付款30万元。如先买后卖，中间隔三个月，这时若旧房无房贷，可用旧房抵押贷款30万元，用来当新房的首付款。等到卖旧房之后，再还此笔贷款。（这里有一个风险点：如果卖旧房的过程中，买方首付款支付后，卖房者同时利用买房者首付款先行支付新房的首付款，这时如果发生贷款审批不下来或其他意外事件、纠纷，或是由于房价突然暴涨而导致卖房者毁约；或是卖房者由于单方面原因被迫或故意拖延交房，特别容易引发买房者依据买卖合同通过法律诉讼要求大额赔偿。）②若旧房还有未还清的房贷，且很难再增加贷款，此时若无其他资金来源，要想办法另外筹集资金来支付新房首付款。这时的风险点有可能会导致承担额外资金拆借带来的高昂利息成本。③若没有借贷渠道，除非在换房前已另外积蓄了一笔钱足以支付首付款，否则换房时还是以先卖后买为宜。

(3) 是由小房换大房，还是一步到位。

拥有一套属于自己的房子是大多数人最渴望的事情。因此，有些年轻人在收入不高的情况下，就很辛苦地在郊区买下一套勉强负担得起的房子，并期望今后有能力时再逐步换大房子。假使每次换的房子都可升值的话，此种房屋规划应值得鼓励。但是，假使估计房价上涨空间不大，可以先租房，当准备充分后，再买一个属于自己梦想中的家。

买一套房子与买一个家是不一样的。如果只是想买一套房子，住几年就打算转卖，那么买房时就要同时考虑是否容易转手，也就是说应多考虑经济因素，而非情感因素。但是，如果你想的是买一个家，那么就要更加注重舒适与温馨，此时就要更多地考虑情感因素，轻易不能将其转手。

3) 房屋规划的成本收益分析

买房子是人生大事，购房前首付的筹备与购房后贷款偿还的负担，对家庭现金流量、生活水准的影响长达十年甚至几十年。购房若不事先规划，就可能出现以下几种情况。

(1) 掉入低首付的陷阱，买自己负担不起的房子。

或许你手上的钱刚好够缴首付款，但每月应缴的贷款超过收入的一半，这将降低你以后的生活水准，或者新婚族缴完贷款后每月只有两三千元可以用，需延后原来的育儿计划，这些都是本末倒置的做法。

(2) 没有考虑未来的收入与支出变化，购房梦功败垂成。

曾有证券公司业务员在股市大好时购置豪宅，但当股市反转归于平淡时，因缴不起房贷本息，其房子被法院拍卖的例子。也有因生下双胞胎费用较预期增加，或突患痼疾医疗支出大增而缴不起房贷的案例。因此在衡量房贷负担能力时不要预算做得太紧，每年总会有意料之外的费用会影响到房贷的支付能力。

(3) 没有房涯规划的观念，难以拟订合理的行动计划。

根据负担能力购房，且在一生中随生涯阶段的改变而换房，我们称之为做"房涯规划"。成家前或新婚族的首次购房，以一居至两居小面积住房为主，使用3~5年，当小孩需要有独立房间时，可以考虑购置两居或者三居，同时注意周边小学、中学质量与小区配套设施，一般住10年以上。到中年时，如果实力足够，可以考虑居住品质与休闲功能为主，这时可以进行二次换房，以三居室或者四居室为主，一是孩子有足够的独立空间，二是可以把已经年迈的父母接过来一起住。到了退休后，子女已经独立，可以换面积小但兼顾医疗、休闲、景观的品质房。购房生涯表见表8-9。

表8-9 购房生涯表（以下数据为假设，具体数据需根据实际情况调整）

年龄	购换房	选房因素	家庭月收入	可负担房价
青春期<30岁	首次购房	房价、便利	30000~50000元	200万元~350万元
前中年30~40岁	第一次换房	学校、交通	50000~100000元	350万元~700万元
后中年40~55岁	第二次换房	环境、治安	100000~150000元	700万元~10000万元
老年期>55岁	第三次换房	养老、遗产	50000~80000元	300万元~500万元

(4) 没有一个具体可行的购房规划，很难强迫自己储蓄。

根据购房规划，确定前几年要准备的首付款，购房后还贷款的储蓄目标，以此强迫自己储蓄，达到未来拥有住宅的梦想，这样钱才不会随便被花掉。

(5) 不事先规划购房现金流，无法选择最佳的贷款比例。

越早开始为购房进行储蓄投资的人，在购房之时越可能有较多的首付款，相对地减轻未来的贷款负担。

4) 购房与租房的决策方法

(1) 年成本法。

年成本法的计算公式为

$$租房年成本 = 押金 \times 存款利率 + 年租金$$

购房年成本＝首付款×存款利率＋贷款余额×贷款利率＋年维修费用

汪小发看上了一套100平方米的住房，该住房可租可售。如果租房，房租为每月5500元，押金为1个月房租。如果购房，房屋总价1200000元，可申请600000元贷款，房贷利率为6%，自备首付款600000元。汪小发租房与购房的成本分析如下（假设押金与首付款机会成本为3%）。

租房年成本：5500×12＋5500×1×3%＝66165（元）。

购房年成本：600000×3%＋600000×6%＝54000（元）。

做购房与租房决策时需要考虑房屋维护和折旧成本。

一是房屋维护成本：租房者不用负担，由购房者负担。此部分金额不定，越旧的房屋维护成本越高。上例预期当年房屋维护成本为5000元。二是房屋折旧成本：个人住房不像企业购入房产后要提折旧，但是同样的地段新旧房有一定的价差，这就是房屋折旧成本的体现。假设该地段全新房与一年房的价差为每平方米240元，折旧率2%。上例的折旧成本为24000元。考虑这两项因素后，购房的平均年成本为83000元，比租房年成本66165元高25.44%。租房年成本低于购房年成本。

做购房与租房决策时需要考虑房屋是否升值。

若房价在未来看涨，那么即使当前算起来购房年成本高一点，但是，未来出售房屋的资本利得也可能弥补居住期间的成本差异。

以上例而言，租房年成本率＝66165元÷1200000元＝5.5%，购房年成本率＝83000元÷1200000元＝6.9%，差距只有1.4%。若计划住5年，$(1+1.4\%)^5-1\approx 7.2\%$，只要房价在5年内涨7.2%以上，购房仍然划算。若大家都预期房价会进一步下跌，而宁可租房不愿购房，则租房年成本高于购房年成本的情况也有可能会发生。因此，比较租房与购房哪种划算，决策者对未来房价涨跌的主观判断也是重要因素。

(2) 净现值法（NPV法）。

在一个固定的居住期间内，将租房及购房的现金流量还原成现值，比较两者的净现值，较高者为划算。可以使用财务计算器现金流计算功能计算NPV，或用Excel的NPV财务函数进行分析。NPV计算时只考虑现金流量，因此，在年成本法中计算的租房押金利息与购房折旧成本并非实际现金流出，不用列入。而在年成本法中房贷只计利息，净现值法中房贷计算的是本利平均摊还额。合理的折现率应在首付款资金机会成本3%与房贷利率6%之间，可做敏感性分析。上例中若汪小发已确定要在该处住满5年，如果租房，月房租每年增加500元，第5年年底将押金5500元收回；如果购房，房价1200000元，维护成本第一年5000元，以后每年提高5000元，假定该房在第5年年末能以1250000元卖出，假定折现率为3%。

表8-10列示了租房与购房净现值（NPV）的计算结果。

表 8-10 租房与购房净现值 (NPV) 的计算结果

项目	租房	购房首付	贷款	维护成本	购房合计
期初 (CF0)	(71500)	(600000)			(600000)
第 1 年 (CF1)	(72000)		(52311)	(5000)	(57311)
第 2 年 (CF2)	(78000)		(52311)	(10000)	(62311)
第 3 年 (CF3)	(84000)		(52311)	(15000)	(67311)
第 4 年 (CF4)	(90000)		(52311)	(20000)	(72311)
第 5 年 (CF5)	5500	1250000	(560366)	(25000)	664634
折现率 3%	(367017)				(266903)
折现率 4%	(359934)				(288087)
折现率 5%	(353116)				(307978)
折现率 6%	(346551)				(326663)

对于表 8-10，其租房和买房净现值的计算过程如下。

第一，租房净现值的计算过程如下。

若租金每年支付一次，一般会在期初，计算公式如下。

CF0= 押金 + 第 1 年租金 = -5500 - 5500 × 12 = -71500 元

CF1= 第 2 年租金 = [-5500 + (-500)] × 12 = -72000(元)

CF2= 第 3 年租金 = [-5500 + 2 × (-500)] × 12 = -78000(元)

CF3= 第 4 年租金 = [-5500 + 3 × (-500)] × 12 = -84000(元)

CF4= 第 5 年租金 = [-5500 + 4 × (-500)] × 12 = -90000(元)

CF5= 取回押金 = 5500(元)

i=3%，NPV= -367017(元)

第二，购房净现值的计算过程如下。

首付款在第 1 年年初支付，若购房的房贷本利为每年还一次，则是在期末。假设维修成本也在期末支付，则有如下计算过程。

CF0= 首付款 = -600000(元)

每年房贷本利摊还 =PMT(6%，20，600000)= -52311(元)

5 年后房贷余额 PV(6%，15，-52311)=508055(元)

CF1= 第 1 年房贷本利摊还 + 第 1 年维护成本 = -52311 - 5000 = -57311(元)

CF2= 第 2 年房贷本利摊还 + 第 2 年维护成本 = -52311 - 10000 = -62311(元)

CF3= 第 3 年房贷本利摊还 + 第 3 年维护成本 = -52311 - 15000 = -67311(元)

CF4= 第 4 年房贷本利摊还 + 第 4 年维护成本 = -52311 - 20000 = -72311(元)

CF5= 第 5 年房贷本利摊还 + 第 5 年维护成本 + 第 5 年年底房屋出售额 - 第 5 年年

底房贷余额 = -52311-25000+1250000-508055=664634(元)

  i=3%，NPV = -266903(元)

  由于 -367017<-266903，因此购房净现值比租房高，购房划算。

  表 8-11 展示了不同售房价格预期下的租购房 NPV 比较结果。

表 8-11 不同售房价格预期下的租购房 NPV 比较结果

单位：元

NPV	折现率 3%	折现率 4%	折现率 5%	折现率 6%
购房 NPV(当售房价格为 1100000 时)	(396295)	(411376)	(425507)	(438752)
购房 NPV(当售房价格为 1150000 时)	(353164)	(370280)	(386311)	(401389)
购房 NPV(当售房价格为 1200000 时)	(310034)	(329183)	(347154)	(364026)
购房 NPV(当售房价格为 1250000 时)	(266903)	(288087)	(307978)	(326663)
租房 NPV	(367017)	(359934)	(353116)	(346551)

  根据表 8-11，当第 5 年年底房屋可以 1250000 元出售时，无论用哪一个折现率，购房都比租房划算。购房与租房的 NPV 均为负值。但租房 NPV 随着折现率的上升而上升，购房 NPV 随着折现率的上升而下降。

  根据表 8-11，当第 5 年房屋仅以 1100000 元出售时，无论用哪一个折现率，租房都比购房划算。当第 5 年年底房屋以 1150000 元出售时，折现率为 3% 时购房划算，折现率为 4%、5%、6% 时租房划算。当第 5 年年底房屋以 1200000 元出售时，折现率为 3%、4%、5% 时购房划算，折现率为 6% 时租房划算。

8.2.4 房屋投资的主要产品类型

1. 新房或二手房

  新房是指房地产开发商依法取得土地使用权后，在土地上建造并取得政府批准销(预)售的商品房。在谈到具体买房时，很多人会问这样一个问题，"到底买新房还是二手房好呢？"，业内人士认为，买的时候是一分钱一分货，但真正的差别体现在 5 年后，主要有三点原因。

  第一是在同等地段情况下，新房肯定比老房子升值潜力大，5 年时间足以拉开两者之间的差距。房子更新换代比较快，即使今年与明年买的房子，都可能存在代系差别，新房与二手房间差距时间越长，设计风格差别越大。即使未来转手，新一些的房子也更受欢迎，价值也更大。

第二是遇到极端情况，你买的房子已经有 15 年房龄，到 5 年后，你又准备转手，这个时候麻烦就比较大，即使让价也不见得有人接手。原因就在于，从风险角度考虑，银行基本会停止给房龄超过 20 年的房子发放贷款，这样的话，接手的客户只能全款购房，如此会导致客户大幅减少，房子也难转手。当然，即使全款客户，也会考虑将来转手的问题。

第三是物业附加值问题。一般来说，物业服务水平高是一个小区品质和价值的加分项，反之则是减分项。就目前来说，随着房地产从量到质的转变，新楼盘一般都会引入品牌物业，以提升卖点，所以，从总体来看，新建小区物业服务水平都还不错。而二手房小区物业就参差不齐，大多小区物业服务饱受诟病，如果一个小区物业管理在先期弄砸了，后期要恢复就实在太困难。一个物业不好的小区，房产价值折损率 10% 还是有的。

2. 商铺等商业不动产

商铺是专门用于商业经营活动的房地产，是经营者对消费者提供商品交易、服务及感受体验的场所。广义的商铺，其概念范畴不仅包括零售商业，还包括娱乐业、餐饮业、旅游业所使用的房地产，以营利为目的的展览馆、体育场所、浴室，以及银行、证券等营业性的有建筑物实物存在的经营交易场所。商铺作为房地产中新兴的典型投资形式，其投资收益能力及其投资价值对于商铺投资者来讲，无疑是最关心的问题。所投资的商铺如果投资价值不高，对于商铺投资者来讲，至少意味着短期的失败。投资商铺应主要考虑位置、规模、价格、回报和使用率五要素。

3. 房地产信托、房地产基金等相关金融产品

房地产理财产品是指由房地产担保支持的投资理财产品，主要包括房地产信托、房地产基金。房地产信托是指投资人将资金交给信托公司，由信托公司集合资金向融资方发放贷款或进行股权投资，融资方向信托公司提供房地产作为担保。其年收益率一般为 8% ~ 12%。房地产基金是指投资人集合资金共同组建基金机构（一般是有限合伙企业），以机构的名义，向房地产企业进行股权投资。年收益率一般为 15% ~ 20%。

8.2.5 房屋规划案例分析

1. 多房产家庭解套理财规划

1）案例资料[①]

王先生家庭合计年工作收入 403186 元，其中，45 岁的王先生是企业中层管理人员，年薪资收入为 167340 元，年终奖为 80555 元；40 岁的王太太在银行任职，年薪资收入为 39916 元，季度奖金收入 88270 元，还有年终奖金 27105 元。工作储蓄 233186 元；理

---

① 本案例及图表引自《大众理财顾问》，2012-10-22。

财收入 336000 元，为房租收入；理财储蓄 36000 元；其他储蓄 269186 元，包括储蓄型保费 20000 元，房贷本金还款 295696 元，养老金缴存 25600 元，公积金缴存 38400 元，医疗保险缴存 6400 元。此外，家庭自由储蓄 116911 元。家庭年度总支出 470000 元，其中，生活支出 170000 元，理财支出 300000 元。生活支出方面，女儿 13 岁，即将就读初中二年级；家庭年消费支出 150000 元，年学费支出 20000 元。理财支出方面，房贷利息支出 287000 元，其他利息支出 13000 元。

王先生家庭总资产为 1318 万元，包括自用性资产、投资性资产及流动性资产。家庭自用性资产 250 万元，为目前有自住房，房贷 100 万元，剩余贷款期限 8 年。家庭投资性资产合计 1067 万元，包括 3 处投资房地产：现值 500 万元的门面房，房贷余额 200 万元，剩余贷款期限 10 年，月房租收入 2 万元；现值 300 万元的住宅，房贷余额 70 万元，剩余贷款期限 12 年，月房租收入 5000 元；现值 200 万元的住宅，贷款余额 40 万元，剩余贷款期限 16 年，月房租收入 3000 元，所有房贷均为等额本息摊还。夫妻均加入社保，养老金账户余额先生 10 万元，太太 5 万元，两个住房公积金账户都用来交房贷，没有余额。国内股票成本 50 万元，市价 40 万元。王先生夫妇各投保终身寿险 30 万元，年交保费 2 万元，已交 8 年，还要交 12 年，目前现金价值共 12 万元。家庭流动性资产 1 万元为现金与存款。家庭总负债为 448 万元。其中，消费性负债合计 38 万元，由于购房导致过去一段时间资金紧张，目前还有信用卡债 5 万元，利率 18%；王太太有 25 万元的行员贷款余额 (免息)；保单质押贷款 8 万元，利率 5%。投资性负债 310 万元，为投资性房地产贷款。自用性负债合计 100 万元，为自用住房按揭贷款。家庭总资产扣除负债后，资产净值为 870 万元。

2) 理财目标与规划需求

(1) 房产调整与减债规划：目前 4 处房产的房贷平均利率约 7%，投资房产的房租收入不足以还月供，造成现金流的压力，加上房产调控政策下房价下行风险加大，打算至少出售一处投资房产，来解决目前的财务困境。

(2) 子女教育与创业资金：准备让女儿高中毕业后到英国念本科与硕士，预计 6 年，每年开销 1.5 万英镑，回国后赞助届时值 100 万元的创业资金

(3) 购车规划：3 年后打算购买一辆现值 60 万元的自用车，以后每 6 年换同级车一次，共换 4 次，购车后每年养车费用增加 2 万元现值。

(4) 退休规划：夫妻 15 年后同时退休，退休后每年生活费用现值合计约 12 万元。

(5) 保险规划：根据家庭风险制定合理的保险规划。

3) 家庭基本情况分析

根据王先生家庭的基本情况，编制其家庭资产负债表和收支储蓄表 (见表 8-12 和表 8-13)。

表 8-12 资产负债表

单位：万元

资产项目	金额	负债项目	金额
现金与活期存款	1	信用卡欠款	5
		行员贷款	25
流动性资产合计	1	保单质押贷款	8
		消费性负债合计	38
股票投资	40		
投资性房地产	1000	投资性房产贷款	310
保单现金价值	12		
养老金	15	投资性负债合计	310
投资性资产合计	1067		
		住房按揭贷款	100
		自用性负债合计	100
自用房产	250		
自用性资产合计	250	负债总计	448
资产总计		1318	
净值		870	

表 8-13 收支储蓄表

单位：元

项目	金额	项目	金额
工作收入	403186	生活支出	170000
王先生薪资收入	167340	子女教育金支出	20000
王先生年终奖	80555	家庭消费支出	150000
王太太薪资收入(不含季末月)	39916		
王太太季度奖(不含季末月)	88270		
王太太年终奖	27105		
工作储蓄	233186		
理财收入	336000	理财支出	300000
其中：房租收入	336000	房贷利息支出	287000
理财储蓄	36000	其他利息支出	13000
储蓄	269186		
储蓄型保费	20000		
房贷本金还款	295697		
养老金缴存	25600		
公积金缴存	38400		
医疗保险缴存	6400		
自由储蓄		116911	

根据规划需要，做出以下假设：当地社会养老保险、医疗保险、失业保险和住房公积金交费率分别为8%、2%、1%和12%，企业对等交纳住房公积金；房租成长率、教育金成长率、生活费增长率、收入成长率、车价成长率、社平工资增长率、养老金账户投资报酬率均为5%，上年社平工资为3000元。根据家庭资产负债表和收支储蓄表，我们对家庭财务情况进行了诊断，家庭财务诊断书见表8-14。

表 8-14 家庭财务诊断书

家庭财务比率	定义	实际比率	合理范围	诊断
流动比率	流动资产/流动负债	2.63	2~10	较低
资产负债率	总负债/总资产	33.99%	20%~60%	较为合理
紧急预备金倍数	流动资产/月支出	0.71	3~6	太低
财务自由度	年理财收入/年收入	71.49%	20%~100%	合理
财务负担率	年本息支出/年收入	80.78%	20%~40%	太高
平均投资报酬率	年理财收入/生意资产	3.15%	3%~10%	较低
储蓄率	储蓄/总收入	36.42%	20%~60%	较为合理
自由储蓄率	自由储蓄/总收入	-15.82%	10%~40%	没有自由储蓄

目前王先生家庭收入较高，但由于房产贷款较多，使家庭财务方面存在问题不少。家庭紧急预备金倍数不到1，可以随时拿来急用的资金不能维持1个月的家庭生活支出，这样一旦家庭出现急事，将难以应对。财务负担率较高，超过了80%，远远超过了40%的合理上限，这使得家庭负担太重，这其中还不包括生活和教育支出等。平均投资报酬率较低，刚刚超过3%的合理下限，使得家庭资产不能有效增值。自由储蓄率为负数，虽然家庭储蓄率较高，但由于房产贷款本金支出太高，储蓄全部拿来归还贷款本金都不够，家庭没有可以自由运用的储蓄资金。保险严重不足，虽然王先生夫妇二人均有终身寿险30万元，但相对于其收入、支出和房贷余额等因素来说，是远远不够的。

4) 家庭理财规划

根据王先生家庭目前的基本情况，首先需要解决的是房产调整和减债计划。在此基础上，做好子女教育、购车、退休和保险等全方位规划。

目前王先生家庭房产太多，且4套房产均有贷款，合计贷款410万元。加上消费性负债，债务合计高达448万元。考虑到投资性房产太多，而在政策的严厉调控下，房价下行压力较大，或者在一段时间内大幅上涨的可能性不会太大，且贷款利率较高，投资房产的房租收入不足以还月供，造成现金流压力太大。建议除自住房外，留下门面房，将其他2套投资性房产出售，扣除贷款可以增加390万元现金流入，每年可减少近13万多元(70万元贷款为88131元，40万元贷款为42423元)的贷款本息支出。对出售房产的收入，在扣除房贷后，先将高利率的信用卡债还清，由于利率较低甚至免息，保单质押贷款和王太太的行员贷款可以暂时保留，其中保单质押贷款利率5%，低于后面测评的适合王先生的投资报酬率8.4%，且一般期限较短，可以在到期后归还。经过调整，王先生的现金流压力大大减轻，家庭财务状况得到有效缓解。出售2套投资房后，王先生家庭的房贷利息支出和本金还款支出大大减少，自由储蓄由负变正，为22563元，也就是说每月储蓄额在供完房贷、交完保险等事项后还能剩下2万多元可以自由支配的资金，这其中不包括非经常性收入，即出售房产收入390万元。紧急备用金和理财准备金方面，目前王先生的家庭流动资金仅1万元，难以应对日常紧急事项需要，建议增加至3～6个月的生活支出，目前家庭月生活支出1.25万元，建议保留5万元较为合适，这部分资金可以活期存款或者货币市场基金、银行短理财产品等形式保留，以提高资金使用效益。出售房产前，王先生家庭资产1318万元，但扣除房产投资、短期负债、既得权益（社保余额）和紧急备用金后，可以用于理财的准备金为零。出售房产后，资产增加390万元，负债减少110万元，扣除房产投资、短期负债、既得权益（社保余额）和紧急备用金后，理财准备金为387万元，这部分资金可以用于子女教育、退休、保险等理财目标。子女教育与创业规划方面，目前王先生女儿每年学费支出2万元，计划让女儿高中毕业后到英国读本科与硕士，预计6年，每年开销1.5万英镑，折合人民币约15万元。预计5年后进行，届时终值为19万元，另外回国后赞助届时值100万元的创业资金。目前现金流难以满足该两项需要，将2套投资性房产出售后，则可以满足该需要。对此，建议可以购买整笔基金、基金定投或者教育金保险的形式进行积累。

5) 保险规划

由于王先生家庭收入较高，净资产也较高，且退休后生活费用现值也低于当前生活支出，出售2套房产后，理财准备金较多。按照遗嘱需求法，王先生理论上不需要寿险保额，但其家庭处于成熟期，责任重大，还是应再配置一部分保险，见表8-15。按生命价值法，不考虑成长率，王先生需要的保额约为371万元，王太太需要的保额约为233万元，建议以此作为意外险保额，约需费用7500元，附加补偿医疗保险，保额各5万元，费用约3350元。对自用房贷余额100万元，投保随房贷额递减的10年期房贷寿险，预计保费约10370元；同时，王先生购买15年保额为20万元、王太太购买20年保额为20万元的重疾险，合计保费约8300元。女儿可以购买少儿系列健康保险计划，年交保费240元，包括意外保障5万元，重疾10万元，住院医疗5万元等。加上之前的每年2万元终身寿险保费，合计保费48750元左右，相当于王庭家庭年税后工作收入的12.09%，基本符合家庭保费支出约为家庭年收入10%的大致标准。另外，根据生涯规划，王先生百年以后会留下大笔遗产，建议及时购买终身寿险以做好遗产传承。

表 8-15 保险规划表

建议险种	被保险人	交费期/年	预估保费/元	保额/万元
房贷定期寿险	王先生	10	10370	100
意外险	王先生	15	4638	371
意外险	王太太	20	2912	233
医疗保险	王先生	15	1250	5
医疗保险	王太太	20	1100	5
重疾险	王先生	15	4880	20
重疾险	王太太	20	3360	20
终身寿险	王先生	20	10000	30
终生寿险	王太太	20	10000	30
健康保险计划	女儿	5	240	10

6) 购车规划

计划 3 年后购买一辆现值 60 万元的自用车，以后每 6 年换同级车一次，共换 4 次，购车后每年养车费用增加 2 万元现值。按照 5% 的车价成长率，在第 3 年、9 年、15 年、21 年、27 年时分别需要购车费用终值 69 万元、85 万元、108 万元、137 万元、173 万元，每年增加的养车费用现值 33 万元。这些费用经过出售房产进行财务调整之后，均能轻松完成。

7) 退休规划

王先生夫妻 15 年后同时退休，退休后每年生活费用现值合计 12 万元，按照 5% 的费用成长率，退休当年需要生活费约 25 万元。假设王先生退休后余寿 20 年，王太太 30 年，则退休当年共需要退休后生活费 348 万元。假设上年社平工资 3000 元，王先生 60 岁、王太太 55 岁退休，则退休当年王先生和王太太分别可以领取养老保险 59553 元和 23254 元，合计 82807 元，缺口约 17 万元，需要靠现有的理财准备和今后的储蓄来补充，建议及早做好投资规划。如果按 8.4% 的投资报酬率，从现在开始每月定投 474 元，15 年后即可积累到该笔资金，从而弥补退休缺口。

8) 投资规划

根据王先生现有的投资情况和年龄等状况，假设王先生的本金亏损容忍程度为 10%，经风险评估，王先生风险承受能力为中高，风险忍受态度为中，资产配置为债券类 40%、股票类 60%，预期投资报酬率为 8.4%，最高报酬率为 24.52%，最低报酬率为 -7.72%，符合王先生的本金亏损容忍程度 10%。出售房产后，王先生家庭的理财准备约 387 万元，建议按该比例进行调整配置，鉴于股票投资风险较高，建议逐步将现有股票出售，并换为共同基金。其中债券也可以收益相当的银行理财产品来代替，如信托产品等。综合考虑过往收益和风险以及公司服务、规模等情况，货币类推荐华夏现金增利、易基货币、国泰货币等，债券基金推荐富国天利增长债券、国投瑞银行融华债券、工银增强收益债券A等，股票型基金推荐选择嘉实研究精选、兴全全球视野、富国天瑞强势等。

9) 综合规划

将上述假设条件和资产负债表、收支储蓄表以及各项理财目标规划的相关数据编制生涯仿真表，由于出售房产后家庭理财准备较多、夫妻二人收入较高等原因，内部报酬率算不出来，但以无风险利率和适合王先生的投资报酬率计算的每年理财准备均为正数，说明所有理财目标均可以达成。

2. 家庭年收入50万元商铺投资规划

随着人们的生活日益富裕，财富逐渐积累，通过投资实现财富保值、增值的愿望不断增强。俗话说，"一铺养三代"，作为不动产投资中的热门，商铺投资成为一些家庭实现资产增值的重要途径。

1) 案例资料[①]

黄先生，38岁，税后月收入1.8万元，年底奖金4万元；黄太太，36岁，税后月收入1.5万元，年底奖金3万元。他们的儿子今年7岁。黄先生家庭拥有一套价值150万元的房产和一辆价值12万元的轿车；活期存款25万元，定期存款50万元，股票20万元。夫妻二人都有社保，并各自购买了保额50万元的商业保险，每年的保费分别为1.2万元和1.3万元。

黄先生夫妇的月生活支出约1万元；抚养孩子每月花费0.2万元；房贷尚余50万元未偿还，每月还款0.35万元；月养车支出0.2万元。夫妇二人每年的旅游费用及给老人的赡养费用共计5万元。夫妻二人打算让孩子出国读大学，计划为他准备100万元教育费用。对于这个理财目标，他们希望通过投资商铺来实现。

黄先生家庭资产负债及收入支出情况分别见表8-16和表8-17。从表8-16来看，黄先生家庭的资产负债比为19.46%，家庭财务很安全，风险评级为低风险，处于家庭成长期。在这个阶段，随着家庭成员年龄的增长，最大的开支是保健医疗费和教育费用。随着孩子自理能力增强，夫妻二人处于事业发展高峰，投资能力大大增强。从表8-17来看，黄先生夫妇二人的月总收入3.3万元，男方占比54.55%，女方占比45.45%，同时构成家庭经济支柱。目前，黄先生家庭的月总支出为1.75万元。其中，日常生活支出1.4万元，占比68.57%；月房贷还款支出0.35万元，占比31.43%。家庭日常支出占月收入的比重为36.36%，低于50%，表明家庭控制开支的能力较强。黄先生家庭月房贷还款占月收入的比重为10.61%，低于40%，表明财务风险较低，处于较为安全的水平。黄先生家庭每年可结余18.1万元，留存比例为38.48%，表明家庭具有较强的储蓄能力，而这正

---

① 本案例及图表引自《大众理财顾问》，2019年第4期。

是未来财富增长的关键。

表 8-16 黄先生家庭资产负债表

资产	金额/万元	占比/%	负债	金额/万元	占比/%
现金和活期存款	25	9.73	房屋贷款	50	100
定期存款	50	19.46	购车贷款		
股票	20	7.78	信用卡贷款		
自用房产	150	58.37	其他贷款		
家用车	12	4.67			
资产合计	257 万元		负债合计	50 万元	
净资产	207 万元		负债/总资产	19.46%	

表 8-17 黄先生家庭收入支出表

收入	金额/万元	占比/%	支出	金额/万元	占比/%
黄先生月收入	1.8	54.55	黄先生月生活支出	0.5	28.57
黄太太月收入	1.5	45.45	黄太太月生活支出	0.5	28.57
理财月收入	0	0	孩子月生活支出	0.2	11.43
其他月收入	0	0	月房贷还款	0.35	20.00
			家用车月支出	0.2	11.43
月收入合计	3.3 万元		月支出合计	1.75 万元	
月结余			1.55 万元		
黄先生年终奖	4 万元		保险年支出	2.5 万元	
黄太太年终奖	3 万元		其他年支出	5 万元	
年收入总计	46.6 万元		年支出合计	28.5 万元	
年结余	18.1 万元		留存比例	38.84%	

2) 理财规划

针对黄先生家庭的财务状况,从应急准备、长期保障、子女教育、退休养老四个方面入手,为其提供以下理财建议。

(1) 应急准备。

黄先生家庭每月的生活费用 1.2 万元,月房贷还款 0.35 万元。建议黄先生家庭准备 6 个月的应急资金,以应对意外情况出现时的生活必需费用和房贷风险。所需准备的应急资金总额为 9.3 万元,建议以货币基金等流动性较强的投资方式留存。

(2) 长期保障。

黄先生年收入 25.6 万元,有社保和商业保险,年交保费 1.2 万元。如果以未来 5 年的收入为条件设置保额,黄先生的保障缺口为 25.6 万元/年×5 年 -50 万元 =78 万元。如果将 50% 的房贷风险考虑在内,黄先生的保险缺口将达到 78 万元 +25 万元 =103 万元。按保费占年收入 10% ~ 15% 的原则测算，黄先生每年的保费支出应控制在 2.56 万元至 3.84 万元。

黄太太年收入 21 万元，有社保和商业保险，年交保费 1.3 万元。同样以未来 5 年的收入为条件设置保额，则黄太太的保险缺口为 21 万元/年×5 年 - 50 万元 = 55 万元。将 50% 的房贷风险考虑在内，保险缺口将达到 55 万元 + 25 万元 = 80 万元。按保费占年收入 10% ~ 15% 的原则测算，黄太太的年保费支出应控制在 2.10 万元至 3.15 万元。

(3) 子女教育。

黄先生夫妇不仅希望为孩子创造更好的基础教育环境，也希望在孩子 18 岁时送他出国留学，计划为此筹备 100 万元教育费用。黄先生可通过每月进行基金定投来实现这笔资金的筹备，假设学费每年的涨幅为 3%，年均投资回报率为 6%，则月定投金额为 7429 元。

(4) 退休养老。

目前，夫妻二人每月的生活费用为 1 万元。假设通胀率为 3%，则至黄太太退休时这笔费用为 17535 元，至黄先生退休时这笔费用为 19161 元。由于黄太太退休较早，因此以黄太太的退休时间计算养老费用。

假设黄太太 55 岁退休，筹备养老金的年限为 25 年，则目标养老金为 17535 元/月 × 25 年 × 12 月 = 526.05 万元（假设退休后的存款收益率与通胀率相同）。黄先生夫妇均有社保，他们打算一半依靠社保，另一半自行筹备，可通过基金定投的方式来实现。假设投资回报率为 6%，则月定投金额为 6210 元。

为了获得较高的投资回报率，黄先生夫妇把投资重点放在了不动产投资上。但当前商品房市场走向不明朗，于是他们将目光转向了商铺投资。夫妇二人看中了某新开发商场一间价值 150 万元的底商。需要注意的是，商铺的首付至少为 50%，贷款年限不超过 10 年，并且贷款利率在基准贷款利率的基础上上浮 10%。目前，黄先生家庭的现金、活期存款、定期存款总计 75 万元，正好可以支付首付。其余 75 万元按照贷款利率 7.205%(5 年期商业贷款利率 6.55% × 1.1)、贷款成数 5 成、贷款年数 10 年计算，月还款额约为 8787.58 元。收入方面，以商铺的租金回报率为 6% 计算，月租金收入为 7500 元。扣除基金定投及商铺投资的月支出后，黄先生家庭每月结余为 573.42 元，年结余（加年终奖）为 76881 元。

3. 新婚夫妻月入 1.5 万如何买房

1) 案例资料[①]

李小姐，今年 27 岁，是某公司的一名设计师，月薪税后 6500 元。2014 年 10 月结

---

① 本案例及图表引自和讯网。

婚，老公是做猎头的，月薪税后7000元，两人租房子每月2000元，每月生活开支4000元左右。平时，李小姐公司还时不时会发一些超市卡，能节省一些生活开支。另外，给老公买了一份保险，每月1000元，李小姐的保险由父母交着。现有活期存款8000元，定期存款150000元，基金30000元。其在郊区有两套房子，是老房拆迁分到的房子，目前还没有利用起来。目前，李小姐正在考职称和建造师，老公在考托业英语，她打算等生完孩子以后换个工作或者自己做老板。

2) 理财目标

(1) 夫妻俩打算要个孩子，想为孩子提前做些准备。

(2) 想在5~10年内存款200万，购买一套80平方米的两居室。

(3) 满足家庭正常开支。每年出去旅游2次。

3) 理财分析

分析了李小姐家的财务情况，并结合家庭理财目标，理财师给予了李小姐以下几点家庭理财建议。

从李小姐家的财务数据情况来看，夫妻俩年收入总计162000元，家庭年开支总计84000元，年结余有78000元。此外，存款共158000元，基金30000元，相对于刚起步的年轻家庭来说非常不错。但是考虑到李小姐家要个孩子以及想在5~10年内要攒200万购买房子等理财目标，家庭压力还真不小。李小姐和老公，首先在工作方面，趁年轻还需不断努力赚钱，希望未来能获得更多收入；其次，孩子的教育金问题，建议可以提前储备，可以以定投或购买教育类保险的形式进行；最后，利用投资工具来"生钱"，长期理财也可以帮助其积累一些买房资金。

4) 理财建议

分析了李小姐的财务状况，并结合家庭的理财需求，给予李小姐以下几点家庭投资理财建议。

(1) 细算家庭收支账。

李小姐和老公现今每月收入13500元，除去每月家庭费用7000元，每月基本都有6500元结余，相对来说还算可以。但是考虑到家庭日后要抚养孩子，及买200万元的房子等需求，这点收入就显得有点少了。因此，建议李小姐和老公，在进行理财之前，首先要做的就是明确家庭收入和支出，消费方面做到合理，若能控制好也能积累不少资金。其次，预留家庭备用金，一般为3~6个月的家庭月开支，考虑到李小姐家的情况，金额为3万元即可，可以投入短期理财，这样能获得高于活期存款的收益。

(2) 提前储备孩子的教育金

李小姐和老公计划要个宝宝，孩子长大后最重要的就是教育问题，为此必须尽可能早地为孩子准备教育金。关于孩子教育基金的储蓄方式，可以通过购买国债、购买教育金保险等方式或基金定投等进行，比如选择基金定投，计划每月定存2000元，直到孩子上大学或出国留学，这笔资金就可以拿出来使用。这样不但可以做好教育储蓄工作，还能实现资产的保值增值。

(3) 5～10年内房计划

李小姐家计划在5～10年内购买一套两居室，预计需200万，但是凭现在夫妻俩的收入要想在5～10年内实现这一理财目标有点悬。首先夫妻俩在工作方面需努力。据李小姐表示，她正在考职称和建造师，打算等生完孩子以后换工作或者自己做老板。相信通过深造，换工作或创业，夫妻俩未来的收入定会有所增加。其次，学会利用一些投资工具帮助攒钱，比如可以拿出10万元存款，配置一些中等收益的固定收益类理财产品，年化收益率10%以上，10万元1年有1万元收益，10年就10万多元，长期投资，收益也会越多。另外，李小姐家在郊区有两套房子，建议充分利用起来，可以先出租，每月也能定期拿到一笔租金，也能用于积累买房钱。未来在市区买房，若买房资金不足，建议卖掉郊区的一套房子。

李小姐家通过合理的投资理财，家庭理财目标基本上在未来都能顺利实现。此外，攒钱买房，抚养孩子，且在满足了家庭的一切正常开支后，李小姐和老公还可以安排家庭成员每年出去旅游两次，促进家庭和睦。

第三篇
AI 投顾（初级）

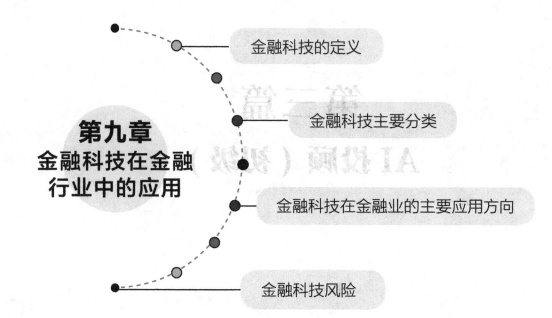

第九章
金融科技在金融行业中的应用

- 金融科技的定义
- 金融科技主要分类
- 金融科技在金融业的主要应用方向
- 金融科技风险

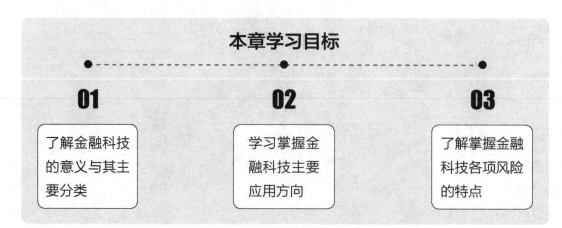

本章学习目标

01 了解金融科技的意义与其主要分类

02 学习掌握金融科技主要应用方向

03 了解掌握金融科技各项风险的特点

第九章 金融科技在金融行业中的应用

> **本章简介**
>
> 本章主要介绍科技在金融领域中的作用，主要分为哪几大类；阐述了科技在金融领域中的主要应用方向；还讲解了金融科技的相关风险。

9.1 金融科技的定义

随着技术变迁和科技创新不断发展，金融科技推动了金融产品和业务模式创新，不仅逐渐改变和重塑了传统金融的服务模式与发展格局，而且对金融市场产生了深远且重大的影响。金融科技 (Fin Tech) 一词为英文 Financial Technology 合并后的缩写，源起于金融和科技的合成，被 Bettinger 定义为"银行业的专业经验与现代管理科学与计算机技术的结合"。

现阶段对金融科技基本内涵的认识和理解主要集中在两个方面。一是从科学技术视角阐释金融科技内涵，认为金融科技是将科学技术应用于金融行业、金融产品和服务模式的创新，从而深刻影响传统金融的支付、融资、投资及货币运行，降低金融行业成本，提高金融行业效率的技术手段。二是从金融创新范围和形式视角阐释金融科技内涵，认为金融科技创新包含前端的产品、模式和后端的技术创新。联合国环境规划署 (UNEP) 认为，金融科技在速度、广度和深度方面的深度融合深刻影响着整个金融系统。现阶段，针对金融科技基本内涵最权威、最广泛的定义之一是金融稳定委员会对金融科技概念的解释，即金融科技是指通过技术手段推动金融创新，形成对金融市场、机构及金融服务产生重大影响的业务模式、技术应用以及流程和产品。

在实践中，"金融科技"的具体含义在不同背景下也存在差异。第一种是从业务模式的角度，将金融科技定义为金融和科技相融合后的业务新形态，具体包括数字支付、智能投顾等。第二种是从科学技术的角度，将金融科技定义为各类应用于金融业的科学技术的集合，包括大数据、云计算、区块链等。随着理论和实践的进一步发展，相信金融科技的概念还将不断调整、充实和完善。

9.2 金融科技主要分类

从金融业态看，金融科技可划分为第三方支付、众筹、互联网保险、智能投顾、移动金融、互联网征信以及数字货币等。在这些业态中，有的是传统金融服务从线下向线上转移，如移动金融；有的是以机器服务替代人工服务，如智能投顾；有的则是对传统金融的颠覆，如数字货币。

从概念角度看,金融科技可涵盖供应链金融、消费金融、共享经济、平台经济和普惠金融等。随着金融理论和金融科技的发展,金融的内涵也在不断丰富。与金融业态深层次的演变不同,金融科技对新的金融理念可能没有发生颠覆性影响,但也推动着金融概念不断丰富,共享经济就是典型案例。

从技术角度看,金融科技关键技术包括大数据、云计算、区块链、人工智能等。

9.2.1 大数据

大数据又被称为"巨量资料",是互联网技术、信息技术、通信技术等创新发展下的产物,是需要依托新处理模式进行处理、分析与利用,具有海量化、多样化、高速化、时效性、价值性等特征的信息资产。利用大数据思维、大数据技术能够更容易挖掘经济市场规律,掌握经济市场变化,为经济主体建设、管理、创新发展等提供信息依据,提高经济主体的洞察力、决策力、监管力、创新力。

目前,随着互联网和信息技术的高速发展,金融业的发展也产生了相应变化,金融机构运用大数据技术不仅可以对业务流程及产品进行创新,也可以对其经营管理模式进行优化,相关行业监管部门也可通过运用大数据技术,了解金融行业发展趋势,掌握行业运行规律,从而有效防范系统性金融风险。

大数据金融是指金融机构运用互联网、云计算等大数据技术对金融产品、金融服务及金融管理方式进行改造升级和创新,通过挖掘行业数据、经营数据、客户数据等全方位的信息,利用大数据技术进行分析,并把分析的结果运用到传统的资金融通业务,进行精准营销、经营管理、风险管理、监管考核等场景运用。大数据与金融的融合,将彻底改变传统的金融服务模式。

在互联网金融中,大数据应用基础模式属于层级框架模式。通常情况下,由数据来源层、数据整合层、数据利用层三层构成。其中,数据来源层位于大数据应用模式最底端,侧重于从大数据基础设施、互联网基础设施、物联网基础设施、智能终端、第三方应用程序等中收集互联网金融数据信息,为互联网金融数据资源整合应用奠定良好数据基础。数据整合层位于数据来源层与数据利用层之间,向下能够沟通数据来源层,向上能够连接数据利用层。在实践应用中侧重于互联网金融数据整理、分析、存储、有价值信息挖掘等。数据利用层位于应用模式最顶端,侧重于为互联网金融数据使用者的产品分析、服务分析、业务决策等提供信息支撑,促进互联网金融稳定、长久、创新发展。

9.2.2 云计算

美国国家标准与技术研究院指出,云计算是一种按使用量付费的模式,通过云计算,用户可以随时随地按需从可配置的计算资源共享池中获取网络、服务器、存储器、应用程序等资源。这些资源可以被快速供给和释放,将管理的工作量和服务提供者的介入降低至最少。

随着云计算的高速发展,偏向传统 IT 建设思路的金融行业也开始接受云计算,与云计算的融合程度不断加深,甚至一些 IT 的关键细分领域(包括安全、业务核心系统、核心数据库等)也接受云计算分布式的思路。同时,互联网时代对金融机构的 IT 技术架构提出了新的要求,业务应用迭代越来越快、交易量的波峰波谷越发不可预测,来自互联网的安全风险越来越大,促使金融机构探索进一步运用云计算技术来提升信息化水平,并将云计算定义为未来业务增长的重要数字基础设施。

国内金融机构大致可划分为传统金融机构和互联网金融机构两大类,传统金融机构包括银行、保险、证券等,互联网金融机构包括互联网银行、消费金融公司等,两者在业务上云的步伐及进度上都有所不同。传统金融机构选择数据敏感性较低,且资源弹性要求高的业务优先部署上云,主要是辅助性业务,如渠道类型的业务系统、机构营销类型的系统和经营管理类的系统等。这些业务系统对安全性要求稍低,出现问题的风险可控,而迁移到云端后,系统整体资源的弹性大幅提升,能够灵活应对周期性和突发的访问流量,提升最终用户体验。互联网金融机构的主营业务本身基于互联网,业务系统有互联网属性,对于上云有天生的接纳度,系统迁移上云不需要复杂的改造,上云过程顺畅,还有较多互联网机构的业务最初建于云上,将重要的、敏感的数据保存在本地,打造混合云,既享受云端的弹性又保证数据的安全性,保留对 IT 系统、业务数据的绝对掌控权。

综合来说,金融云是指专门面向银行、保险、证券等金融机构的业务而量身定制的云计算形态,是集合互联网技术、金融行业解决方案、弹性 IT 资源为一体的信息系统。具体而言,金融云能使金融机构发挥云计算整合和隔离的优势,将机构的数据、用户、业务流程及 IT 系统通过数据中心、PC 端、机构端方面的技术手段发布到"云"端,以改善系统体验、提升运算能力、重组数据价值,从而提供更高水平的金融服务,降低运行成本,并达到精简核心业务、扩充分散渠道的目的。

9.2.3 区块链

区块链技术主要是利用块链式数据结构来验证与存储数据,利用分布式节点共识算法来生成和更新数据,利用密码学的方式保证数据传输和访问的安全。根据我国工信部信息中心发布的《中国区块链技术和应用发展白皮书》,区块链的定义可分为狭义和广义两种。狭义区块链,是一种按照时间顺序经数据区块以顺序相连的方式组合成的一种链式数据结构,并以密码学方式保证的不可篡改和不可伪造的分布式账本。广义区块链,是利用块链式数据机构来验证和存储数据,利用分布式节点共识算法来生成和更新数据,利用密码学的方式保证数据传输和访问的安全,利用由自动化脚本代码组成的智能合约来编程和操作数据的一种全新的分布式基础架构和计算范式。

在区块链技术初创阶段,"区块"和"链"是相互分割的,区块由三大要素组成:本区块的 ID(散列)、若干交易单、前一个区块的 ID。到 2016 年在被广泛使用时,才被变成"区块链"。区块链技术于 2009 年付诸应用。它是一串使用密码学方法相关联产生的数据块,具有形成分布式、免信任、时间戳、非对称加密和智能合约五大技术特征。

区块链技术的各种性质可以改变金融基础设施,通过区块链技术可以将各种金融资产变为数字资产进行交易和存储,区块链技术使得金融交易更加快速和安全。与区块链技术在金融业务中应用相比,传统的金融业务由于信用背书等原因金融交易效率低。随着大数据和 5G 网络等新技术与区块链技术相融合,就金融市场而言,区块链技术在货币政策制定、金融监管机制、法定数字货币应用、国际汇兑和跨境支付等方面都起着巨大的影响作用。

9.2.4 人工智能

我国《人工智能辞典》将人工智能定义为"使计算机系统模拟人类的智能活动,完成人用智能才能完成的任务"。人工智能是研究开发用于模拟、延伸和扩展人的智能的理论、方法、技术及应用系统的一门新的技术科学。它主要由机器学习、计算机视觉、计算机听觉等不同部分组成,目的是使机器能够像人类一样有视觉、听觉等"感官",通过学习、思考、判断完成人类智能所做的复杂工作。人工智能的应用范围非常广泛,主要包括虹膜识别、掌纹识别、机器视觉、智能控制、人脸识别、机器人学、语言和图像理解、遗传编程、视网膜识别等领域,被誉为 21 世纪三大尖端技术之一。

近年来,随着我国经济进入高质量发展阶段,金融业的基础框架和生态体系正经历着全面而深刻的变革。依靠拼渠道、拼流量、拼收益的粗放式发展时代已经过去,构建精细化、技术化、智能化的新型运营模式正在成为金融行业追求的主要目标,开放共享的金融服务模式、去中心化的金融信任体系、场景与金融融合发展、金融创新越来越依靠强大的计算能力正在成为金融业创新发展的新特征,而人工智能技术则是助力金融机构实现运营模式转型的重要工具。为此,国内各家金融机构纷纷将目光投向人工智能技术领域,刷脸支付、智能投顾、智能客服等创新型金融服务应运而生,成为推动我国金融业创新发展、普惠发展的重要力量。

9.3 金融科技在金融业的主要应用方向

从金融的功能角度来说,金融的核心是跨时间、跨空间的价值交换,所有涉及价值或者收入在不同时间、不同空间之间进行配置的交易都是金融交易。然而人工智能以及区块链是基于大数据和云计算,在时间和空间上加速推动金融科技发展的两大核心技术。金融科技核心技术的实操水平决定了金融科技企业的核心竞争力,大数据思维主导了金融科技行业的发展方向。人工智能和区块链作为金融科技核心技术,目前已经在很多可应用的场景崭露头角。新业务模式、新技术应用、新产品服务对金融市场、金融机构以及金融服务供给产生重大影响,但其与传统金融并不是相互竞争的关系,而是以技术为纽带,让传统金融行业摈弃低效、高成本的环节从而形成良性生态圈循环。传统金融机构是否能成功转型或是金融科技公司能否具备行业竞争力,取决于其是否能够研发出自己的核心技术并且与金融环境相结合而使金融服务更高效。

9.3.1 第三方支付

在科技金融行业中,最先被颠覆的是支付领域。数字化支付手段大大缩短了金融服务的时间,增强了金融交易的便捷性,节约了大量的交易成本。第三方支付服务是指具有一定实力与信誉保障的独立机构,通过与各大金融机构签约的方式,向交易当事人双方(买方与卖方)提供款项代收、代付服务,再通过交易平台与金融机构完成支付结算业务,并收取相应服务费的一种支付模式。

在第三方支付中,大数据通过对消费区域分类,可以对消费数额及数量大的城市进行综合性排名和比较,并分析出不同区域的消费特点,如上海近两年在移动支付领域和大额消费领域名列前茅。通过对消费群体的分类,如对各个年龄段的消费人群进行分类,可以比较分析出他们在消费金额、支付方式方面的偏好。当前的腾讯财付通和淘宝网等第三方支付平台均开通了信用支付功能,无须用户提前绑定银行卡或登录网银,由支付平台通过实名认证和个人消费信用数据分析,授予用户一定的信用额度用于提前消费;此外,还可根据信用数据自动设置免息期。利用支付大数据建立的征信不同于传统的央行征信,其征信数据来源于各个互联网支付平台,大数据征信体系建设又反过来服务于支付。

第三方支付平台在运营过程中积累了大量的原始数据,不仅涉及支付金额等支付数据,甚至还包括消费行为、社交关系等多维度信息,真正构成了以支付为核心的海量、多样、异构大数据。从第三方支付数据的构成来看,可以大致分为用户数据、商户数据、支付数据、用户行为数据等。这些数据隐含了用户特征、支付对手、资金进出等对于反洗钱防控十分有用的信息。

通过采用适当的数据挖掘技术,尤其是将线性回归、聚类、分类、决策树等预测模型应用于第三方支付大数据挖掘,可以有效预测用户身份信息是否真实、是否存在虚假交易、是否涉及洗钱及其所处阶段、是否存在隐藏的身份关系,对于反洗钱防控具有重要作用。

9.3.2 商业信用卡

目前我国信用卡业务模式中尚存在诸多问题。首先，申办程序手续烦琐，申请后等待时间很长；其次，信用卡中心虽可以为同一客户提供不同的服务，但需要客户一遍遍地填写资料，导致客户满意度下降；再次，信用卡客户中心主要以电话服务为主，由于人力物力的限制，信用卡挂失常常不能及时处理；最后，出于安全因素考虑，客户较多通过银行柜台办理还款，这既给银行带来了额外的工作量，也给客户带了诸多不便。可以预期，随着我国信用卡业务的大幅增长，上述问题将会更加突出。

然而云计算的出现为有效解决上述问题提供了一个重要途径。银行建立的本系统的私有云，可以实现客户信用卡申办、挂失及还款等网上办理，该网络平台具有以下功能。

(1) 资料上传录入，包括银行信用卡卡种说明及收入和信用额度比照表，申请人的身份证件、收入证明、联系方式等。

(2) 自动审核程序，对客户提交的资料进行有效审核，审核无误后，根据银行收入和信用额度比照表对客户授予相应额度，并反馈以进行相应的信用卡制作。

(3) 安全挂失服务，采集持卡人的声音、指纹等并将其存储，客户通过云端来实现网络验证挂失。

(4) 自动还款渠道，每个客户可以实现网络还款，还款时使用电子印章或指纹等确认。

9.3.3 数字货币

数字货币与区块链紧密相连。区块链是数字货币的最底层技术，也是最重要的技术手段之一。除此之外，数字货币的使用技术还包括移动支付、可信可控云计算、密码算法等。数字货币最大的特点是可编程，它本身是一段计算机程序，是一段代码。因为可以编程，所以也可称其为智能化的货币，可以同时完成结算确认、清算交易等。

区块链是从空间上延展了消费者支配价值的能力。区块链最初为人所知是因为它为数字货币底层的核心技术，包括守恒性、不可篡改和不可逆性。区块链诞生的那一天创造了一种数字货币，让它可以借助区块链点对点地进行支付和价值转移，无须携带，持有这种数字货币的人一样可以得到区块链跨越空间进行价值传递的好处。相当于自己通过技术手段在空间上延伸到了异地，直接掌控钱包和个人保险箱。另外，区块链还可以解决因通过中介交换价值而产生的信息不对称的问题，比如通过区块链设计事后点评的智能合约，将所有实名消费记录记载在区块链上。如果差评多到一定程度，就可以通过智能合约发布商家含有退赔、召回、道歉等具体内容的声明，这样的技术手段可以真正做到由消费者而非中介来直接掌控交易信息。

新冠肺炎疫情防控期间无现金支付趋势明显增加，区块链技术得到了快速发展，2020年是数字货币的崛起年，多个国家央行加速了数字货币的研发以及测试。我国正在研发和测试的人民币数字货币名为DC/EP(Digital Currency/Electronic Payment)，也称数字货币电子支付。数字货币将会深远影响和改变未来的金融基础设施。金融市场如果利用区块链分布式总账技术，再加上数字货币的应用会冲击金融市场中的传统零售支付业务，数字货币的成本较低和流通性强的优势特点能够为经济的发展提供诸多便利。央行的数字货币可以分为零售类型数字货币和批发类型的数字货币：零售型的数字货币开放于社会公众，大多应用于零售市场交易；而批发型的数字货币主要应用于中央银行和金融机构之间。央行直接面向社会公众发行人民币数字货币将会弱化商业银行的中介功能，只有采用数字人民币批发和零售双层运营模式，才能充分调动金融市场各方面的活力和积极性，进而维持金融体系稳定。

9.3.4　保险业规避传统保单中的信息不对称

阳光保险推出"区块链+航空意外险卡单"，是国内首个将区块链技术应用于传统的航空意外险保单业务中的金融实践。传统的航空意外险对于普通投保人一直存在着显著的信息不对称问题，这也造成了航空意外保险一直是保险渠道中介商的从中"上下其手"的"重灾区"。区块链技术正好可以解决中介环节中信息不对称的问题。保险公司、航空公司、客户依托区块链技术多方数据共享的特点，可以追溯保单从源头到客户流转的全过程，各方不仅可以查验到保单的真伪，确保保单的真实性，还可以自动化推进后续流程，比如理赔等。区块链作为一项分布式共享记账技术，利用统一共识算法构建不可篡改的数据库系统与保障机制，结合传统保险诸多环节形成资产数据流，使保险产品自动"流动"起来，减少了由于信息不对称造成的成本。此外区块链航空意外险卡单设立在区块链上，没有中间商，保险卡单价格会很明显降下来，还可以防止保险产品被中间商抬高价格转嫁到消费者身上。

9.3.5　商业银行金融风险管理

在金融风险控制方面，商业银行可利用大数据技术对金融风险有关的信息和数据进行整理和分析，挖掘出信息和数据所反映的风险状况，从而提高金融风险的识别和防控能力。通过对这些信息和数据进行量化分析，商业银行可实现对各类风险的识别与归类，对客户的消费行为进行实时监控，这不仅可有效解决信息不对称的风险问题，也可对金融风险进行更好控制。例如：商业银行在信贷业务领域，通过大数据技术进行贷前调查，对贷款客户的各类基础数据进行深度分析和挖掘，判断其还款能力和意愿。同时，商业银行可利用大数据技术为客户构建信用评级模型，依据数据模型为贷款客户进行评级，根据评级结果对客户进行授信和确定贷款额度。而在贷款中和贷款后的管理方面，商业银行可运用大数据技术监测每一笔贷款的动态，通过获取贷款客户的生产经营、财务状况等方面的信息,在判断其可能发生贷款损失时提前发出预警,及时采取措施对贷款风险进行控制。在资产结构优化方面,商业银行可利用大数据技术对信贷不良资产进行管理和处置,即商业银行可以选择逾期、额度、职业、收入等相关变量,构建不良贷款催收策略模型,对不同的贷款客户采取不同的措施对贷款进行催收,对客户的联系方式等信息进行核实,详细了解客户的信息,有效解决不良贷款处置过程中所遇到的问题。

9.3.6 第三方理财平台:智能投顾

智能投顾可以实现根据个人投资者提供的风险偏好、投资收益要求以及投资风格等信息,运用智能算法技术、投资组合优化理论模型,为用户提供投资决策信息参考,并随着金融市场动态变化对资产组合及配置提供改进的建议。智能投顾不仅在投资配置和交易执行能力上可以超越人类,而且可以帮助投资者克服情绪上的弱点。花旗银行的一份研究报告指出,从2012年到2015年,全球智能投顾管理的资产规模从无到有扩大至290亿美元,在未来10年内其管理的财产规模还将呈现几何级数的增长速度,预计到2025年智能投顾管理的资产总规模将会高达5万亿美元。

对标全球,世界上最大的对冲基金桥水在2015年组建了一个新的人工智能团队。Rebellion Research运用机器学习进行量化资产管理,于2007年推出了第一只纯投资基金。2016年9月末,安信证券开发的A股机器人大战5万投资者的结局揭晓,从2016年6月1日至9月的三个月里,机器人以24.06%(年化96%)的累计收益率战胜了98%的用户。机器人的运作模式是先将基本面、技术面、交易行为、终端行为、互联网大数据信息、第三方信息等衍化成一个因子库,属于数据准备过程。之后将因子数据提炼生成训练样本,选取机器学习算法进行建模训练,最后保留有效因子生成打分方程输出组合。机器人大数据量化选股较人类智能而言,更偏向从基本面、技术、投资者情绪行为等方面挑选因子,对IT技术、数据处理技术的要求较高。另外人工智能还能够自动搜集企业公告、上百万份研报、维基百科等公开知识库等,并通过自然语言处理和知识图谱来自动生成报告,速度可达0.4秒/份,60分钟即可生成全市场9000份新三板挂牌公司报告,在时空上的优势由此得以体现。

目前,我国也有一些金融机构开展了智能投顾的应用和服务。2016年6月,广发证券股份有限公司在"易淘金"品牌下推出了智能投顾服务——"贝塔牛"。该智能投顾服务运用金融工程领域的重要模型以及生命周期等金融经济学经典理论,针对国内证券市场中投资者的风险偏好、投资风格等特征进行深度机器学习,结合证券市场发展动态,为投资者及时提供"i股票""i配置"等功能服务,满足不同层次投资者证券投资、财富管理的需求。2016年12月6日,招商银行宣布推出智能投顾服务——"摩羯智投"。这是国内银行业的首项智能投顾服务,目前管理资产规模突破50亿元。展望未来,伴随着人工智能神经网络、决策树技术的不断迭代创新和发展，智能投顾在我国金融业中将会进一步得到应用和发展。

9.3.7 智能信贷与监控预警

人工智能技术在信贷融资授信决策方面的应用发展较快。金融机构通过人工智能等现代科技手段对目标用户进行"画像"，清晰地了解每个目标用户的经济状况、消费能力和需求情况，对目标用户建立用户标签库，通过用户标签寻找潜在产品的目标客户，为融资授信提供参考依据。在金融创新方面，运用用户画像可以为客户开发新产品。比如，人工智能程序可以通过提取企业和个人的税务、社保、用水、用电等信用信息并加以分析、处理，进行信用评级和融资授信；对已经发放贷款的企业和个人，根据税务、社保、用水、用电数据变化情况，开展风险评估分析和跟踪，进而推测融资的风险点。运用上述基于人工智能技术的融资授信方法，根据某些可能影响借款人还贷能力的行为特征的先验概率推算出后验概率，金融机构能够对借款人还贷能力进行实时监控，有助于减少坏账损失。

近年来，随着互联网金融的快速发展，不少金融机构和互联网金融公司大力发展智能信贷服务，金融服务智能化水平越来越高。比如：依靠电商平台的京东金融，可以根据京东用户数据、商户数据、物流数据、产品数据，运用人工智能技术对客户进行精准画像，推出一系列诸如"京东白条"等消费信贷产品。"京东白条"在京东商城积累了大量的用户后，逐步走向线下，向租房、旅游、装修、教育、婚庆等各种场景拓展，还与商业银行合作推出联名电子账户"白条闪付"，赋予白条"闪付"的功能，让白条在线下所有银联闪付 POS 机上都能使用。

9.3.8 跨境支付

区块链自提出以来便受到政府部门、金融机构的关注和重视。区块链凭借其去中心化、不可篡改、公开透明、可追溯、去信任等特点被广泛应用，尤其是在数字货币、跨境支付等方面有很大优势。例如：2017 年中国银行利用区块链技术搭建了跨境汇款平台，实现了河北和首尔之间的国际汇款；2017 年招商银行打造了基于区块链的核心系统；2018 年支付宝区块链跨境汇款服务在香港地区上线，成了全球首个在跨境汇款全链路使用区块链的电子钱包。区块链赋能跨境支付，使得跨境汇款也能像境内转账一样秒到账，省钱省事、安全透明。

跨境支付成本主要来自三个方面，一是时间成本，二是手续费用，三是汇率变动带来的汇兑成本。区块链去中心化的特点使得交易双方无须通过金融中介机构即可完成汇款，交易双方便是两个交易节点，进行点对点传输，不需要任何中间代理商，交易主体由多个变成了两个，大大提高了支付效率。同时去中心化无须中介机构的参与，更无须交纳各种手续费用和保证金等，交易双方点对点直接交易，节省了高昂的手续费用。在传统跨境支付模式下，基于 SWIFT 的限制下，很多银行都无法直接参与到跨境支付中，只能找代理行来完成跨境支付结算。加入区块链之后，实现了点对点的直接交易，无须中介机构的参与，任何机构和用户都可直接进行支付。同时，小额跨境交易也成为可能，这大大降低了跨境支付的门槛，有利于实现普惠金融。

另一方面，跨境支付时间大大缩短。传统跨境支付下，清算往往需要几天，加入区块链后，清算的时间单位可由天变为分，甚至秒，而且可以一直处于清算的状态，如 ATB 银行将资金由加拿大转移到德国银行仅需 20 秒。在传统跨境支付模式下，时间成本、手续费用是由支付环节众多，中介机构收取高昂费用导致的。

基于区块链的跨境支付同时也降低了安全风险。在传统跨境支付模式下，交易双方信息很容易被泄露，容易遭到黑客袭击，引发犯罪行为。基于区块链的跨境支付模式，凭借区块链是一种加密式、分布式账本，不易篡改的特点，能够有效降低安全风险。区块链可自动记录每一条交易信息，且交易信息一旦上链，便很难篡改，区块链作为一种分布式账本，各个节点形成共识机制，系统不会因为一个节点的破坏而被影响，有很强的容错机制。同时，区块链对链上的信息加密保护，使得信息很难受到黑客袭击，进一步降低了安全风险。

9.4 金融科技风险

金融科技创造出了新的业务模式、新的监管模式，对整个金融市场带来了重大影响，从而也改变了金融风险的特征，金融科技风险体现在以下几个方面。

9.4.1 法律风险

在用科技手段进行金融管理时，首先需要做到的就是一定要保证法律体系的完备，以此来解决相关的问题。除此之外，因为金融科技的发展进程过于短暂，金融法并没有对该行业涉及较深，而完全适用于该行业的法律也并没有建立完善。这就使得很多金融科技企业没有办法做到有法可依，得不到法律的保护，尤其是对于目前这种财物安全事件频发的情况，完善的法律条文可以帮助金融企业有效地解决金融问题。

金融科技的发展需要庞大的数据库做支撑，而金融机构获取数据的途径，以及数据的使用可能存在不符合国家法律规定的现象，而且金融科技相关法规的制定一般滞后于金融科技创新。因此，这很容易导致法律风险。完整的法律体系对于金融科技企业是非常有必要的。由于目前的金融科技开始逐渐得到创新，这也为相关法律的制定增添了困难。

9.4.2 合规风险

金融科技的高创新性容易产生较为严重的合规风险。产品的率先推出，可能使得次优的产品取得竞争中的先发优势而战胜其他产品，甚至战胜最优的产品。依靠试错性创新，使得一些不够成熟的产品被推向市场，容易产生操作风险与合规问题。即使不成熟的产品中隐藏着较小的风险，其大规模的网络效应也容易造成大规模的资金损失，从而产生严重的金融消费者保护问题。同时金融科技也强化了金融的外部性，金融科技企业一旦跨越临界点，其面临的供需曲线就会发生逆转，即需求函数向上倾斜，供给函数向下倾斜，进而形成边际报酬递增与边际成本递减的独特优势。领军企业会迅速变成系统重要性机构，甚至垄断市场，造成严重的市场公平竞争问题，威胁金融稳定。一旦大型金融科技公司建立起闭合的生态系统，潜在竞争对手则几乎没有可能建立起能与之竞争的平台。事实上，大型科技公司已将其平台作为"咽喉要道"布局在一系列服务当中，这些平台目前也成为为金融机构提供金融服务的重要基础设施，大型科技公司可以偏向支持自身的金融产品，并试图通过提高金融机构经由其平台访问潜在客户的成本来获得更高的利润。其他反市场竞争做法可能包括"产品捆绑"和"交叉补贴"等活动。

9.4.3 技术风险

金融科技强调将科学技术应用在金融领域，但是科学技术在稳定运行前本身就存在风险，技术在研发、测试、应用等任意环节出现问题，都可能造成信息数据泄露，给整个金融体系带来传染性风险。

9.4.4 信息泄露风险

金融科技需要依赖大量的数据，客户身份信息、账户信息和消费信息被广泛使用，一旦信息被泄露出去，会给用户带来巨大的风险。这种风险很可能传导至多个行业，甚至整个经济体系。大数据技术储存着海量数据，几乎包括了所有个人的隐私信息，极大地威胁着用户个人信息的保护，如果没有高度的风险意识而盲目相信技术，数据库很容易遭到黑客攻击。金融机构可能出于牟利将用户数据转售他人，或在未经客户允许下，将客户数据用于商业目的，这将导致数据使用不当的风险。

大型金融科技公司有能力几乎不费成本就收集到大量数据，导致"数据垄断"。一旦发生数据垄断，大型金融科技公司可以使用其掌握的数据评估潜在借款人的信誉，确定借款人愿意为贷款支付的最高利率或用户愿意为保险支付的最高保费，最大程度榨取客户价值，以牺牲用户利益为代价来提高大型科技公司的利润。个人数据的使用还可能导致高风险群体被社会主流的保险市场排除在外，甚至大型金融科技公司用于处理个人数据的复杂算法可能会对少数群体产生偏见。

9.4.5 监管风险

金融科技带来的业务创新、工具创新等可能导致监管风险。

一是对监管专业能力形成挑战。监管者可能难以快速配备相应的专业资源，及时更新知识结构，识别潜在风险，从而影响监管有效性。

二是增加风险监测和管控难度。去中心化和金融脱媒使得更多未受严格监管、资本水平较低的科技企业进入金融行业，同时，许多交易活动可能脱离中央清算机制，增加交易各方之间的风险敞口，也增大风险监测和管控难度。

三是容易产生监管套利和监管空白。由于金融科技跨越了金融和技术两个部门，其业务也涉及多个行业，因此金融科技监管权很难明确具体到某一监管机构，某些行业可能存在多方监管，且监管力度不一致，而某些行业又可能处于无监管状态，从而导致监管空白。我国金融监管模式为中央与地方双层监管，这导致一些地方监管边界模糊、多头监管以及中央与地方监管缺少协调机制，再加上金融科技本身的跨界化特性，会使得这些现象更加明显。

9.4.6 系统性风险

金融科技将加深金融业、科技企业和市场基础设施运营企业的融合，增加金融行业的复杂性。部分科技公司在信息科技风险管理方面的局限性，有可能导致相关风险在企业之间传递，增加系统性风险。

同时金融科技在系统层面可能强化"羊群效应"和市场共振，增强风险波动。在金融服务效率提升的同时，风险传导速度可能加快，金融市场参与者的行为更易趋同，从而放大金融市场波动。以智能投资顾问为例，金融机构在运用智能化系统为客户提供程序化的资产管理建议时，如果采用相似的风险指标和交易策略，可能在市场中导致更多的"同买同卖、同涨同跌"现象，加剧市场的波动和共振。

科技巨头庞大的投资业务也可能产生系统风险。例如支付宝的余额宝对应规模庞大的货币市场基金业务，对银行间融资起着重要作用，但当科技巨头出现风险事件，消费者出现挤兑业务时集中赎回货币市场基金的冲击会通过存款提取迅速传递给银行系统，可能产生系统性金融风险。

第十章
金融科技在财富管理中的应用

- 客户智能服务
- 资产智能管理

本章学习目标

01
了解什么是客户智能服务，例如：如何获客等

02
了解资产职能管理的要素，掌握什么是量化投资及风险控制

> **本章简介**

本章主要介绍了金融科技在财富管理行业中应用的重要性，介绍了客户智能服务与资产智能管理等相关知识。

国际金融理财标准委员会 (FPSB) 给财富管理下的定义是，基于客户及其家庭的财富水平和预期，在充分了解客户的诉求、需求等基础上，为客户出具资产组合、储蓄计划、保险投资对策、财产继承及经营策略等财务设计方案，并帮助客户实施的过程。广义的财富管理是指专业化、个性化、立体化提供综合财富规划和财富管理，围绕客户需求进行资产配置和管理。狭义的财富管理是指理财业务，为客户提供适合其资产水平、风险预期、时间期限的标准化产品和服务。当我们说财富管理时，最基础的有两种服务：一个是提供投资理财的资产配置建议；另一个是提供财富保全与传承的保障规划。无论哪一种服务，其核心都是在客户可接受的风险水平下，实现利益最大化。

过去数十年，我国经济快速发展带来了居民财富的快速累积。家庭财富总额从2000年的3.7万亿美元迅速增长至2019年的78.0万亿美元，在全球财富中的比重提升至19.5%，仅次于美国。同时，居民可投资资产已突破200万亿元，高净值人群也已接近200万人，且随着居民财富的增长和大众富裕客户的崛起，财富管理服务也不再仅由高净值客户专享，普通富裕客户的财富管理需求不断萌芽，逐渐成长为财富管理市场的中坚力量，可见中国财富管理市场增长潜力巨大。

财富管理在人生中占非常重要的地位，且由于金融市场上产品纷繁复杂，人们往往需要寻求专业机构进行管理。当前，我国财富管理市场主要参与主体为银行、保险公司、证券公司、信托公司及第三方理财机构等。随着大数据、云计算、区块链、人工智能等金融科技的快速发展，其在财富管理上的应用也逐渐被开发出来。首先，财富的标的因为数字财富的出现而变得更加丰富。有很多数字和数据，都可以衍生成为财富，使得财富的源泉变得异常丰富多彩。其次，财富管理的手段因为大数据的应用而变得更加智能。智能投顾的兴起，使得人工智能被应用到投资理财领域。很多投资都可以借助基于大数据分析的编程进行，而不再依靠理财师人工进行，使得投资更加科学和精准，有效避免各种人为的不确定因素。再次，财富管理的时空也因为互联网的普及而变得更加无限。今天，人们可以进行远程开户、远程支付，几乎可以做到在任何时间、任何地点进行财富管理，人们可以足不出户就达成各种财富管理的目的，而不用到银行、证券公司、保险公司、交易所等场所进行面对面交易。人们也几乎可以较自由地在全球范围内高效配置资产，不受时间限制地在全球每个角落实现融资和投资。

从理财规划师的角度，关于金融科技在财富管理中的具体应用，主要可以从两个方向来看，一是为客户提供智能服务，从获得客户到为客户提供精准服务，金融科技可以帮助完成很多原先已有的重复性工作，也可以提供原先没有的新产品；二是帮助实现资产管理的智能化，包括智能投研、AI 量化投资以及智能风控等。

10.1 客户智能服务

10.1.1 智能获客

所谓智能获客，就是以人工智能、大数据等金融科技代替人力去进行客户的挖掘。与传统获客相比，智能获客能够通过大数据分析客户兴趣倾向、挖掘高意向客户、精准测算成交率，并通过智能机器人及时在线沟通、智能跟踪客户轨迹，节省了很多人力成本，人群覆盖面更广，更能有效寻找出潜在客户。

智能获客的第一步是收集数据，包括自有平台的数据以及互联网公开的数据。自有平台数据的收集不必多说，互联网公开数据的收集主要有三种方式：一是通过 App、小程序或微信服务等移动互联网服务获取客户数据。金融机构应通过语音识别、图像识别和地理位置获取信息，配合智能算法和人性化设计，使得对应的产品能够覆盖到目标客户。二是从区块链、大数据、云计算、物联网所提供的节点上去获取客户数据。从学术上解释，区块链是分布式数据存储、点对点传输、共识机制、加密算法等计算机技术的新型应用模式。每个区块链就像一个硬盘，把储存的信息全部保存下来，再通过密码学技术进行加密。这些被保存的信息就无法被篡改。据此，金融机构应从战略上研究关注客户的变化，考虑成为客户身边的资金管家，随时随地为客户提供便捷、安全、高效、个性化的金融服务。三是利用抖音与快手等获取客户数据。抖音与快手等产生了大量流量，由高质量热门作品向外辐射，能形成场景式营销，让用户从围观到参与，从而变为客户，实现流量兑现，流量变客户量。通过以上方式我们就实现了大数据使用的第一步，拥有数据。

第二步是数据的分类整理。我们获得的数据往往是杂乱无章的，包含结构性数据和非结构性数据。要从这些纷繁的数据中获得有价值的信息以进行分析，我们就要做数据的分类。在第一步收集的数据基础上，将整个数据体系进行一个全方位的梳理，将客户的自然属性以及社会属性，比如说年龄、性别、社会交际、职业、地理定位甚至个人喜好与偏好进行结构化分类。通常来说用户数据可以划分为静态数据和动态数据。如图 10-1 所示，静态数据主要包括用户的人口属性、商业属性、消费特征、生活形态、CRM 五大维度。信息相对稳定，无须过多建模预测，更多的是数据清洗的工作。动态数据则是用户不断变化的行为信息，如一个用户打开网页、买了一个杯子等行为，由于这些行为是非结构性数据，需要建模处理，在进行了简单的分类之后，我们可以发现用户的特征和偏好，从而为匹配金融产品奠定基础。举例来说，通过人群初筛发现，60岁以上的人群更容易接受期限较长、风险较低的稳定性理财产品。而30～40岁的人群抗风险能力较强，偏好灵活的理财方式。根据分析可以初步确定不同客户金融产品大类的投放。

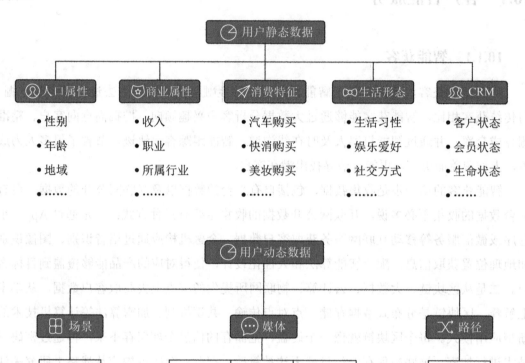

图 10-1　静态数据

第三步是数据分析与用户画像。在数据初筛与分类整理的基础上，机构可以对客户进行用户画像。用户画像是指根据用户人口学特征、网络浏览内容、网络社交活动和消费行为等一系列属性数据而抽象出的一个标签化的用户模型。一个简单的用户画像如图10-2所示。用户画像的目标是通过分析用户行为，最终为每个用户打上标签，以及明确了该标签的权重。标签，表征了内容，用户对该内容有兴趣、偏好、需求等。权重，表征了指数，用户的兴趣、偏好指数，也可能表征用户的需求度，可以简单地理解为可信度、概率。对于动态数据，我们需要进行数据建模。

数据模型一个比较普遍的公式是：用户标识＋时间＋行为类型＋接触点。

用户标识，目的是区分用户、单点定位。时间包括两个重要信息，时间戳和时间长度。时间戳，为了标识用户行为的时间点；时间长度，为了标识用户在某一页面的停留时间。行为类型包括浏览、添加购物车、搜索、评论、购买、点赞、收藏等。接触点，包括了网址和内容。每一个链接(页面/屏幕)，即定位了一个互联网页面地址，或者某个产品的特定页面，可以是 PC 上某电商网站的页面，也可以是手机上微博、微信等应用的某个功能页面，某款产品应用的特定画面。内容即是网址中单品的相关信息，包括类别、品牌、描述、属性等。网址决定权重，内容决定标签。用户画像包含的内容是不固定的，根据不同的行业会有不同的标签。金融机构除了一些通用特征以外，还会包括征信、违约、洗钱、还款能力、保险黑名单等风险画像。通过用户画像，用户的特征在金融机构面前变得清晰可见，利于其做下一步的业务推进和风险控制。

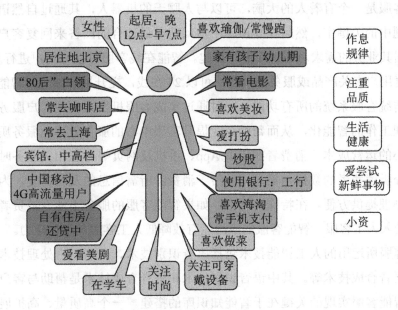

图 10-2 简单的用户画像

第四步是数据应用。我们获取数据、分析数据，主要目的就是精准获客，除了获客之外还能实现风险的控制。在获客上，通过用户画像，我们能清晰地看到用户的风险偏好、理财周期偏好、收入情况等信息，能够对客户进行信用评价和财富评级，有效挖掘潜在客户，并根据这些信息精准地为客户匹配理财产品，让客户在可接受的风险条件下获取最大收益，提升客户体验。另一方面，结合机器学习和大数据跟踪，我们能够了解用户的行为模式，能够有效地在用户业务申请和审批流程中发现异常行为，进而做出判断，准确地把握风险程度。

10.1.2 智能客服

对于各金融机构而言，客服中心在提升并保持客户忠诚度、准确掌握市场需求，甚至营销中都发挥着至关重要的作用，但随着市场规模的不断扩大，传统客服中心的成本攀升、服务效率提升困难等问题日渐显现。首先，人力成本的上升，让人工客服的成本居高不下。对于金融企业来说，雇佣大量客服会增加公司的运营成本，却不能产生实际利润，但必要的电话销售和售后服务又是整个销售流程中必不可少的环节，企业常常为此陷入两难境地。其次，由于人工客服需要做大量枯燥重复的工作，应对大量负面情绪，在无形中降低了客服的效率。同时，人员流动大、人员能力参差不齐等，也让客服人员非常稀缺。更重要的是，人工客服在操作过程中，存在客户资料不完整、客户跟进易遗漏等问题，无法形成上规模的客户服务大数据，这也在无形中影响了电话销售的转化率和客户服务的效果，而智能客服的出现能很好地解决上述问题。

智能客服是一个有着人的大脑，可以与人聊天的机器人，其通过自然语言技术，抓取客户问题中的关键字，然后在知识库中自动搜寻最适合的回答来回复客户问题。企业一般会根据其业务的需求对知识库进行搭建。智能在线客服可以与用户进行基本的沟通，并自动回复用户有关产品或服务的问题，可以 24 在线，提升用户体验。智能客服系统不仅覆盖了传统客服系统的所有功能，同时通过集成客服机器人实现客户服务的自动化以及客服管理工作的智能化，从而帮助企业提升客服中心的服务效率、服务质量，并且降低客服中心的运营成本。消费者在借助 App、手机及网页等办理相关业务时，智能客服能够科学分析消费者的数据与需求，并给予消费者所需信息的及时答复，为消费者的业务咨询和办理提供方便。在特殊情况下，如果智能客服的服务不能令消费者满意，则系统会自动转入人工客服。智能客服的应用能有效降低人工客服的工作压力。

智能客服所运用的人工智能技术包括语音识别技术、自然语言处理技术、智能知识库技术和语音合成技术等。其中语音识别技术和语音合成技术是帮助与客户建立联系的手段，而智能客服实现的关键在于智能知识库的搭建。一个高质量、高扩展性智能知识库的搭建建立在人工客服日常问题积累以及通过各种渠道获得的行业知识的基础之上，毋庸置疑，覆盖面更广的智能知识库意味着智能客服能够回答更多的问题。仅仅是搭建好智能知识库并不意味着工作完成，还需要将各种各样的问题进行分类和标准化，并且辅助以强大的搜索系统以确保根据用户的问题可以在海量的智能知识库中找到对应的答案。

对于金融科技企业来说，智能知识库的搭建极具挑战，即使是领域足够垂直的金融业，每家企业的业务也会存在较大差异，因此，相较于闲聊机器人语料的趣味性、广泛性和通用性，金融科技企业智能客服的智能知识库则需要保有针对性、指导性和专业性，智能知识库的搭建也主要依赖人工客服日常的积累，其他渠道获取的行业问答知识则派不上什么用场，这就对企业自身的数据积累提出了较高的要求。

如今，传统金融机构的客服中心职能已由单一的提供服务转向集服务、获客、营销、交易多种职能为一体，涉及售前、售中、售后全环节，传统依靠人力的客服中心无法满足当前客户多元多维多渠道的金融服务诉求。比如在售前层面，智能客服可以显著提升电话销售的服务效率，并在信息捕捉、数据收集、智能记忆方面有着人工客服不可比拟的优势。而在售后层面，智能客服则可以解决咨询问题相似性高、金融业务专业度要求高、回访场景多等痛点，从而节约人工客服培训成本，提升服务效率。有统计显示，智能机器人客服可以解决 85% 的常见客服问题，其花费却只相当于一个人工坐席花费的 10%。更重要的是，智能客服还可以通过对客户语速、语调变化等异常信息进行监测，准确地分析客户情绪，对于情绪激动的客户自动采取安慰的疏导服务方式，对于服务效果较差的客户，则予以人工客服处理。

目前，智能客服系统还不能完全取代人工全面实现智能化。其智能服务主要体现在客户服务自动化、智能辅助人工和智能客服管理几个方面。客服机器人通过理解访客询问的内容，感受访客的情绪，以及在工作中深度学习来找到最准确的回答提供给访客。如何提高智能机器人的理解能力，提升访客解决率，是智能客服帮助企业提高工作效率的重要发展方向。现在业内智能客服主流的做法是围绕问答展开的。这样做的好处是落地很快，系统集成少，也不需要跨部门，针对业务领域的开发少。不好的地方也明显，就是体验差，专业水平低，用户价值少。另一种做法是在特定的行业领域做深，也就是智能服务的方向。这意味着，识别模型与架构、对话管理、业务服务建模、知识图谱、内外系统集成、跨部门运维协同，这些方面都需要深入行业打造。这个方向的核心价值在于，把专业人士从重复解决类似的问题中解放出来，去解决那些提升服务质量的难题。最终商业价值和用户体验，都能得到较大提升。一套完善的方案，可分发到不同渠道，但是部署和训练成本高，跨域复用非常难。

10.1.3 智能投顾

1. 智能投顾的定义

所谓"智能投顾"，就是人工智能与投资顾问相结合，它源自美国，原名为"Robo-Advisor"。2008 年，全球首家数字化金融公司 Betterment 在美国纽约成立，此后两年内，Wealthfront、Personal Capital、Future Adviser 等一批数字化金融公司相继成立，开启了智能化财富管理时代。从 2013 年开始，Betterment 和 Wealthfront 两家公司的资产管理规模呈现了惊人的增长，到 2015 年年底，Wealthfront 拥有了约 29 亿美元的资产管理规模，而 Betterment 则超过了 30 亿美元。自此，华尔街掀起一股智能投顾的热潮。在我国，智能投顾的发展受到两方面因素的推动。一方面，随着金融市场日新月异的发展和国民财富的迅速累积，个人投资者理财需求日益旺盛，越来越多的网络用户聚集形成"长尾市场"，通过互联网获取投资信息、建议和策略，依托互联网金融平台进行财富管理。另一方面，金融科技革命在我国产生了巨大的影响，运用计算机技术和人工智能技术、依托互联网平台为客户进行财富管理的金融技术创新浪潮方兴未艾。为了满足"长尾市场"用户的理财服务需求,传统券商机构和互联网金融公司纷纷布局互联网财富管理市场。

投资顾问是连接用户端和金融产品端的重要桥梁。如图10-3所示,金融市场上的金融产品纷繁复杂,大多数客户的金融知识不足以支撑他们做有效的资产配置。这就需要投资顾问发挥作用,投资顾问首先需要通过一系列细致深入的访谈了解用户风险偏好,然后再根据不同用户的风险偏好,定制资产组合,还包括投资组合后续的动态管理。

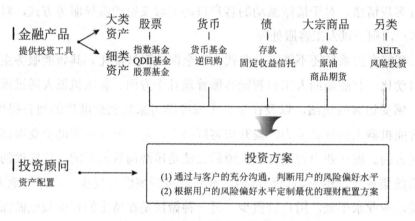

图10-3 资产配置

智能投顾本质上也是投资顾问,只不过是用人工智能代替了人力资本,与传统投资顾问一样,智能投顾承担着用户和金融产品之间的桥梁作用。2016年3月,美国金融业监管局发表了数字化投顾研究报告,对"智能投顾"的概念进行了界定,并对相关展业机构的合规运营提出了监管建议。根据该报告,"智能投顾"是指依靠自动化,并主要以算法驱动的提供财务规划服务的数字化平台。其功能主要包括客户分析、大类资产配置、投资组合选择、交易执行、组合再平衡、税收规划六项。

智能投顾发展依托的是马科维茨的现代投资组合理论,主要目标就是在了解每个客户的风险时,能够帮助其确定最优配置点所对应的资产配置并实现最优投资组合。智能投顾将传统投顾流程移至线上,通过大数据挖掘和量化算法替代人工,是一次资金端去中介化的技术升级。它有两大核心技术:一是应用核心——投资引擎技术,这是其为客户服务的关键;二是利用自动化与客户交互、挖掘客户金融需求技术,这决定了客户服务需求的数量。目前兴起的机器人投顾实际上是试图利用已发展多年的投资引擎技术,加上互联网交互外壳,为客户提供自动化财富管理服务。可以说,未来金融机构的核心投资引擎直接决定了其财富管理水平,监管部门与用户都应以金融机构智能投顾的投资引擎技术为首要考察标准。而对于自动化与客户交互技术,目前仍不成熟,要达到真正与客户高水平的交互,需要人工智能与大数据技术相结合,如利用多渠道信息搭建客户的金融图景,挖掘客户持续产生的行为数据,模拟人工投顾与客户交互的效果。

2. 智能投顾的优势、风险和发展阻碍

1) 智能投顾的优势

目前来看，智能投顾的优势至少包括以下几个方面。

(1) 技术优势。智能投顾根据客户提供的信息，通过算法中预设的各种财务模型和相关假设，向客户推荐与其相匹配的金融产品和服务。智能投顾的算法以投资组合理论、资本资产定价模型、Black-Litterman 模型、机器学习技术等为基础。根据投资组合理论中的风险分散原则，采取多元投资方式分散投资、降低风险；运用资本资产定价模型进行资产定价分析，发现被低估或高估的资产，并使用 beta 策略以对冲系统性风险；运用 Black-Litterman 模型，根据全球金融市场数据来计算收益预期值，使用投资者的实际交易数据来构建基于全球市场的资产配置模型，确保其投资建议与全球投资者的整体投资方向基本一致；运用机器学习技术，对大量投资者的投资行为数据进行分析，为客户提供适合的投资建议。

(2) 成本优势。智能投顾向投资者提供服务时只需较少甚至完全不需要人工干预，其成本费用较低，加之其在线服务方式智能而便利，广大投资者可以较低的成本获得投资理财建议和财富管理服务。

(3) 算法优势。智能投顾提供的投资建议是基于算法的结果。成熟的算法在复杂的投资决策和预测中可能比人脑更精确、无偏，因为它可以避免人类提供咨询服务时可能存在的行为偏差和人为判断失误，克服传统投资顾问主观上的缺陷，如风险好恶、情感偏见、判断和评估能力不足等。成熟的算法还可以保证具有相同特征的投资者都能得到同样或类似的建议，从而保障提供投资建议的一致性。

(4) 效率优势。目前，在我国内地注册的投资顾问不足 4 万人，人均服务 3000 多个客户，人工投资顾问的服务范围、服务效率存在较大的局限性。智能投顾依托互联网平台，将客户群体由传统的高净值客户群体延伸至低净值"长尾市场"用户，使投资理财平民化、大众化。网络投资者只需在智能投顾平台的调查问卷中输入有关信息，即可获得适合自己的投资建议和投资策略，这种新颖的在线咨询方式显著地提高了服务效率。

2) 智能投顾的风险

智能投顾带来便利的同时，也存在着一些风险隐患。

(1) 算法风险。智能投顾的大多数算法主要基于投资组合理论，其他种类算法的应用尚处在早期阶段，有待进一步研究和开发。由于智能投顾基于在线程序为投资者提供投资建议，算法风险是其最大的潜在风险。提供智能投顾服务的机构通常都将其算法视为核心机密，但算法的研发、测试、更改不透明，缺乏明确的披露、解释、审查和监督规则。算法的"黑箱"容易导致监管缺位，造成"老鼠仓"、利益输送等违法违规行为发生，进而损害投资者的合法权益。同时，智能投顾提供的投资建议的合理性高度依赖于算法的科学性和稳健性。如果算法的理论假设与现实情况偏差较大，或者算法本身存在内在缺陷，其提出的投资建议将给客户带来许多风险隐患，甚至导致客户遭受巨大损失。例如，错误的算法可能导致客户偏离预期投资目标，或超出其风险承受能力。当市场发生结构性变化后，不及时调整算法有可能导致原有投资策略失败，进而给客户带来损失。

(2) 投资者适当性管理风险。智能投顾平台要遵循投资者适当性管理要求，在了解客户信息的基础上，向适合的客户提供适合的投资建议和投资组合策略。目前智能投顾平台大多使用问卷调查的方式采集客户信息，但问卷问题的设计并没有统一标准，大多数平台仅仅依靠问卷预设的若干问题来了解客户的投资目标和风险偏好，无法全面、准确地获得客户数据并精准绘制用户"画像"。由于网络用户的大数据体系并未完全打通，用户的行为数据、投资交易数据、社交数据、支付数据等个性化金融数据还没有充分整合起来，因而智能投顾平台难以利用大数据的优势对客户进行精准分析。智能投顾平台的主要形式是在线网站或手机应用软件，相较于传统投资顾问与客户的面对面沟通，智能投顾平台与客户的互动缺乏人类的感官体验和情感交流，进而难以全面了解客户的投资需求和投资目标 (李晴，2017)。如果智能投顾平台无法识别客户是否提供了准确的信息，或者无法及时更新客户信息，可能导致平台向不适合的客户提供不适合的投资建议和投资策略指引。

3) 智能投顾的发展阻碍

智能投顾目前在我国发展面临的阻碍如下。

(1) 智能投顾的法律性质不明晰。目前，我国尚无法律对智能投顾进行明确的规定。与智能投顾相关度较高的是证监会 2012 年印发的《关于加强对利用"荐股软件"从事证券投资咨询业务监管的暂行规定》(以下简称《暂行规定》)。该《暂行规定》将"荐股软件"定义为"具备证券投资咨询服务功能的软件产品、软件工具或终端设备"，功能包括提供涉及具体证券投资品种的投资分析意见、预测具体证券投资品种的价格走势、提供具体证券投资品种选择建议和买卖时机建议、提供其他证券投资分析和建议。由此可见，"荐股软件"与智能投顾存在一些相似之处。金融科技的发展促使互联网财富管理服务日益精细化，服务范围也在不断扩大。智能投顾除了能为投资者提供证券投资分析、预测和建议之外，还能为客户提供投资组合管理、资产配置、投资组合再平衡等服务，这些都不在《暂行规定》所界定的"荐股软件"服务范围。事实上，在美国、澳大利亚、加拿大等国家，智能投顾可以接受客户的全权委托进行资产管理。因此，"荐股软件"无法涵盖智能投顾的全部内涵。智能投顾的法律性质不明确，不利于规范有关各方的权利义务关系、保护各方合法权益，也不利于智能投顾业务的进一步发展。

(2) 智能投顾业务所需的牌照门槛很高。智能投顾为客户提供投资建议和投资组合管理服务，其本质是证券投资顾问，加之智能投顾在为客户提供投资咨询的过程中涉及投资产品的销售，提供智能投顾服务的机构需要取得券商牌照、证券投资咨询牌照、基金销售牌照。2016年8月，证监会新闻发言人明确表示，互联网平台未经注册、以智能投顾等名义擅自开展公募证券投资基金销售活动的，将依法予以查处。现实中，在国内开展智能投顾业务的市场主体既有传统金融机构如证券公司，也有新兴的互联网金融公司，其业务范围不仅包括提供投资分析和投资建议，还包括投资产品的销售。除了证券公司、证券投资咨询机构、基金管理公司持有券商牌照、证券投资咨询牌照和基金销售牌照之外，相当一部分互联网金融公司都没有获得相关业务牌照，这为其开展智能投顾业务带来了较大的法律风险和业务不确定性，也抑制了智能投顾业务的活力和创造力。根据有关规定，申请券商牌照和证券投资咨询牌照的机构需要满足较高的门槛条件，大多数互联网金融公司都无法满足这些条件。

(3) 现行法律限制了投资顾问的业务范围。依据现行《中华人民共和国证券法》《中华人民共和国基金法》《证券投资顾问业务暂行规定》等法律法规和部门规章的有关规定，证券公司可以在开展投资咨询业务过程中为投资者提供账户管理服务，但从事投资顾问业务的证券投资咨询机构及其从业人员不能代理客户从事资产管理业务。例如，《中华人民共和国证券法》规定，投资咨询机构及其从业人员从事证券服务业务，不得代理委托人从事证券投资。证监会印发的《证券投资顾问业务暂行规定》规定，证券投资顾问不得代客户做出投资决策。因此，在开展投资咨询业务过程中，证券投资咨询公司不能为投资者提供证券买卖操作服务 (姜海燕和吴长凤，2016)。这给相关机构运用智能投顾为客户进行全权资产管理带来了限制，因而国内目前的智能投顾仅停留在为客户提供投资建议和交易策略方面，无法为客户提供全流程的资产管理服务。

10.2 资产智能管理

人工智能技术主要是从两方面应用于资产管理：一方面依靠人工智能的信息处理能力，通过人工智能方法高效地获取和处理另类数据，也就是智能投研；另一方面依靠人工智能的知识学习能力，通过人工智能方法进行资产的收益预测、资产的交易，以及风险的控制，也就是 AI 量化投资以及智能风控。

10.2.1 智能投研

投研即投资研究，是指通过对金融市场、行业、公司进行基本面分析，建立财务分析模型、估值模型等，从而确定证券的合理价值。同时，通过技术分析、演化分析等对具体投资操作的时间和空间进行判断。最终，将以上两方面的研究结果用于投资决策。

在资管行业中，投研是资管公司进行投资决策的重要依据。随着新媒体时代的来临，驱动证券投资决策的数据量出现了爆发式增长。如何在海量的数据中筛选出有效数据，成了传统投研需要面临的难题之一。传统投研处理大量无效信息时，人力模式无法进行系统化的"降噪"。投研知识和经验依附于个人能力，但投研人员流动性常年居高不下，研究部门无法找到行之有效的方法进行知识沉淀，这是困扰管理者的一大难点。伴随着大数据和人工智能技术的成熟，智能投研为金融机构的痛点提供了解决方案。

智能投研的业务流程从本质上看与传统投研并没有显著的不同，但它基于人工智能、大数据等技术，可以帮助传统投研中的每一步提高效率、优化质量，如图 10-4 所示。在信息搜索及知识提取步骤中，智能投研基于自然语言处理技术实现智能资讯推送和智能搜索，从而使系统具有较强的联想能力，能够理解更为通俗化、模糊化的搜索表达。智能投研基于自然语言处理技术和情感分析技术实现对非结构化数据的提取，通过实体提取、段落提取、关系提取、表格提取等方式从海量信息，如交易数据、卫星照片、天气数据、快递数据及社交媒体数据等中抓取相关信息，并将其转化为机器可以识别的结构化数据，使信息来源更加广泛。在分析研究步骤中，智能投研基于知识图谱技术，可以从公司公告、券商研究报告、第三方机构报告、新闻等资源中自动批量提取出公司的股东、子公司、供应商、客户、合作伙伴、竞争对手等信息，构建出研究主体的关系网络。基于因果推理和大数据技术，智能投研可以在海量的事件之中发现有关联的事件。在观点呈现步骤中，智能投研基于自然语言生成技术可以实现对研究结果的文字化展示，基于可视化技术可以将研究结果的数据自动转化为表格或图形展示，并最终进行自动排版。

图 10-4　智能投研的业务流程

人工智能可以提升证券研究的效率和准确率。一方面，资产管理机构通过人工智能阅读研究报告和公司报表，在这方面，人工智能获取信息的效率远高于人类。而且，人工智能技术擅长从网络新闻、影像文件等各种渠道获取信息，这些另类信息可以为资产管理公司的投研部门提供支持。相比于传统的分析师实地调研，通过人工智能阅读公司报告和从其他另类数据中获取信息，能够大幅提升工作效率与准确度。其次，人工智能技术具有强大的信息整合和学习功能，可以协助研究员完成不同的研究需求。例如，通过人工智能方法，研究员可以查询与当前市场环境最相似的历史场景；人工智能方法通过数据挖掘，可以在不同的宏观事件或公司事件发生之后，提供有效的投资建议。

智能投研是金融行业的发展方向之一。智能投研可以有效拓展信息的获取渠道，对大量信息进行即时处理，从而提高分析的全面性，同时降低研究人员对于某细分领域的专业知识门槛；智能投研可以完整、理性地揭示事物之间的联系，避免情绪、偏见、知识体系等方面的影响，稳定性较佳；智能投研可以即时呈现观点，此外对于某些涉及大量固定格式的撰写工作，如合规性文件、IPO 文件、研究报告等文件中的某些章节，智能投研可以完成自动化生产。在以上的各个环节中，智能投研可以为投研人员节约大量的时间和精力用于思考和推理等高级分析活动。事实上，智能投研不仅能够为个别分析师提升效率和效益，还有望基于专家系统将优秀研究员的行业经验、思考深度、分析能力等个人属性上升到组织属性，进而提高整个机构的投研效率和效益。从技术本质上看，智能投研的应用领域不仅限于投资研究，其对海量信息的提取和关联等能力使其具备进入合规、监管等领域的发展潜力。

智能投研领域目前尚存在一些问题。从技术角度看，目前的智能投研对于事件与资产价格之间关系的判断是基于对历史事件的学习，尚无法自动对新出现的事件进行分析，即智能投研尚未形成逻辑推理能力；同样因为不具备逻辑推理能力，智能投研仅能展示实体之间的联系，但无法完全区分这些联系是因果性还是相关性等；智能投研的人机交互友好性有待提高。因此，在一定时间内，智能投研与分析师之间不会形成竞争关系，而更多是相辅相成的关系。分析师借助知识和逻辑对智能投研揭露的联系进行解释，而智能投研基于对更全面、详细的数据的处理，为分析师节约出大量时间、精力用于分析和决策。但是在更遥远的未来，随着自然语言处理、知识图谱、因果推理等技术的发展，智能投研的自主推理、思考能力会更强，很有可能将具备独立提供投资建议的能力，从而彻底解决信息海量增长下人工研究全面性、稳定性较差等问题。

10.2.2 AI 量化投资

量化投资是指以先进的数学模型替代人为的主观判断，利用计算机技术从庞大的历史数据中海选出能带来超额收益的多种"大概率"事件以制定策略。量化投资同时结合了数学模型和计算机自动化技术，能够使得投资理念和投资策略实现程序化，从而提升投资过程的科学性和高效性，也使得投资收益更加具有稳定性。除此之外，量化投资借助了计算机信息网络的帮助，使得交易行为能够在程序设计下自动完成，从而使得买卖行为更加具有准确性和及时性。

量化投资与其他投资方式相比较，有其独特的优势，首先，量化投资得出的投资策略是在客观历史数据基础上产生的，规避了主观风险，计算机可以利用历史规律进行自动化程序交易。其次，计算机程序的设计使得投资人在进行投资活动时也更加轻松，不再处于持续的看盘与分析之中，而是有更多的时间去应对可能出现的突发情况。最后，量化投资涉及的投资视角较大，精确复杂的数学模型以及高效率的计算机计算使得人工限制显著减低，从而在市场上寻找最佳的机会，并实现风险的分散。

量化交易从很早开始就运用机器进行辅助工作，但分析师仅仅把机器当作一个运算器来使用。量化交易分析师们对财务、交易数据进行建模，分析其中显著特征，利用回归分析等传统机器学习算法预测交易策略。这种方式有两个主要弊端：一是数据不够丰富，仅限于交易数据；更重要的是它受限于特征的选取与组合，模型的好坏取决于分析员对数据的敏感程度。近年来，随着电子信息技术的广泛发展，大数据、人工智能以及云计算等先进的科学技术被更多的人以及行业所使用。在这样的技术支撑下，出现了AI量化投资。所谓AI量化投资，指的是在选股以及策略交易时更多地应用经典的机器学习理念以及深度学习的模型建立投资模型，从而使得因子分析更加的科学且高效，并且因子分析的结果可以得到更加合适的自动化交易对象，这种投资算法模型能够使得投资收益更加稳定，进一步规避了投资市场可能出现的风险。

AI量化投资可以实时动态更新市场信息。在择时交易方面，证券投资人工智能系统使用的是在线的机器学习系统，其知识库每十分钟更新一次，因此该系统所提供的交易策略与投资组合方案都是根据上个十分钟内市场行为及证券价格信息所产生的。智能交易系统的用户无论在什么时间从移动终端设备接入其机器人投资顾问，所获得的都是最新产生的投资策略，用户在确认之后，将由系统的交易执行模块即时下单，以确保交易的时效性。

AI量化投资能够突破分析员主观局限。人工智能对于证券投资而言，是投资方法论的变革。人工智能系统采集金融市场以及宏观、微观经济数据，同时采集的数据还有证券投资市场中流通交易的所有证券的历史价格，在机器学习系统中采用基于深度神经网络的深度学习以及蒙特卡洛搜索树以理解市场运行的规律，在决策系统中形成有效投资组合，由交易执行系统完成交易，然后转向风险监测系统进行监测，在获得收益/损失后对交易进行业绩评估并反馈机器学习系统。整个过程中不需要人为参与。

简而言之，传统的量化投资在基于历史数据的分析之后，仍然需要分析师制定策略，然后由程序员将策略代码化，接入交易程序中。而在AI量化投资中，人工智能将取代分析师的地位，自主分析，自主学习，自主设定交易策略。AI量化投资实质上就是机器学习+量化投资。

Rebellion Research 是一家运用机器学习进行全球权益投资的量化资产管理公司。Rebellion Research 在 2007 年推出了第一个纯人工智能投资基金。该公司的交易系统是基于贝叶斯机器学习，结合预测算法，响应新的信息和历史经验从而不断演化，利用人工智能预测股票的波动及其相互关系，从而创建一个平衡的投资组合，对其风险和预期回报有良好的把控，利用机器的严谨超越人类情感的陷阱，有效地通过自学习完成全球44个国家在股票、债券、大宗商品和外汇上的交易。

10.2.3 智能风控

随着互联网的发展，大量结构化和非结构化数据呈几何级数剧增，使得经济活动的复杂性与不确定性大大提高，经济风险也日益增加。人工智能为经济发展带来了新的发展机遇，也为经济风险防范提供了新思路。信贷评分和银行的欺诈监测是较早应用人工智能技术进行风险控制的领域。蚂蚁金服的芝麻信用通过分析大量的网络交易及行为数据，对用户进行信用评估，这些信用评估可以帮助互联网金融企业对用户的还款意愿及还款能力得出结论，继而为用户提供快速授信及现金分期服务。随着人工智能技术的发展，相关的技术也开始应用于财富管理行业。在投资组合的风险管理中，采用人工智能技术进行数据分析，通过模型对市场可能发生的风险进行预警，同时，针对不同投资者的资产组合进行特定的情景分析。人工智能主要可以实现投资风险管理和系统性风险预测。

投资风险管理主要是指对投资资产组合的非系统性风险进行控制。经济投资具备跨时间和跨领域等特点，决策者需要同时考虑多种风险情况，为客户确定最佳投资方案。投资组合管理是非常重要的经济活动，涉及许多复杂的决策过程。目前拥有数量众多的金融工具，可以合成的投资组合呈天文数字。从目前状况来看，运用人工智能进行的投资组合，其在风险控制上具有相对优势。从投资组合中的单个项目来看，人工神经网络性能优于其他传统方法，尤其是反向传播神经网络，它过滤信息并确定投资机会，能有效应用于投资风险分析，决策者可以更安全地选择金融项目。从整个投资组合来看，人工智能决策支持系统可以整合模糊理论，有效解决投资风险组合问题，帮助决策者选择经济项目并进行风险管理。人工智能混合系统是一种高效与强大的学习系统，将智能技术、常规计算机系统、电子表格和数据库等集成组合在一起，对投资组合管理的效率大大高于传统方式。

我们在做财富管理时，除了考虑非系统性风险，往往还要考虑系统性风险。金融崩溃往往是"系统性"崩溃，住房、银行与其他部门崩溃交织在一起，共同破坏整个经济系统的稳定性。人工智能具有风险预测功能，在金融领域具有光明的应用前景。人工智能预警系统可以预测每天的意外风险，它对股价指数、汇率和利率演变等进行日常监控，在危机发生之前就可以发现异常行为，进而发出预警信号。从应用来看，机器学习和人工智能是金融服务业与金融机构正在寻求的更强大的风险分析方法，它能管理和挖掘风险监管报告中越来越多的结构化与非结构化数据，从而实现有效的金融风险管理。它还能克服"人为因素"对金融发展的影响，为客户提供便宜、高效与个性化的服务，确保金融系统的稳定运行。

AlgoDynamix 是一家投资组合风险分析公司，其目标是协助风险投资公司和银行识别财务以及投资上的异常及破坏性事件。该公司利用自行开发的 AlgoDynamix 引擎对全球金融交易所的数据进行分析，对未来可能的市场异常进行示警并对事件发生前后的价格变动进行预测。这一引擎是由基于"深度数据"的算法所构建，能够实时扫描来自多个市场的主要数据源，并通过分析这些市场中的参与者（买方及卖方）的动态行为，对其共同特征进行聚类与集群识别。目前，AlgoDynamix 推出了 ALDX PI 以及 RAP 平台两种产品。前者用于帮助用户进行更好的资产分配决策，后者则用于帮助用户识别市场近期可能存在的风险。

BlackRock 的 Aladdin 系统可以为资产管理行业提供风险管理。一方面，Aladdin 系统可以基于庞大的数据库进行风险因子的监测和压力测试等。Aladdin 基于其数据中心存储的大量历史数据，将预测细化到每一天，通过蒙特卡洛测试，模拟金融市场可能出现的各种变化，检查客户投资组合中资产可能出现的走势。与传统的风险管理不同的是，Aladdin 系统每天进行大量的定制化情景分析——针对每一个投资者的资产组合，回答诸如此类的一系列问题："通货膨胀对我的组合有什么影响？""原油或者天然气价格的变化有什么影响？""欧洲经济的不景气会产生什么后果？"。通过这些情景分析，可以帮助客户对全球的事件进行预测、分析和反应，增强客户的风险管理能力。此外，Aladdin 可以通过分析各类资产的相关性，以及特定条件下这种相关性对资产价格的联动影响，来构建可以有效分散风险的投资组合。当发生某些特定情景时，资产之间的相关性可能会发生改变，Aladdin 将会通过数据分析，协助基金经理及时进行组合优化，控制风险。

人工智能具有永久性、可重复性、完整性、及时性、广度性、效率一致性和决策一致性等特征，它大大降低了金融风险分析的复杂性和预测成本，能够帮助金融机构在复杂的经济环境中进行更科学的风险决策，提高决策的精确度。同时，随着全球化及国际在线贸易的快速发展，经济的不确定性和复杂性日益增加，生成了巨量经济数据，人工智能的出现与进步降低了获取、管理和分析这些经济数据的成本，数据挖掘与模糊神经网络等人工智能技术能实现经济风险管理过程的最优控制。

当然，人工智能技术本身也并不成熟，还存在许多局限。例如，虽然人工神经网络是风险决策系统中的有用技术，但其功能类似于黑匣子，需要用户具备更多专业知识，才能理解这一复杂模型，而且预测和分类缺乏透明性也一直是其主要局限。

参考文献

[1] 范园园. 养老理财规划案例分析[J]. 现代经济信息，2019，(22).

[2] 杜冠华. 企业主家庭的养老与教育规划[J]. 大众理财顾问，2018，(10).

[3] 西雷. 养老规划宜趁早，怎样投资最靠谱？[J]. 金融经济，2016，(13).

[4] 陈玉罡. 从幼儿园到大学的子女教育理财规划[J]. 大众理财顾问，2012，(09).

[5] 陈玉罡. 年收入50万元家庭子女教育规划[J]. 大众理财顾问，2018，(07).

[6] 小暖. 新婚夫妇的子女教育规划[J]. 大众理财顾问，2019，(06).

[7] 宋小兵. 浅析新个税法下家庭纳税筹划[J]. 产业与科技论坛，2020，19(22).

[8] 理财案例：中年白领邓先生夫妇的退休养老规划案例，http://ft.newdu.com/Management/FM/Assets/200910/3775.html.

[9] 房地产开发企业全程税务筹划操作案例，https://www.sohu.com/a/470150216_120318604.

[10] 中国证券投资基金业协会. 2017年基金从业资格考试教材[M]. 北京：高等教育出版社，2017.

[11] 证券从业资格考试命题研究组. 金融市场基础知识2017年修订版[M]. 北京：中国财政经济出版社，2017.

[12] 基金从业人员资格考试辅导教材编写组. 基金法律法规、职业道德与业务规范[M]. 北京：北京理工大学出版社，2016.

[13] 证券从业资格考试命题研究组. 金融市场基础知识[M]. 北京：中国财政经济出版社，2015.

[14] 中国证券投资基金业协会. 证券投资基金（上册）[M]. 北京：高等教育出版社，2015.

[15] 大众理财顾问杂志社. 理财经理基础与实务[M]. 北京：机械工业出版社，2018.

[16] 周芬棉. 规范资金池运作防范影子银行风险[N]. 法制日报，2018(10).

[17] 北京当代金融培训有限公司. 金融理财原理[M]. 北京：中信出版社，2010.

[18] 基金从业资格全国统一考试研究组. 7天速通基金从业资格全国统一考试：基金法律法规、职业道德与业务规范[M]. 北京：机械工业出版社，2017.

[19] 证券从业资格考试辅导丛书编委会. 证券从业资格考试应试辅导及考点预测：金融市场基础知识[M]. 上海：立信会计出版社，2016.

[20] 白燕琴.家庭理财红宝书[M].北京：机械工业出版社，2015.

[21] 徐昆.保险基础与实务[M].北京：人民邮电出版社，2011，(9).

[22] 吴岚.人身保险产品[M].2版.北京：中国财政经济出版社，2011.

[23] 杨德勇，石英剑.投资银行学[M].北京：高等教育出版社，2019.

[24] 李平，郭耘.个人理财规划与实务[M].北京：中国财政经济出版社，2014.

[25] 王在全.一生的理财计划(白金版)[M].北京：北京大学出版社，2010.

[26] 李学峰.投资学[M].3版.杭州：浙江大学出版社，2014.

[27] 范应胜.大数据技术与金融业的融合发展及应用研究[J].中国产经，2020，(14).

[28] 李鑫.区块链技术在跨境支付中的应用研究[J].时代金融，2020，(33).

[29] 卫航.金融科技研究综述[J].金融科技时代，2018，(12).